U0460483

墨　子

【墨家学派思想的总集】

〔战国〕墨翟◎原著

《青少年经典阅读书系》编委会◎主编

首都师范大学出版社

CAPITAL NORMAL UNIVERSITY PRESS

图书在版编目(CIP)数据

墨子/《青少年经典阅读书系》编委会主编.—北京：
首都师范大学出版社,2011.12(2020 年 7 月重印)

(青少年经典阅读书系.国学系列)

ISBN 978-7-5656-0622-9

Ⅰ.①墨… Ⅱ.①青… Ⅲ.①墨家 ②墨子-青年读物
③墨子-少年读物 Ⅳ.①B224-49

中国版本图书馆 CIP 数据核字(2011)第 255905 号

墨 子

《青少年经典阅读书系》编委会 主编

_____

策划编辑 李佳健

首都师范大学出版社出版发行

地　　址　北京西三环北路 105 号
邮　　编　100048
电　　话　68418523(总编室)　68418521(发行部)
网　　址　www.cnupn.com.cn
印　　厂　汇昌印刷(天津)有限公司
经　　销　全国新华书店发行
版　　次　2012 年 9 月第 1 版
印　　次　2020 年 7 月第 4 次印刷
书　　号　978-7-5656-0622-9
开　　本　710mm×1000mm　1/16
印　　张　15
字　　数　224 千
定　　价　38.00 元

_____

总　序

Total order

被称为经典的作品是人类精神宝库中最灿烂的部分，是经过岁月的磨砺及时间的检验而沉淀下来的宝贵文化遗产，凝结着人类的睿智与哲思。在滔滔的历史长河里，大浪淘沙，能够留存下来的必然是精华中的精华，是闪闪发光的黄金。在浩瀚的书海中如何才能找到我们所渴望的精华，那些闪闪发光的黄金呢？唯一的办法，我想那就是去阅读经典了！

说起文学经典的教育和影响，我们每个人都会立刻想起我们读过的许许多多优秀的作品——那些童话、诗歌、小说、散文等，会立刻想起我们阅读时的那种美好的精神享受的过程，那种完全沉浸其中、受着作品的感染，与作品中的人物，或者有时就是与作者一起欢笑、一起悲哭、一起激愤、一起评判。读过之后，还要长时间地想着，想着……这个过程其实就是我们接受文学经典的熏陶感染的过程，接受文学教育的过程。每一部优秀的传世经典作品的背后，都站着一位杰出的人，都有一颗高尚的灵魂。经常地接受他们的教育，同他们对话，他们对社会、对人生的睿智的思考、对美的不懈的追求，怎么会不点点滴滴地渗透到我们的心灵，渗透到我们的思想和感情里呢！巴金先生说："读书是在别人思想的帮助下，建立自己的思想。""品读经典似饮清露，鉴赏圣书如含甘饴。"这些话说得多么恰当，这些感

总 序

Total order

　　受多么美好啊！让我们展开双臂、敞开心灵，去和那些高尚的灵魂、不朽的作品去对话、交流吧，一个吸收了优秀的多元文化滋养的人，才能做到营养均衡，才能成为精神上最丰富、最健康的人。这样的人，才能有眼光，才能不怕挫折，才能一往无前，因而才有可能走在队伍的前列。

　　《青少年经典阅读书系》给了我们一把打开智慧之门的钥匙，会让我们结识世界上许许多多优秀的作家作品，会让这个世界的许多秘密在我们面前一览无余地展开，会让我们更好地去感悟时间的纵深和历史的厚重。

　　来吧！让我们一起品读"经典"！

国家教育部中小学继续教育教材评审专家
中国教育学会中学语文教学专业委员会秘书长

丛书编委会

丛书策划　复　礼
　　　　　王安石
主　　编　首　师
副主编　张　蕾
编　　委（排名不分先后）
　　　　　张　蕾　李佳健　安晓东　石　薇　王　晶
　　　　　付海江　高　欢　徐　可　李广顺　刘　朔
　　　　　欧阳丽　李秀芹　朱秀梅　王亚翠　赵　蕾
　　　　　黄秀燕　王　宁　邱大曼　李艳玲　孙光继
　　　　　李海芸

阅读导航

作者简介

墨子，名翟，战国时鲁国人（一说宋国人），墨家学派创始人。据孙诒让考证，墨子生卒年约在公元前468～公元前376年。《史记·孟荀列传》中说墨子事"宋之大夫"，《吕氏春秋·当染》认为他是鲁国人，也有的说他原为宋国人，后来长期住在鲁国。

墨子也许出身低微，他自称"今翟上无君上之事，下无耕农之难"，所以可能是一个接近手工业劳动者的读书人，因而养成了注重节俭、劳身苦志的作风，"量腹而食，度身裁衣"，吃的是"藜藿之羹"，穿的是"短褐之衣"，足登"跂蹻"。他注重实践，善于制作，相传他的木工技术与鲁班齐名。在学术上，初受孔子影响，"学儒者之业，受孔子之术"，后逐渐成了孔儒的叛逆，创建了与儒家相对立的墨家学派。儒墨两派互相驳辩，在先秦首先揭开了百家争鸣的序幕。人们常把孔墨、儒墨并提。墨子在战国时代乃是流誉四方、最具影响力的大思想家之一。他"平生足迹所及，则尝北之齐，西使卫，又屡游楚，前至郢，后客鲁阳，复欲适越而未果"。（孙诒让《墨子传略》）"席不暖"，"衣不黔"，确有孟子所说的"摩顶放踵利天下为主"的精神。

两千多年来一直流传着墨子止楚攻宋的传说。他拒绝楚王赐地而去，晚年到齐国，企图劝止项子牛伐鲁，未成功。越王邀墨子做官，并许以五百里封地。墨子以"听吾言，用吾道"为前往条件，而不计较封地与爵禄，目的是为了实现他的政治抱负和主张。正因如此，他的智慧、坚定和见义勇为博得了古往今来人们的尊敬。

墨子哲学思想的主要贡献是在认识论方面。他以"耳目之实"的直接感觉经验为认识的唯一来源，他认为，判断事物的有与无，不能凭个人臆想，而要以大家所看到的和所听到的为依据。墨子从这一朴素唯物主义经验论出发，提出了检验认识真伪的标准。墨子也是中国古代逻辑思想的重要开拓者之一。在《墨子》的文中，他自觉地、大量地运用了逻辑推论的方法，以建立或论证自己的政治、伦理思想。墨子最早提出名实必须相符的思想，他还在中国逻辑史上第一次提出了辩、类、故等逻辑概念。

作品简介

墨家的经典之作是《墨子》，据学者考证，《墨子》并不完全是墨子自著，而是西汉刘向辑墨家门徒记述墨子言行的记录，而后编纂成集。墨家学说发展到汉代时，因儒学统治地位的确立，墨家学派渐趋式微。但体现墨家思想精华的《墨子》一书却得以保存下来，并一直流传至今。

《墨子》一书由历代墨者薪火相传，并不断被加工整理或集体编辑，时间跨度从战国初至战国末，即公元前五世纪至公元前三世纪，并非成于一人之手，也非成于一时，因而内容比较复杂。据专家考证，其中《尚贤》、《尚同》、《非攻》、《兼爱》等二十四篇，是墨家专论城守防御的著述，《耕柱》等篇记录了墨子及其弟子言行，《经上》、《经下》等六篇是墨家后学著作，《亲士》等篇内容混糅，有待于进一步考证。

墨子学说主要集中在《墨子》一书中，全书共七十一篇，主要内容包括：一、经说：集中反映了墨子的学术思想。他所建立的逻辑体系，在人类逻辑发展史上可与亚里士多德逻辑论、印度因明论相媲美。二、论说：系统体现了墨子的政治观点。他的观点闪耀着一种平民思想的光辉。三、墨语：记录了墨子和外界辩说时的一言一行。四、战备：集中反映了墨子怎样把科学知识应用到军事防御方面。这在古代军事史上是极为罕见的。

《墨子》的主要思想包括：一、基本政治纲领是尚贤尚同，"官无常贵，民无常贱。有能则举之，无能则下之。"墨子否定天命，提出尚贤是为政之本。二、基本道德观念是建立在理想国基础上的功利主义。孔子讲仁，而墨子说利，他言功利不是利己，而是主张普天同利。三、思想核心是兼爱，"利人者，人必从而利之"，"爱人者，人必从而爱之"。这是古往今来四海之内皆可通融的道理。由兼爱派生出非攻、节用、节葬、非乐的主张。四、认识论是把知识按来源分为亲知、闻知和说知，这种唯物主义的认识已达到了相当高度。另外还有"三表"逻辑方法，否定儒家的天命，代之以"天志"说等。

《墨子》的主要版本有很多，汉秘府藏简原本有七十一篇，但很可惜已经失传，到了宋代《墨子》一书只剩下了六十一篇，而明正统十年刊道藏本有五十三篇，今藏于北京白云观。在现存的五十三篇中，《经》上、下和《经说》上、下四篇，以及《大取》、《小取》六篇统称为《墨经》。后人多认为《墨经》是一部百科全书式的著作，其内容包括哲学、逻辑学、自然科学等方面，所以《墨经》被称为上中国历史是第一部自然科学专著。

后世影响

墨子创立墨家学派后，经数百年之发展，形成了足以与儒家相抗衡的庞大集团。这个集团有前期与后期的区别，前期墨家的侧重点在社会政治学说，对自然科学、逻辑学虽有涉及，但并没有进行系统和专门的研究。后期墨家恪守前期墨家的政治理论创造，但其主要成就在于对当时的自然科学成果进行了系统的概括和总结，并创造性地建立自己的逻辑学体系。前后期墨家并不是分割的，更不是对立的，而是完整的思想体系，它们共同构成了墨家独特的历史价值。

墨家主张兼爱，强调爱人若己，这一思想有利于打破长期以来以血缘家庭为本位的宗法观念，是一种典型的人道主义思想。这种观点与西方基督教的博爱观念最为相近，极易由此推向人权的实现，因此后人评价墨子是"中国的西方哲人"。墨家还宣扬绝对的利他主义精神，这种精神是历代仁人志士为民族的独立富强而孜孜奋斗的动力之源。在中国社会主义市场经济建设过程中，倡导墨子的节用、利他、自苦精神，很有现实意义。

另外，墨家还创造了中国历史上第一个完整的逻辑学体系，具有独特的理论和文化价值，可惜它在后来未得到进一步的发展。这不仅是墨学的不幸，更是中国历史文化的不幸。假如墨学能为后人所发展，中国文化也许是另一种局面。在自然科学方面，墨家还建立了一套较系统的理论，所取得的辉煌成就在先秦百家争鸣中是独树一帜的。

《墨经》中有一句话："天下无人，子墨子之言也犹在。"这句充满哲理与豪情的名言充分展示了墨家学派对自己学说的坚定信心。几千年来，儒家独盛，墨家衰微。但在今天，当我们重新领略墨家的学说与精神时，必会对中国文化的振兴、民主与科学的发展产生积极的推动作用。

目录

亲 士

【原文】

入国而不存其士①，则亡国矣。见贤而不急，则缓其君矣②。非贤无急，非士无与虑国③。缓贤忘士，而能以其国存者，未曾有也。

【注释】

①存：恤问。

②缓：怠慢。

③虑：谋思。

【译文】

治理一个国家而不关心贤士，那么这个国家就会灭亡。见到贤德的人而不立即任用，他们就不会尽心尽力辅佐君主。没有贤德的人才，就没有人与国君一起谋划天下大事。怠慢贤才，忘记贤士，而又能使国家长治久安的事，那是从未有过的。

【原文】

昔者文公出走而正天下；桓公去国而霸诸侯；越王勾践遇吴王之丑，而尚摄中国之贤君①。三子之能达名成功于天下也，皆于其国抑而大丑也②。太上无败，其次败而有以成，此之谓用民。

【注释】

①中国：中原地区的国家。

②抑：压抑，忍耐。

【译文】

从前，晋文公曾经长期流亡国外，而后来成为天下盟主；齐桓公也曾出走国外，最后称霸诸侯；越王勾践受过被吴王战败、囚禁的羞辱，最终成为威慑中原诸国的贤君。这三个国君之所以能够成功地扬名于天下，是他们都能够忍辱负重。最好的当然是不失败，其次是失败了但能反败为胜，有所成就，这才叫善于用人。

【原文】

吾闻之曰："非无安居也，我无安心也；非无足财也，我无足心也。"是故君子自难而易彼①，众人自易而难彼。君子进不败

【注释】

①自难：自己勤于做的难事。

②内：依俞樾校，读
"纳"（即"退"）。

其志，内究其情②；虽杂庸民，终无怨心。彼有自信者也。是故为
其所难者，必得其所欲焉；未闻为其所欲，而免其所恶者也。

【译文】

我听说过这样的话："不是没有安定的居所，而是自己没有
一颗安定的心；也不是我个人没有足够的财产，而是自己没有一
颗满足的心。"所以君子要自己勤于操劳，做那些难办的事，而让
别人承担容易的事；一般人则恰恰相反，常常自己办理容易的事
情，而把困难推给别人。君子得志时不改变他们的志向，丢官时
能深自反省。即使处于逆境或在平庸的民众中间，也始终没有怨
恨之心。这是他们有很强的自信心的缘故。所以愿意去办那些难
办的事情，就一定能实现自己的愿望；但是没有听说过，只做自
己愿意做的事情，就可以避免不良的后果。

【注释】

①逼：通"嬖"，宠幸，
亲近。

②弗：通"拂"，违背。

③诤（è）：争辩。

④延延：同"炎炎"，
各执一词不退让的样
子。

⑤交苟：互相谴责。

【原文】

是故逼臣伤君①，谄下伤上。君必有弗弗之臣②，上必有诤诤
之下③。分议者延延④，而交苟者诤诤⑤，焉可以长生保国。臣下重
其爵位而不言，近臣则暗，远臣则唫，怨结于民心。谄谀在侧，
善议障塞，则国危矣。桀纣不以其无天下之士邪？杀其身而丧天
下。故曰：归国宝，不若献贤而进士。

【译文】

因此，谄媚的臣下总会伤害国君。国君一定要有敢于进谏
的臣下，上级一定要有直言进谏的下属，分辨议事，可以激烈争
辩，直言无忌，只有如此，才能够保国长存。大臣如果只看重自己
的禄位，而不进谏，国君左右的人都默不作声，地方官员也闭口
暗叹，那么民众的怨恨就会郁结于心。国君身边的那些谄谀奉承
之人把好的建议、主张都拦截了，那么国家就危险了。夏桀、商
纣不正是因为他们疏离贤士才被杀而丧失了天下吗？因此说：送
给他国家重宝，还不如推举贤德的人。

【原文】

今有五锥，此其铦，铦者必先挫。有五刀，此其错[1]，错者必先靡。是以甘井近竭，招木近伐[2]，灵龟近灼，神蛇近暴。是故比干之殪，其抗也；孟贲之杀，其勇也；西施之沉，其美也；吴起之裂，其事也[3]。故彼人者[4]，寡不死其所长。故曰：太盛难守也。

【注释】

①错：通"厝"，磨刀石。

②招木：木之美者。

③事：功业。

④彼人：指上述比干等人。

【译文】

现在有五把锥子，其中一把最锋利，而这一把必定最先用坏。有五把刀，这一把磨得最快，那么这一把必先损坏。所以水最甜的井将最先被吸干，高大结实的树木最先被砍伐，神灵的宝龟最先被火灼占卜，神异的蛇最先被曝晒求雨。同样，比干之所以被杀，是他刚正不屈；孟贲之所以被杀，是他的勇力过人；西施之所以被沉江中，是她长得太美丽；吴起之所以被车裂，是他的才能太过杰出。这些人无不是死于他们的杰出、优秀之处。所以说：太强盛了就难以保全自己了。

【原文】

故虽有贤君，不爱无功之臣；虽有慈父，不爱无益之子。是故不胜其任而处其位，非此位之人也；不胜其爵而处其禄，非此禄之主也。良弓难张，然可以及高入深；良马难乘，然可以任重致远；良才难令[1]，然可以致君见尊。是故江河不恶小谷之满己也，故能大。圣人者，事无辞也，物无违也，故能为天下器。是故江河之水，非一源之水也；千镒之裘，非一狐之白也。夫恶有同方取不取同而已者乎？盖非兼王之道也。是故天地不昭昭[2]，大水不潦潦，大火不燎燎，王德不尧尧者，乃千人之长也，其直如矢[3]，其平如砥，不足以覆万物。是故溪陕者速涸，逝浅者速竭，硗埆者其地不育[4]。王者淳泽[5]，不出宫中，则不能流国矣。

【注释】

①令：驾御，役使。

②昭昭：明亮的样子。

③矢：弓箭。

④硗埆（qiāoquè）：土地坚硬而瘠薄。

⑤淳：厚。

【译文】

所以说，即使是最贤明的君主，也不会爱那些没有功劳的臣子；即使是最慈爱的父亲，也不会喜欢没有能力的儿子。因此，才能不足以胜任的，就不应该占有这个职位；贤德不足以拥有其爵位的，就不应当享受相应的俸禄。良弓不容易张开，但可以射得很高很远；千里马不容易驾驭，但可以负重致远；好的人才不容易驾驭，但可以帮助国君并使其建功业。因此，江河不弃小溪的水来充实自己，因而能够成为大江大河。圣人遇到事情不推辞，办事合乎规律，所以能够成为治理天下的英才。因此，江河里的水，不是从同一水源流下的；价值千金的狐白裘，不是从一只狐狸腋下集成的。哪有只听取与自己相同的意见，而与自己相反的意见完全不采纳的道理呢？那不是兼爱天下的君王的原则呀。所以天地之间并不是永远光明的，大水也不是永远烟波浩渺，大火也不是燎原不灭，君王的德行也不是永远高不可攀。做千万人的首领，如果为政像箭一样直，像磨刀石一样平，那就不足以覆载万物了。所以狭隘的小溪干涸得快，水浅的川泽枯竭得快，贫瘠的土地不会有好的收成。做君王的，如果他的深恩厚泽只局限在宫墙之内、亲近之人，那么他一定不会造福全国。

修 身①

【原文】

　　君子战虽有陈②，而勇为本焉；丧虽有礼，而哀为本焉；士虽有学，而行为本焉③。是故置本不安者，无务丰末；近者不亲，无务求远；亲戚不附，无务外交；事无终始，无务多业；举物而暗，无务博闻④。

【译文】

　　君子作战虽然讲究布阵，但勇气是最根本的；办理丧事虽然有诸多礼仪，但哀伤是最根本的；做官虽然需要有学问，但德行是最根本的。因此，如果连最根本的东西都不能稳固，就不要致力于旁枝末节的事情；和周围的人处理不好关系，就谈不上招来远方的朋友；连自己的亲戚都不能归附，就谈不上对外开展交际活动；办事有始无终，就不要贪图办许多事情；连一件事物都不能弄明白，那就不要追求博闻广见了。

【原文】

　　是故先王之治天下也，必察迩来远①，君子察迩，修者也，见不修行见毁而反之身者也②。此以怨省而行修矣。谮慝之言③，无入之耳；批扞之声④，无出之口；杀伤人之孩⑤，无存之心，虽有诋讦之民⑥，无所依矣⑦。故君子力事日强，愿欲日逾，设壮日盛。君子之道也，贫则见廉⑧，富则见义，生则见爱，死则见哀。四行者不可虚假，反之身者也。藏于心者，无以竭爱⑨；动于身者，无以竭恭；出于口者，无以竭驯。畅之四支，接之肌肤，华发隳颠，而犹弗舍者，其唯圣人乎！

【译文】

　　因此古代的圣王治理天下，一定要先明察左右，而后方能招

⑦依：凭借，效仿。

⑧见廉：表现为廉洁。见，通"现"。

⑨无以竭爱：意为无止境的爱。

徕远方的人。君子能够明察左右，而左右的人也就能修养自己的品行了。由于道德修养不够而行为受到批评的，应自我反省，因此，（人们）的怨气少而自身品行的修养也提高了。（对于）谗言恶语的话不用去听，攻击他人的话不要去说它，残害人的念头不要放在心里。那么，即使有喜欢诋毁、攻击他人的人，也就无从效仿了。因此君子的力量日益强大，志向也日益远大，功业也日益兴盛。君子的德行：贫穷时能够廉洁自守，富足时能够施舍钱财，对众生表示出无限的爱心，对死者表现出无比的哀痛。这四种行为不是可以伪装出来的，而必须是自身所具备的。蕴藏在内心的是无限的慈爱；体现在身体上的，是无尽的谦恭；嘴上说的，都是文雅之词。这种修养应贯穿于全身，直到白发如雪，仍然持之以恒，这种境界大概只有圣人才有吧。

【注释】

①辩：通"辨"。

②耗：失。

③彼：借为"非"。情：为"惰"之形讹。

④戴：通"载"。

【原文】

　　志不强者智不达，言不信者行不果；据财不能以分人者，不足与友；守道不笃，遍物不博，辩是非不察①，不足与游。本不固者末必几，雄而不修者其后必惰，原浊者流不清，行不信者名必耗②。名不徒生而誉不自长。功成名遂，名誉不可虚假，反之身者也。务言而缓行，虽辩必不听；多力而伐功，虽劳必不图；慧者心辩而不繁说，多力而不伐功，此以名誉扬天下。言无务为多而务为智，无务为文而务为察。故彼智无察，在身而情③，反其路者也。善无主于心者不留，行莫辩于身者不立；名不可简而成也，誉不可巧而立也，君子以身戴行者也④。思利寻焉，忘名忽焉，可以为士于天下者，未尝有也。

【译文】

　　意志不坚强的人，他的智慧一定不会很高，说话不讲信用的，行动一定不会果断；拥有财富而不肯分给人的，也不值得和他相交；在大道义面前不坚定，见闻不广博，辨别是非不清楚的人，也不值得和他来往。根基不牢固的必然会出现危机，有勇气而不注重修养的人，他后来一定堕落。源头混浊的水流不会清激，行为不诚实的人，名声必定会受损伤，名声不会凭空而来，荣誉不会自己增长。功成名就，名誉不可虚假，是由于自我反省、从自身修养中取得的。致力于空谈而行动迟缓，即使能言善辩，也是不会有人相信的。出力多而自诩其功劳的人，虽然付出多，目的也很难达到。真正有智慧的人心里明明白白，嘴上却不多说；努力做事而不表白自己，因此名扬天下。说话不在多少，而在有无智慧；不在言语华丽，而在思路是否明白。因此，既无智慧又不能明察，再加上自身懒惰，那就只能是与所追求的东西背道而驰了。善良如果不是发自内心的，就必然不会长久，高尚的德行如果不从自身去检视，就不能立名，名声不能轻易得到，荣誉也不能用巧诈的方式获得，君子必须是言行合一的。而让利欲熏心，轻易忘记名声，却可以成为天下贤士的人，则是从来没有过的。

所 染

【原文】

子墨子言见染丝者而叹曰①："染于苍则苍②，染于黄则黄。所入者变，其色亦变；五入必而已，则为五色矣。故染不可不慎也！

【译文】

墨子说他曾经因看到染丝而感叹说："洁白的丝放进青色的染料中，就会变成青色，放入黄色的染料中，就变成黄色。放进去的染料不同，染出的丝的颜色也跟着变化；放进五种不同的染料中，就一定会出现各种不同的颜色了。所以对于染丝这件事不能不谨慎啊！

【原文】

"非独染丝然也，国亦有染。舜染于许由、伯阳①，禹染于皋陶、伯益②，汤染于伊尹、仲虺③，武王染于太公、周公。此四王者所染当，故王天下，立为天下，功名蔽天地。举天下之仁义显人，必称此四王者。夏桀染于干辛、推哆，殷纣染于崇侯、恶来，厉王染于厉公长父、荣夷终，幽王染于傅公夷、蔡公穀。此四王者所染不当，故国残身死，为天下僇④。举天下不义辱人，必称此四王者。

【译文】

"不单单染丝是这样，国君也有如染丝一样受周围环境的影响。舜受到许由、伯阳的影响，禹受到皋陶、伯益的影响，汤受到伊尹、仲虺的影响，武王受到太公、周公的影响。这四位君王受到的影响正确得当，因此能称王于天下，立为天子，功盖四方，名扬天下。要列举天下仁义、显达的人，一定会推举这四个君王。

夏桀受到干辛、推哆的熏染，殷纣受到崇侯、恶来的熏染，周厉王受到厉公长父、荣夷终的熏染，周幽王受到傅公夷、蔡公穀的熏染。这四个帝王所受到的熏染不当，因此国破身亡，被天下人耻笑。要列举天下残暴无道者，一定会举出这四个君王。

【原文】

"齐桓染于管仲、鲍叔，晋文染于舅犯、高偃[1]，楚庄染于孙叔、沈尹，吴阖闾染于伍员、文义[2]，越勾践染于范蠡、大夫种[3]。此五君者所染当，故霸诸侯，功名传于后世。范吉射染于长柳朔、王胜[4]，中行寅染于籍秦、高强[5]，吴夫差染于王孙雒、太宰嚭，智伯瑶染于智国、张武[6]，中山尚染于魏义、偃长[7]，宋康染于唐鞅、佃不礼。此六君者所染不当，故国家残亡，身为刑戮，宗庙破灭，绝无后类[8]，君臣离散，民人流亡。举天下之贪暴苛扰者，必称此六君也。

【译文】

"齐桓公受到管仲、鲍叔牙的影响，晋文公受到狐偃、卜偃的影响，楚庄王受到孙叔敖、沈尹茎的影响，吴王阖闾受到伍子胥、文义的影响，越王勾践受到范蠡、文种的影响。这五位君主因为受到影响得当，所以能称霸诸侯，功名流传到后代。范吉射受到长柳朔、王胜的影响，中行寅受到籍秦、高强的影响，吴王夫差受到王孙雒、太宰嚭的影响，智伯瑶受到智国、张武的影响，中山尚受到魏义、偃长的影响，宋康王受到唐鞅、佃不礼的影响。这六位君主因为所受的影响不得当，所以国破家亡，身遭杀戮，宗庙毁灭，子孙灭绝，君臣离散，百姓逃亡。要列举天下贪婪残暴、苛刻扰民的人，一定会举出这六个君主。

【原文】

"凡君之所以安者何也？以其行理也。行理性于染当。故善为君者，劳于论人而佚于治官[1]。不能为君者，伤形费神，愁心劳意，然国逾危，身逾辱。此六君者，非不重其国、爱其身也，以

【注释】

① 舅犯：即狐偃，辅晋文公夺取政权。高偃：晋大夫卜偃。

② 伍员（yún）：即伍子胥，春秋时吴国大夫。

③ 大夫种（chóng）：即文子禽，越国大夫。

④ 范吉射：春秋末年晋卿范献子士鞅之子。

⑤ 中行寅：春秋末年晋卿中行穆子之子，内讧中败于赵简子。

⑥ 智伯瑶：智伯瑶。春秋末年晋为六卿专权，智伯一度势力最盛，后为韩、赵、魏三家所灭。

⑦ 中山尚：春秋时中山国君，亡于魏。

⑧ 绝无后类：断子绝孙。

【注释】

① 佚：同"逸"，安逸。

② 要：要领。

不知要故也^②。不知要者，所染不当也。

【译文】

"大凡国君之所以安心在于是什么呢？是他们的举措合乎道理。举措合乎道理是由于所受的影响得当。所以，善于做国君的，主要精力用于选拔使用臣子，而对官中政事轻松处理。不善于做国君的人，则劳神伤身，心烦意乱，然而国家更危险，自己会更受屈辱。这六位国君，并非不重视他们的国家、爱惜他们的身体，而是他们不懂得治国要领的缘故。不知道治国要领，是因为所受到的影响不得当。

【原文】

"非独国有染也，士亦有染。其友皆好仁义，淳谨畏令，则家日益，身日安，名日荣，处官得其理矣^①，则段干木、禽子、傅说之徒是也。其友皆好矜奋，创作比周^②，则家日损，身日危，名日辱，处官失其理矣，则子西、易牙、竖刀之徒是也。诗曰：'必择所堪^③'。必谨所堪者，此之谓也。"

【注释】

①理：道理。

②创作比周：兴风作浪，乱结私党。

③堪：当读为"湛"，浸染之意。

【译文】

"不仅国君有受影响的情况，士人也是这样。如果他的朋友都喜好仁义，淳朴谨慎，畏惧法令，那么他的家族就会一天天富裕，身心也日益安康，名声也一天天光耀，居官治政也合于正道了，如段干木、禽子、傅说等人就是这样。他所交的朋友如果都喜欢夸耀，兴风作浪，结党营私，那么他的家族就日益受损，身心俱疲，名声也日益降低，居官从政失去正道，如子西、易牙、竖刀等人就是这样。《诗经》上说：'一定要选择合适的染料。'谨慎地选择染料，说的就是这个意思。"

法 仪

【原文】

子墨子曰:"天下从事者,不可以无法仪[1];无法仪而其事能成者,无有也。虽至士之为将相者,皆有法。虽至百工从事者[2],亦皆有法。百工为方以矩[3],为圆以规,直以绳,衡以水,正以县[4]。无巧工不巧工,皆以此五者为法。巧者能中之[5],不巧者虽不能中,放依以从事,犹逾己。故百工从事,皆有法所度。今大者治天下,其次治大国,而无法所度,此不若百工辩也。

【注释】

①法仪:法度。

②百工:各种行业。

③以:用。

④县:即"悬"的本字,用绳悬一重物以测定垂直的工具。

⑤中:符合。

【译文】

墨子说:"天下从事各种工作的人,都不能没有法则。没有法则而能够把事情办成的,那是从来没有的。即使世人贵为将相,全都有一定的法则,即使是从事各种行业的工匠,也都有自己的法则。工匠们用矩画方形,用圆规画圆形,用绳墨画直线,用水平器测定平面,用悬锤测定偏正。不论是能工巧匠还是一般工匠,都是以这五种仪器为法则而操作的。能工巧匠高明的地方,在于能够恰到好处地使用这些仪器。一般工匠虽然达不到这种水平,但依照工具的标准去做,还是要胜过自己凭直觉去做的。所以各行各业都有自己的法度可以遵循。现在大到治理天下,小到治理一个国家,却没有法则可以遵循,在这个意义上可以说,天下和国家的管理者还不如一般工匠高明。

【原文】

"然则奚以为治法而可[1]?当皆法其父母,奚若[2]?天下之为父母者众,而仁者寡。若皆法其父母,此法不仁也。法不仁,不可以为法。当皆法其学,奚若?天下之为学者众,而仁者寡。若皆法其学,此法不仁也。法不仁,不可以为法。当皆法其君,奚若?天下之为君者众,而仁者寡。若皆法其君,此法不仁也。法

【注释】

①奚:什么,何。

②奚若:怎么样。

不仁，不可以为法。故父母、学、君三者，莫可以为治法。

【译文】

"那么，用什么来作为治理国家的法则才合适呢？都去仿效自己的父母，怎么样？天下做父母的很多，但仁爱的很少。倘若大家都仿效自己的父母，这就是效法不仁。效法不仁，这自然不可以作为法则。都去仿效自己的老师，怎么样？天下为人师表的很多，其中仁者却很少。倘若大家都仿效自己的老师，这就是效法不仁。效法不仁，这自然不可以作为法则。假如大家都以自己的国君为法则怎样？天下做国君的很多，但仁爱的少。倘若大家都仿效自己的国君，这就是效法不仁。效法不仁，这自然不可以作为法则。所以父母、老师和国君三者，都不可以作为治理国家的法则。

【原文】

"然则奚以为治法而可？故曰：'莫若法天。'天之行广而无私^①，其施厚而不德^②，其明久而不衰，故圣王法之。既以天为法，动作有为，必度于天^③。天之所欲则为之，天所不欲则止。

【注释】

①行：道。
②不德：不自居功德。
③度：取法。

【译文】

"如此说来，用什么作为治理国家的法则才可以呢？所以说：'不如效法上天。'上天的品行博大无私，它给予很多，但不自认为有功德，它光明而长久不衰，所以圣王都效法它。既然以天为法则，那么所作所为就一定要以天意来衡量。上天所希望的就去做，上天所不希望的就不做。

【原文】

"然而天何欲何恶者也？天必欲人之相爱相利，而不欲人之相恶相贼也^①。奚以知天之欲人之相爱相利，而不欲人之相恶相贼也？以其兼而爱之、兼而利之也^②。奚以知天兼而爱之、兼而利之也？以其兼而有之、兼而食之也。今天下无大小国，皆天之邑也。人无幼长贵贱，皆天之臣也^③。此以莫不犓牛羊，豢犬猪，絜

【注释】

①贼：残害。
②兼：全。
③臣：臣民。包括大臣和百姓。

为酒醴粢盛④，以敬事天。此不为兼而有之、兼而食之邪？天苟兼而有食之，夫奚说以不欲人之相爱相利也？故曰：爱人利人者，天必福之；恶人贼人者，天必祸之。曰：杀不辜者，得不祥焉。夫奚说人为其相杀而天与祸乎？是以天欲人相爱相利，而不欲人相恶相贼也。

④醴（lǐ）：甜酒。粢（zī）：稻饼。

【译文】

　　"那么上天希望什么、不希望什么呢？上天肯定希望人们之间相互友爱、相互帮助，而不希望人相互憎恨、相互残害。怎么知道上天希望人相爱相利，而不希望人相互憎恨和残害呢？这是上天对所有的人是全都爱和全都帮助的缘故。怎么知道上天对人是全都爱和全都帮助呢？因为人类都为上天所有，上天全部供给他们吃的。现在天下不论大国小国，都是上天的城邑。人不论长幼贵贱，都是上天的臣民。因此人们都饲养牛羊、养猪狗，准备干净丰盛的好酒食祭品，恭敬地祭奠上天。这不就是上天拥有和养育了全人类吗？如果说上天拥有和养育了全人类，那么怎么能说上天不希望人们相爱相助呢？所以说，爱别人、帮助别人的人，上天必定会让他幸福；相互厌恶和残害人的人，上天必定会降祸给他。这就是：杀害无辜的人，后果一定不祥。怎么解释人们之间相互残杀，上天就降祸给他们呢？这是因为知道上天希望人相互友爱、相互帮助，而不希望人们相互憎恨、相互残害。

【原文】

　　"昔之圣王禹、汤、文、武，兼爱天下之百姓，率以尊天事鬼，其利人多，故天福之，使立为天子，天下诸侯皆宾事之¹。暴王桀、纣、幽、厉，兼恶天下之百姓，率以诟天侮鬼²，其贼人多，故天祸之，使遂失其国家³，身死为僇于天下，后世子孙毁之，至今不息。故为不善以得祸者，桀、纣、幽、厉是也。爱人利人以得福者，禹、汤、文、武是也。爱人利人以得福者，有矣！恶人贼人以得祸者，亦有矣！"

【注释】

①宾：敬。

②诟：谩骂。

③遂：坠，失。

【译文】

　　"从前的圣王夏禹、商汤、周文王、周武王，兼爱天下所有的百姓，率领天下的百姓尊崇上天、侍奉鬼神，他们给人们带来的利益多，所以上天就降福给他们，立他们为天子。天下的诸侯都恭敬地服从他们。暴虐的君王夏桀、商纣、周幽王、周厉王，奴役天下的百姓，又驱使他们咒骂上天，侮辱鬼神，他们残害的人多，所以上天就降祸给他们，使他们丧失了国家，身遭杀戮，还要受天下人羞辱。后代子孙责骂他们，直到现在还不停止。所以，因为做坏事而得祸害的，夏桀、商纣、周幽王、周厉王即是这类人；爱人利人而得福的，夏禹、商汤、周文王、周武王即是这类人。爱人利人而得福者大有人在，憎恨人、残害人而得祸者也大有人在。"

七 患

【原文】

子墨子曰："国有七患。七患者何？城郭沟池不可守而治宫室①，一患也；边国至境②，四邻莫救，二患也；先尽民力无用之功，赏赐无能之人，民力尽于无用，财宝虚于待客，三患也；仕者持禄，游者爱佼③，君修法讨臣④，臣慑而不敢拂，四患也；君自以为圣智而不问事，自以为安强而无守备，四邻谋之不知戒，五患也；所信者不忠，所忠者不信，六患也。畜种菽粟不足以食之，大臣不足以事之，赏赐不能喜，诛罚不能威，七患也。以七患居国，必无社稷⑤；以七患守城，敌至国倾。七患之所当，国必有殃。

【注释】

①沟池：护城河。

②边："敌"字之误。

③佼：通"交"，交接，交游。

④讨：征讨，声讨。

⑤无社稷：指国家灭亡。

【译文】

墨子说："一个国家，有七种大祸患，值得重视。这七种祸患是什么呢？都城的内外城墙和护城河都没有修好，不能守御，却大肆修建宫殿，这是第一种祸患；敌国军队压境，四面邻国都不愿来救援，这是第二种祸患；把人民的力量都耗尽在无用的事情上，把国家的财物宝货虚耗于送往迎来的待客上，这是第三种祸患；做官的人只求保住俸禄，游学未仕的人只顾结交朋友，国君修订法律以惩罚臣子，臣子畏惧而不敢违逆，这是第四种祸患；国君自以为神圣而聪明，而不过问国事，自以为国家安稳强盛，而不作防御准备，四面邻国在图谋攻打他，而自己不知戒备，这是第五种祸患；国君所信任的人不忠实，而忠于国君的人不被信任，这是第六种祸患；贮藏和种植的粮食不够吃，大臣不足以信任，赏赐不能使人高兴，惩罚不能使人畏惧，这是第七种祸患。这七种祸患如存于一个国家，那么这个国家就一定会灭亡；在存在七种祸患的情况下守御城池，敌军一到，城池一定会顷刻瓦解。如果有这七种祸患存在，国家必有祸殃。

【注释】

①馈：通"匮"，缺乏。

②禀食：只供饭吃。

③县：同"悬"，此指钟磬等悬挂的乐器。

④雍：当作"饔"，指早餐和晚餐。

⑤涂不芸：道路不加整修。涂，通"途"。

【原文】

　　"凡五谷者，民之所仰也，君之所以为养也。故民无仰，则君无养；民无食，则不可事。故食不可不务也，地不可不力也，用不可不节也。五谷尽收，则五味尽御于主，不尽收，则不尽御。一谷不收谓之馑，二谷不收谓之旱，三谷不收谓之凶，四谷不收谓之馈①，五谷不收谓之饥。岁馑，则仕者大夫以下皆损禄五分之一；旱，则损五分之二；凶，则损五分之三；馈，则损五分之四；饥，则尽无禄，禀食而已矣②。故凶饥存乎国，人君彻鼎食五分之三，大夫彻县③，士不入学，君朝之衣不革制，诸侯之客，四邻之使，雍食而不盛④，彻骖騑，涂不芸⑤，马不食粟，婢妾不衣帛，此告不足之至也。

【译文】

　　"粮食，是人们所赖以生存的必需品，也是国君用以养活自己和民众的。所以如果百姓失去生存的依赖，国君也就没有了供给；百姓没有东西吃，就什么事也干不成。所以，粮食生产储备这件事就不能不努力去做，田地不能不尽力耕作，粮食的使用不可不节俭。粮食全部丰收，那么各种美味都能尽让国君享受，如果有一种粮食绝收，国君就不能尽其享受。一谷不收叫做馑，二谷不收叫做旱，三谷不收叫做凶，四谷不收叫做馈，五谷不收叫做饥。遇到馑年，自大夫以下做官的都减去俸禄的五分之一；遇到旱年，就减去俸禄的五分之二；遇到凶年，就减去俸禄的五分之三；遇到馈年，就减去俸禄的五分之四；遇到饥年，那么全部没有俸禄，只供给饭吃。所以一个国家遇到凶饥，国君就减去鼎食的五分之三，大夫撤去悬挂的乐器，读书人不上学而去种地，国君的朝服虽旧，不更新重做，接待诸侯的客人、邻国的使者，早餐晚餐都不丰盛，驾车的四匹马撤掉左右两匹，道路不加修理，马不喂粮食，婢妾不穿丝绸，这些表明匮乏到极点了。

【原文】

　　"今有负其子而汲者，队其子于井中①，其母必从而道之②。

【注释】

今岁凶，民饥，道^②饿，重其子此疚于队^①，其可无察邪？故时年岁善，则民仁且良；时年岁凶，则民吝且恶。夫民何常此之有？为者疾^③，食者众，则岁无丰。故曰：财不足则反之时，食不足则反之用。故先民以时生财^④，固本而用财，则财足。

①队：通"坠"。

②道：通"导"，导引，牵引。

③疾：当为"寡"。

④先：导。

【译文】

　　"现在有一人背着孩子到井边打水，如果孩子不小心掉到井里，那么这位母亲必定想方设法把孩子从井中救出。现在遇到饥年，路上有饿死的人，这种情况比孩子掉入井中更为严重，能忽视这种局面吗？年成好的时候，老百姓就仁慈驯良；年成不好，老百姓就吝啬凶恶。百姓哪有什么固定不变的品行呢？从事生产的人少了，吃饭的人多了，那么就不可能有丰年。所以说：财用不够时，就反映出没有抓住有利的生产时机，粮食不够时，就要在粮食消费上节俭。因此，古代贤人按农时生产财富，巩固农业这个根本，节省开支，财用自然就充足。

【原文】

　　"故虽上世之圣王，岂能使五谷常收，而旱水不至哉^①？然而无冻饿之民者，何也？其力时急而自养俭也^②。故《夏书》曰：'禹七年水。'《殷书》曰：'汤五年旱。'此其离凶饿甚矣^③，然而民不冻饿者，何也？其生财密，其用之节也。故仓无备粟，不可以待凶饥；库无备兵，虽有义不能征无义；城郭不备全，不可以自守；心无备虑，不可以应卒^④。是若庆忌无去之心，不能轻出。

【注释】

①旱：旱灾。水：水灾。

②力：力争。

③离：通"罹"，遭受。

④卒：通"猝"。

【译文】

　　'所以，即使是古代的圣王，哪能使五谷永远丰收，并且水旱之灾不降临呢？但是那时从无受冻挨饿之民，这是为什么呢？这是因为他们努力按农时耕种而自奉俭朴。《夏书》说：'禹时有七年水灾。'《殷书》说：'汤时有五年旱灾。'那时遭受的灾荒够大的了，然而老百姓没有受冻挨饿，这是什么缘故呢？就是因为他们生产时财物丰足，而使用时很节俭。所以，粮仓中没有储备的粮食，就不能对付凶年饥荒；兵库中没有储备的武器，即使是正义的也不能去征讨不正义的；城郭修筑不完备，就不能自行防守；心中没有周密的考虑，就不能应付突然的变故。这就好像庆忌没有离开卫国之心，就不可轻易出走。

【原文】

"夫桀无待汤之备①，故放②；纣无待武之备，故杀。桀、纣贵为天子，富有天下，然而皆灭亡于百里之君者，何也？有富贵而不为备也。故备者，国之重也③。食者国之宝也；兵者国之爪也；城者所以自守也；此三者国之具也。

【注释】

①待：御敌。

②放：驱逐，流放。

③重：重要的事情。

【译文】

"夏桀没有对付商汤的准备，所以被汤放逐；商纣王没有防御周武王的准备，所以被杀。桀和纣虽贵为天子，富有天下，然而都为方圆百里的小国之君所灭，这是为什么呢？是因为他们虽然富贵，但都不加防备。所以说防备，是国家最重要的事情。粮食是国家的宝物，武器是国家的利爪，城郭是用来自我守卫的；这三者是治理国家的工具。

【原文】

"故曰：以其极赏①，以赐无功；虚其府库，以备车马、衣裘、奇怪；苦其役徒，以治宫室观乐；死又厚为棺椁，多为衣裘。生时治台榭，死又修坟墓。故民苦于外，府库单于内②，上不厌其乐③，下不堪其苦。故国离寇敌则伤，民见凶饥则亡，此皆备不具之罪也④。且夫食者，圣人之所宝也。故《周书》曰：'国无三年之食者，国非其国也；家无三年之食者，子非其子也。'此之谓国备。

【注释】

①极赏：最高奖赏。

②单：通"殚"，耗尽。

③厌：通"餍"，满足。

④备不具：没做好防备。

【译文】

"所以说：用那最高的奖赏，去赏赐给无功之人；耗尽国库中的贮藏，用以置备车马、衣裘和稀奇古怪之物；让百姓劳苦不堪，去建造宫室和观赏游乐的建筑；死后又做厚重的棺椁，做很多陪葬衣服；活着时修亭台楼榭，死后又修造坟墓。因此，老百姓在外受苦，内部的国库耗尽，国君满足不了享乐，百姓忍受不了痛苦。所以，国家一遇敌寇就受损伤，百姓遇到饥荒就会死亡，这都是防备不周全的罪过啊！再说，粮食也是圣人所珍视的。所以《周书》上说：'一个国家如果没有储备三年的粮食，国家就不能称其为国家了；一个家庭如果不储备三年的粮食，子女就不能称其为子女了。'这就叫做国家的储备。"

辞 过

【原文】

子墨子曰："古之民，未知为宫室时，就陵阜而居，穴而处，下润湿伤民①，故圣王作，为宫室。为宫室之法，曰：室高足以辟润湿②，边足以圉风寒③，上足以待雪霜雨露，宫墙之高足以别男女之礼，谨此则止④。凡费财劳力，不加利者，不为也。役⑤，修其城郭，则民劳而不伤，以其常正⑥，收其租税，则民费而不病。民所苦者非此也，苦于厚作敛于百姓。是故圣王作，为宫室，便于生，不以为观乐也；作为衣服带履便于身，不以为辟怪也。故节于身，诲于民，是以天下之民可得而治，财用可得而足。

【译文】

墨子说："远古时代，人们还不知道建造房屋时，就找一个稍高一点的地方安顿下来，或挖个洞穴住在里面，由于地下潮湿有害于人民的身体，所以就有圣王建造房屋。建造房屋的法则是：地基的高度足以避免潮湿，四面墙壁足以抵御风寒，屋顶能够防备霜雪雨露，宫墙的高度足以分隔内外，使男女有别而符合礼仪，只要达到以上要求就行了。至于劳民伤财而没有更多实惠的事，是不会做的。按照平常规定的劳役去修筑城郭，那么人民虽然劳累但不致受到伤害；按照常规征收租税，那么人民虽破费但不致困苦。人民感到困苦的不是这些，而是苦于在他们身上横征暴敛。因此圣王制造房屋，只是为了适应生存的需要，并不是为了观赏和娱乐；圣人制作衣服、腰带、鞋子，只是为了适合身体的需要，而不是为了显示奇装异服。所以，圣王自身节俭，并教导人民，因而天下的百姓得以治理，财物用度得到满足。

【原文】

"当今之主，其为宫室，则与此异矣。必厚作敛于百姓，暴夺民衣食之财，以为宫室台榭曲直之望，青黄刻镂之饰。为宫室若此，故左右皆法象之^①，是以其财不足以待凶饥、振孤寡^②，故国贫而民难治也。君欲实天下之治，而恶其乱也，当为宫室，不可不节。

"古之民，未知为衣服时，衣皮带茭，冬则不轻而温，夏则不轻而清。圣王以为不中人之情，故作诲妇人，治丝麻，梱布绢，以为民衣。为衣服之法：冬则练帛之中，足以为轻且暖；夏则绤绤之中^③，足以为轻且清，谨此则止。故圣人之为衣服，适身体、和肌肤而足矣。非荣耳目而观愚民也^④。当是之时，坚车良马不知贵也，刻镂文采，不知喜也。何则？其所道之然。故民衣食之财，家足以待旱水凶饥者。何也？得其所以自养之情，而不感于外也^⑤，是以其民俭而易治，其君用财节而易赡也。府库实满，足以待不然；兵革不顿，士民不劳，足以征不服。故霸王之业，可行于天下矣。

【注释】

①法象：效法，效仿。

②振：通"赈"，救济。

③绤绤（chì xī）：葛制的衣物。

④观：迷惑。

⑤感：诱惑。

【译文】

"现在的君主，他们修建宫室却与以往不同。他们必定要向百姓横征暴敛，连百姓穿衣吃饭的钱也剥夺来修建富丽堂皇的宫殿台榭，而且要建得楼台重叠，雕梁画栋。国君像这样建造宫室，身边的大臣也效法这种做法，所以国家的财物不能应付凶年饥馑，救济贫穷的人，那么，国家就会贫穷，人民就会难以治理。如果国君确实希望天下得到治理，而不至于出现社会动乱，那么，他在修建宫室时，就不能不有所节制。

"远古的时候，人们还不知道缝制衣服时，披着兽皮，围着草绳，冬天不轻便又不温暖，夏天不轻便又不凉爽。圣王认为这样不符合人们的需要，所以开始教女人治丝麻、编织布匹，用这些东西缝制人的衣服。制造衣服的法则是：冬天穿白色熟绢做的帛衣，只求其轻便而温暖，夏天穿葛布制的葛衣，只求其轻便而凉爽，仅此而已。所以圣人制作衣服只图身体合适、肌肤舒适就够了，并不是夸耀耳目、炫动愚民。在那个时候，虽有坚固的车子和宝马，人们也不特别珍惜它，对于精雕细刻的艺术品，也不特别地喜欢。这是为什么呢？这是圣人引导百姓的结果。所以人民除了穿衣吃饭的费用，家家户户的储备都足以防患水旱饥荒的年景，这又是什么缘故呢？因为他们懂得什么是最好的自我保养方法，而不受外界事物的诱惑，所以那时的人民节俭而容易治理，那时的国君使用财力很有节制，所以国家财力富足。国库充实，足以应付各种突发的事件，武器、兵甲精良，兵士、百姓精神饱满，用这些力量足以征讨不肯臣服的诸侯，而实现称霸天下的愿望了。

【原文】

　　"当今之主，其为衣服，则与此异矣：冬则轻煗[1]，夏则轻清，皆已具矣，必厚作敛于百姓，暴夺民衣食之财，以为锦绣文采靡曼之衣，铸金以为钩，珠玉以为佩。女工作文采，男工作刻镂，以为身服，此非云益煗之情也。单财劳力[2]，毕归之于无用也。以此观之，其为衣服非为身体，皆为观好。是以其民淫僻而难治，其君奢侈而难谏也。夫以奢侈之君，御好淫僻之民，欲国无乱，不可得也。君实欲天下之治而恶其乱，当为衣服不可不节。

【注释】

①轻煗（nuǎn）：轻便暖和。煗，同"暖"。
②单：通"殚"，尽。

【译文】

　　"现在的君主，他们制造衣服却与此不同：冬天的衣服轻便而暖和，夏天的衣服轻便而凉爽，这都已经具备了，他们还一定要向百姓横征暴敛，连百姓穿衣吃饭的钱也剥夺来做锦绣华丽的衣服，用黄金做成衣带钩，拿珠玉做成佩饰，女工做刺绣，男工做雕刻，用来制作身上的穿戴。但这并没有增加一点暖和的感觉。劳民伤财，全部消耗在没用的地方，由此看来，他们做衣服，不是为身体舒适，而是为了炫耀、好看。因此百姓邪僻而难以治理，国君奢侈而难以进谏。以奢侈的国君去统治邪僻的民众，想要国家不乱，是不可能的。国君确实希望天下治理好而不发生动乱，那么制作衣服时，就不可不节俭。

【原文】

"古之民未知为饮食时，素食而分处，故圣人作，诲男耕稼树艺，以为民食。其为食也，足以增气充虚，强体适腹而已矣。故其用财节，其自养俭，民富国治。今则不然，厚作敛于百姓，以为美食刍豢，蒸炙鱼鳖，大国累百器[1]，小国累十器，前方丈，目不能遍视，手不能遍操，口不能遍味，冬则冻冰，夏则饰饐[2]，人君为饮食如此，故左右象之。是以富贵者奢侈，孤寡者冻馁，虽欲无乱，不可得也。君实欲天下治而恶其乱，当为食饮不可不节。

【注释】

①累百器：指有上百样的菜肴。

②饰饐（yì）：变质，腐烂。

【译文】

"远古的时候，人们四处寻找食物分散居住，所以圣人就教导男人从事耕耘栽种，用来生产人们的粮食。他们寻找的食物，只求增加元气、补虚弱，强身饱腹就够了。所以他们用财节省，供养自己省俭，百姓富足，国家安定。现在却不是这样，国君向老百姓厚敛钱财，用来享受美味牛羊，蒸烤鱼鳖，大国之君有上百样的菜，小国之君也有上十样的菜，摆在前面一丈见方，眼不能全看到，手不能全取到，嘴也不能全尝到，（吃不完的食物）冬天结冻，夏天臭烂，国君如此摆设饮食，左右大臣都效法他。因此富贵的人奢侈，孤寡的人挨冻受饿。即使不希望国家混乱，也是不可能的。国君确实希望天下治理好而不发生混乱，那么在饮食方面，就不可不节俭。

【原文】

"古之民未知为舟车时，重任不移[1]，远道不至，故圣王作为舟车，不便民之事。其为舟车也，全固轻利[2]，可以任重致远，其为用财少而为利多，是以民乐而利之。故法令不急而行，民不劳而上足用，故民归之。当今之主，其为舟车，与此异矣，全固轻利皆已具，必厚作敛于百姓，以饰舟车。饰车以文采，饰舟以刻镂。女子废其纺织而修文采[3]，故民寒；男子离其耕稼而修刻镂，故民饥。人君为舟车若此，故左右象之，是以其民饥寒并至，故

【注释】

①重任：指重的东西。

②全固轻利：坚固完备轻便好用。全，整个。

③修文采：从事刺绣等。

为奸邪。奸邪多则刑罚深，刑罚深则国乱。君实欲天下之治而恶其乱，当为舟车不可不节。

【译文】

　　"远古的时候，人民还不会制造船和车时，沉重的东西无法搬运，遥远的地方也到不了，所以圣明的君王就教人民制造船和车，方便百姓办事。他们制造船和车，只要求坚固轻便，可以运载重物到很远的地方，费用花得少，而得到的利益很大，所以百姓喜欢，认为它们很便利。如此一来，法令不用催促而可行使，百姓不用劳苦而财用充足，因此百姓都归顺国君。现在的君主，制造船和车则与此不同。船和车已经坚固轻利了，他们还要向百姓横征暴敛，用以装饰船和车。用漂亮的花纹装饰车辆，用雕刻来装饰舟船。女子放弃纺织而去描绘花纹，所以百姓受冻；男子脱离耕种而去从事雕刻，所以百姓挨饿。国君这样制造船和车，左右大臣跟着仿效，所以民众饥寒交迫，不得已而做奸邪之事。奸邪之事一多，刑罚就重。刑罚重了，国家就乱了。国君如果确实希望天下治理好而厌恶天下混乱，那么制造船和车就不可不节俭。

【原文】

　　"凡回于天地之间①，包于四海之内，天壤之情②，阴阳之和，莫不有也，虽至圣不能更也。何以知其然？圣人有传③：天地也，则曰上下；四时也，则曰阴阳；人情也④，则曰男女；禽兽也，则曰牝牡雌雄也。真天壤之情，虽有先王不能更也。虽上世至圣，必蓄私，不以伤行，故民无怨；宫无拘女，故天下无寡夫；内无拘女，外无寡夫，故天下之民众。当今之君，其蓄私也，大国拘女累千，小国累百，是以天下之男多寡无妻，女多拘无夫，男女失时⑤，故民少。君实欲民之众而恶其寡，当蓄私不可不节。

【译文】

　　"凡是生存在天地之间，活动于四海之内的一切事物，都有自己的天地之情、阴阳和合的规律，即使最高明的圣人也无法改变。

【注释】

①回：旋转。

②天壤：天地。

③传：书传。

④人情：这里指人的性别。

⑤失时：错过婚嫁之时。

从什么地方知道这些呢？圣人书上说：天地称作上下，四时称作阴阳，人分为男女，禽兽分为牝牡雌雄。这确实是天地间的真实情况，即使有先代贤王也不能更动。虽然上古时代的圣人也蓄养侍妾，但不因此而损害其品行，所以人民没有怨言。宫中没有拘禁的女子，所以天下没有鳏夫。宫城内无拘禁之妇，宫城外无鳏夫，男女适时婚嫁，因而天下人民众多。而现在的国君蓄养姬妾，大国拘禁女子数千，小国数百，所以天下男子大多没有妻子，女子多遭拘禁而没有丈夫。男女错失婚嫁的时机，所以百姓减少。国君如果真想人民增多而厌恶其减少，养侍妾就不可不节制。

【原文】

　　"凡此五者，圣人之所俭节也，小人之所淫佚也①。俭节则昌，淫佚则亡，此五者不可不节。夫妇节而天地和，风雨节而五谷孰②，衣服节而肌肤和。

【译文】

　　"以上所说的五个方面，都是圣人的节俭之处，小人奢侈放荡之处。俭朴有节制就昌盛，淫逸无度就意味着灭亡，以上五方面，不能不有所节制。夫妇生活协调，天地之间就和顺；风调雨顺，五谷就丰登；衣服合身，身体肌肤就舒适。"

【注释】

①小人：指道德低下的人。

②孰：通"熟"。

三　辩

【原文】

程繁问于子墨子曰："夫子曰：'圣王不为乐。'昔诸侯倦于听治^①，息于钟鼓之乐；士大夫倦于听治，息于竽瑟之乐；农夫春耕、夏耘、秋敛、冬藏，息于聆缶之乐^②。今夫子曰：'圣王不为乐'，此譬之犹马驾而不税^③，弓张而不弛，无乃非有血气者之所不能至邪！"

【注释】

①听治：处理政务。

②聆：通"铃"。缶（fǒu）：瓦制打击乐器。

③税（tuō）：通"脱"，马脱缰。

【译文】

程繁问墨子说："先生说：'圣王不听音乐。'可是，从前的诸侯处理政务疲倦了，就听听钟鼓演奏的音乐来休息一下；士大夫处理政务感到疲倦了，就听听竽瑟演奏的音乐来休息一下；农夫春天耕种、夏天除草、秋天收获、冬天贮藏，也要借敲击瓦盆土缶的音乐方式自娱自乐，进行休息。现在先生您说：'圣王不听音乐。'这就好比马套上车永不卸下，弓拉开后永不松弛，这恐怕是靠气血运转而活着的人无法做到的吧！"

【原文】

子墨子曰："昔者尧舜有茅茨者，且以为礼，且以为乐。汤放桀于大水，环天下自立以为王^①，事成功立，无大后患，因先王之乐^②，又自作乐，命曰《护》，又修《九招》。武王胜殷杀纣，环天下自立以为王，事成功立，无大后患，因先王之乐，又自作乐，命曰《象》。周成王因先王之乐，又自作乐，命曰《驺虞》。周成王之治天下也，不若武王；武王之治天下也，不若成汤；成汤之治天下也，不若尧舜。故其乐逾繁者^③，其治逾寡。自此观之，乐非所以治天下也。"

【注释】

①环天下：指经营天下。

②因：沿袭。

③逾：通"愈"，更加。

【译文】

墨子说："以前尧舜只有茅草盖的屋子，只是简单地制定一些礼仪，姑且作乐而已。后来汤把桀流放到大水，统一天下，自立为王，大功告成，没有后患，于是就承袭先王的音乐，自己又创造新的音乐，乐章取名为《护》，又创造了古代乐章《九招》。周武王战胜殷朝，杀死纣王，统一天下，自立为王，没有后患，于是继承了先王的音乐，自己又创造新的音乐，取名为《象》。周成王继承先王的音乐，自己创造了新的音乐，取名为《驺虞》。周成王治理天下不如周武王；周武王治理天下不如商汤王；商汤王治理天下不如尧舜。所以他们的音乐越是繁复，他们治理天下的政绩就越差。由此看来，音乐不是用来治理国家的。"

【原文】

程繁曰："子曰：'圣王无乐。'此亦乐已，若之何其谓圣王无乐也？"子墨子曰："圣王之命也①，多寡之②，食之利也。以知饥而食之者，智也，因为无智矣。今圣有乐而少，此亦无也。"

【注释】

①命：命令，这里指制作的教令。

②多寡之：多则寡之。

【译文】

程繁说："先生说：'圣王没有音乐。'但这些就是音乐，怎么能说圣王没有音乐呢？"墨子说："圣王做事的原则是根据具体情况有所损益。饮食于人有利，若因知道饥饿去吃饭就叫有智慧的话，那么天下也就没有智慧了。现在圣王虽然有乐，但它像吃饭一样不可少，所以也等于没有音乐。"

尚贤（上）

【原文】

子墨子言曰："今者王公大人为政于国家者，皆欲国家之富，人民之众，刑政之治。然而不得富而得贫，不得众而得寡，不得治而得乱，则是本失其所欲^①，得其所恶。是其故何也？"子墨子言曰："是在王公大人为政于国家者，不能以尚贤事能为政也^②。是故国有贤良之士众，则国家之治厚^③；贤良之士寡，则国家之治薄^④。故大人之务，将在于众贤而已。"

【译文】

墨子说："现在的王公大人管理国家，都希望国家富强，人民众多，刑事政务得以治理，然而没有收到富强的效果而得到了贫穷，人口没有增加反而减少，社会没有得到治理反而发生动乱，这就是从根本上失去了想要得到的，而得到了他们原本十分厌恶的，这是什么原因呢？"墨子说："这是因为王公大人治理国家时，不能做到尊贤使能。在一个国家中，如果贤良之士多，那么国家就能治理很好；如果贤良之士少，那么国家的治理也就相应地差。所以王公大人的主要任务，就是使贤人增多。"

【原文】

曰："然则众贤之术将奈何哉^①？"子墨子言曰："譬若欲众其国之善射御之士者，必将富之、贵之、敬之、誉之，然后国之善射御之士，将可得而众也。况又有贤良之士，厚乎德行，辩乎言谈，博乎道术者乎！此固国家之珍而社稷之佐也，亦必且富之、贵之、敬之、誉之，然后国之良士，亦将可得而众也。

是故古者圣王之为政也，言曰：'不义不富，不义不贵，不义不亲，不义不近。'是以国之富贵人闻之，皆退而谋曰：'始我所恃者^②，富贵也。今上举义不辟贫贱^③，然则我不可不为义。'亲者闻之，亦退而谋曰：'始我所恃者，亲也。今上举义不辟疏，然则我不可不为义。'近者闻之，亦退而谋曰：'始我所恃者，近也。今上举义不辟远，然则我不可不为义。'远者闻之，亦退而谋曰：'我始以远为无恃，今上举义不辟远，然则我不可不为义。'逮至远鄙郊外之臣、门庭庶子[4]、国中之众、四鄙之萌人闻之[5]，皆竞为义。是其故何也？曰：上之所以使下者，一物也；下之所以事上者，一术也。譬之富者，有高墙深宫，墙立既，谨上为凿一门。有盗人入，阖其自入而求之[6]，盗其无自出。是其故何也？则上得要也。"

"诋"。

⑥阖（hé）：关闭。

【译文】

（那么，怎样使贤人增多呢？）墨子说："譬如说要想使一个国家善于射箭和驾车的人增多，就必须使他们富裕，使他们显贵，尊敬他们，赞誉他们，这以后国家善于射御的人就可以增多了。何况还有贤良之士，道德高尚，言谈雄辩，学问广博！这本来是国家的宝贵财富、社稷的良佐呀！当然也必须使他们富裕、显贵，敬重他们，给他们以荣誉，然后国家的栋梁之才才能多起来。

"所以古时圣王施政时说：'不义的人不能让他们富裕，不义的人不能让他们显贵，不义的人不能做亲信，不义的人不能在朝廷做官。'因此国内富贵的人听到这个消息后，就在私下商议说：'原来我所依靠的是我的钱多而位高，现在国君只举用为义的人而不管贫贱与否，那么今后我不能不按义的要求办事。'国君亲信的人听到这个消息后，也在私下里议论说：'过去我所依仗的是国王的亲信，现在国君举用为义的人而不问亲疏，那么今后我只有按义的要求办事了。'在朝廷做事的官员听到这个消息后，也私下商量说：'过去我所依仗的是在国王身边做事，现在国王举用为义的人不管是不是身边的人，所以我今后只有按照义的规矩办事了。'那些与国王关系疏远的人听到这个消息后，也在私下商议说：'过去我担心与国王关系远而没有依靠，现在国王举用为义的人而不问关系远近，那么今后我也不能不按义的原则行事。'圣王的用人原则传到了遥远的边疆郊外的臣僚、官吏们的庶子、国内的民众、四野的农夫那里，他们都纷纷按义的准则规范自己的行为。这是什么缘故呢？这是因为君上之所以使用臣下的，是同一事物；臣下用来侍奉君上的也是同一方法。这就好比富人有高墙深宫，墙垣坚固，只开一个门，有强盗进去，把门关起来，强盗就无法出去了。这是什么原因呢？这是由于抓住了事情的要领。

【注释】
①殿：定。
②闳（hóng）夭、泰颠：皆为周文王时的贤臣。罝（jū）：捕兽的网。
③施：当为"惕"。
④章：通"彰"。
⑤祖述：效仿前人。

【原文】

"故古者圣王之为政，列德而尚贤。虽在农与工肆之人，有能则举之。高予之爵，重予之禄，任之以事，断予之令。曰：爵位不高，则民弗敬；蓄禄不厚，则民不信；政令不断，则民不畏。举三者授之贤者，非为贤赐也，欲其事之成。故当是时，以德就列，以官服事，以劳殿赏①，量功而分禄。故官无常贵而民无终贱。有能则举之，无能则下之。举公义，辟私怨，此若言之谓也。故古者尧举舜于服泽之阳，授之政，天下平。禹举益于阴方之中，授之政，九州成。汤举伊尹于庖厨之中，授之政，其谋得。文王举闳夭、泰颠于罝罔之中②，授之政，西土服。故当是时，虽在于厚禄尊位之臣，莫不敬惧而施③；虽在农与工肆之人，莫不竞劝而尚意。

"故士者，所以为辅相承嗣也。故得士则谋不困，体不劳，名立而功成，美章而恶不生④，则由得士也。是故子墨子言曰：'得意，贤士不可不举；不得意，贤士不可不举。尚欲祖述尧舜禹汤之道⑤，将不可以不尚贤。夫尚贤者，政之本也。'"

【译文】

"所以古代的圣王施政，崇尚贤士，使有德者有位。即使是农民、工匠、商人，只要有特殊才能的就选拔他，给他高爵，给他厚禄，给他职位，授予他权力。也就是说，爵位不高，百姓不会敬重他；俸禄不多，百姓不会信任他；权力不大，百姓不会畏惧他。拿这三种东西给贤人，并不是为了赏赐贤人，而是为了把事情办成。所以在这时，是根据一个人的德行来确定他的位置，按照他的官职确定他的职责，根据他的业绩来确定奖励等级，根据他的功劳来确定他的工薪待遇，所以当官的不会永远富贵，而百姓不会永远贫贱。有才能的就让他上去，没有才能的就罢黜。举用急公好义的人，任用与己有怨的人，这就是我所说的尚贤的意思。所以古时尧把舜从服泽之阳选拔出来，授予他政事，结果天下治理得很好；大禹把伯益从阴方之中选拔出来，授予他政事，结果九州统一；商汤把伊尹从庖厨之中选拔出来，授予他政事，结果自己的谋划得以变成现实；周文王把闳夭、泰颠从狩猎者中选拔出来，授予他政事，结果西部地区成了文王的天下。所以在当时，即使是处在厚禄尊位的大臣，没有谁不敬重畏惧而施行仁义的，即使是处在农业与手工、经商地位的，没有谁不竞相劝导而崇尚道德的。

"所以贤士是用来作为辅佐和接替君主的人选。因此，得到了贤士，国君谋划就不困难，身心也不会过于劳乏，功成名就，而不会发生坏的事情。这都是因为得到贤士的结果。所以墨子说道："得意的时候，不能不任用贤士；不得意的时候，也不能不任用贤士。如果想继承尧舜禹汤的大事业，就不能不尊崇贤士。崇尚贤士，这是为政的根本。'"

尚贤（中）

【原文】

　　子墨子言曰："今王公大人之君人民，主社稷①，治国家，欲修保而勿失，故不察尚贤为政之本也②？"何以知尚贤之为政本也？曰：自贵且智者为政乎愚且贱者则治③；自愚贱者为政乎贵且智者则乱。是以知尚贤之为政本也。"

【译文】

　　墨子说："现在王公大人统治人民，掌握政权，治理国家，都希望永久保持下去而不失去，为什么不研究崇尚贤士这个为政的根本问题呢？"怎么知道崇尚贤士是为政的根本呢？回答是："由高贵而智慧的人去治理愚蠢而低贱的人，那么，国家便能治理好；由愚蠢而低贱的人去治理高贵而智慧的人，那么，国家就会混乱。因此知道崇尚贤士是为政的根本。

【原文】

　　故古者圣王甚尊尚贤而任使能①，不党父兄②，不偏富贵，不嬖颜色③。贤者举而上之，富而贵之，以为官长；不肖者抑而废之，贫而贱之，以为徒役。是以民皆劝其赏，畏其罚，相率而为贤者，以贤者众而不肖者寡，此谓进贤。然后圣人听其言，迹其行④，察其所能而慎予官，此谓事能。故可使治国者使治国，可使长官者使长官，可使治邑者使治邑。凡所使治国家、官府、邑里，此皆国之贤者也。

【译文】

　　因此古代的圣王都很尊崇贤人、任用能人，而不偏袒自己的父母兄弟，不偏袒富贵人家，不宠幸女色。只要是贤者，就选拔出来，使他们富贵，让他们做行政长官；对于不肖的，不仅不让他晋升，而且要免去他的职务，让他遭受贫穷、地位低下，让他们做奴仆。因此人民为他的奖赏所激励而同时畏惧他的惩罚，因此大家都积极争取成为贤者，于是贤人就多了而不肖的人少了，这便叫进贤。贤者选拔出来之后，圣人要听其言，观其行，慎重地授予相应的官职，这就叫事能。因此，能够治理国家大事的，就让他掌管国家大事；能够管理一个部门的，就让他管理一个部门；能够负责一个县的，就让他做一个县的负责人。凡是派去治理国家、官吏、乡邑的，都是国家的贤人。

【原文】

贤者之治国也，蚤朝晏退①，听狱治政，是以国家治而刑法正。贤者之长官也，夜寝夙兴，收敛关市、山林、泽梁之利，以实官府，是以官府实而财不散。贤者之治邑也，蚤出莫入②，耕稼树艺、聚菽粟，是以菽粟多而民足乎食。故国家治则刑法正，官府实则万民富。上有以洁为酒醴粢盛以祭祀天、鬼，外有以为皮币，与四邻诸侯交接，内有以食饥息劳，将养其万民，外有以怀天下之贤人③。是故上者天鬼富之，外者诸侯与之，内者万民亲之，贤人归之。以此谋事则得，举事则成，入守则固，出诛则强。故唯昔三代圣王尧、舜、禹、汤、文、武之所以王天下，正诸侯者④，此亦其法已。

【注释】

①蚤朝晏退：早上朝而晚退朝。蚤，通"早"。晏，晚。

②莫：通"暮"。

③怀：安抚。

④正诸侯：为诸侯之王。正，长，首。

【译文】

贤者治理国家，早上朝而晚退朝，审听刑狱，处理政务，因而国家政治清明而刑法严正；贤者主持一个政府部门，夙兴夜寐，征收聚敛关口、市场、山林、湖泊的赋税之利，用以充实官府，因此国库充实而财用不散；贤者治理一个县，早出晚归，翻耕种植，栽种果木，收聚豆粟，因此粮食多而百姓在食用方面充足。因此国家治理而刑法严正，官府充实而万民富足。在上的统治者就能够安排精洁丰盛的酒食祭品，去祭祀上天鬼神。外能制造皮币，与四邻诸侯交易；内可以使饥者得食，使劳者休息，保养万民，招徕天下的贤人。所以在上，天帝鬼神使他富足；在外，诸侯与他结交；在内，万民亲附，贤人归顺。因此谋事有得，做事能成，守国坚固，出外征伐则强大。故从前圣王尧、舜、禹、汤、文、武之所以能在天下称王，为诸侯之长，即在于此。

【注释】

①女：通"汝"。

②般：即"颁"。

③厌：嫌弃。

④归：归功。

【原文】

既曰若法，未知所以行之术，则事犹若未成。是以必为置三本。何谓三本？曰：爵位不高，则民不敬也；蓄禄不厚，则民不信也；政令不断，则民不畏也。故古圣王高予之爵，重予之禄，任之以事，断予之令。夫岂为其臣赐哉？欲其事之成也。《诗》曰："告女忧恤①，诲女予爵，孰能执热，鲜不用濯？"则此语古者国君诸侯之不可以不执善承嗣辅佐也。譬之犹执热之有濯也，将休其手焉。古者圣王唯毋得贤人而使之，般爵以贵之②，裂地以封之，终身不厌③。贤人唯毋得明君而事之，竭四肢之力，以任君之事，终身不倦。若有美善则归之上④。是以美善在上，而所怨谤在下；宁乐在君，忧戚在臣。故古者圣王之为政若此。

【译文】

既已有了这种方法，但不知怎么去实行，那么事情似乎还是办不成的。因此必须为此定下三个基本原则。什么叫三个基本原则呢？答道：爵位不高，百姓不会敬重他；俸禄不多，百姓不会信任他；权力不大，百姓不会畏惧他。所以古代圣王给他们高的爵位、厚的俸禄，任命他们以政事，给他们以决断的权力。这难道是给臣下以赏赐吗？这是为了要把事情办成啊！《诗经》说："告诉你忧天下之忧，教导你安排爵位，谁能手执热物而不用冷水洗手呢？"这是说古代的国君诸侯不可不亲善那些继承和辅佐的贤士，就如同拿了热物然后要用冷水洗濯一样，以使自己的手得到休息。古时的圣王得到贤人而使用他，颁赐爵位使他显贵，分割土地做他的封邑，终身都不厌倦。贤人唯以获得明君而侍奉他，必竭尽全力来完成国君分派的工作，终身不倦。如果有了美好的功德，就归之国君。所以功德美名在上，而怨恨诽谤在臣下；安宁欢乐在国君，而忧愁悲戚在臣下。古代圣王掌管天下政事，都是这样的。

【原文】

今王公大人亦欲效人，以尚贤使能为政，高予之爵而禄不从也。夫高爵而无禄，民不信也。曰："此非中实爱我也，假藉而用我也。"夫假藉之，民将岂能亲其上哉？故先王言曰："贪于政者，不能分人以事；厚于货者，不能分人以禄。"事则不与，禄则不分，请问天下之贤人将何自至乎王公大人之侧哉？若苟贤者不至乎王公大人之侧，则此不肖者在左右也。不肖者在左右，则其所誉不当贤，而所罚不当暴。王公大人尊此以为政乎国家[1]，则赏亦必不当贤，而罚亦必不当暴。若苟赏不当贤而罚不当暴，则是为贤者不劝，而为暴者不沮矣。是以入则不慈孝父母，出则不长弟乡里[2]。居处无节，出入无度，男女无别。使治官府则盗窃，守城则倍畔[3]，君有难则不死[4]，出亡则不从。使断狱则不中[5]，分财则不均。与谋事不得，举事不成，入守不固，出诛不强。故虽昔者三代暴王桀、纣、幽、厉之所以失措其国家，倾覆其社稷者，已此故也。何则？皆以明小物而不明大物也。

【译文】

现在王公大人也想效法古人为政，尊敬贤者，任用能者，给他们高的爵位，俸禄却不随着增加。爵位高而没有相应的俸禄，百姓不会信任他们，（贤人）说："这不是真正地爱我，是假借虚名利用我罢了。"像这样被假借利用，百姓怎能亲附君上呢？所以先王说："贪图政权的人，不愿把政事交给别人；把钱财看得很重的人，不愿把俸禄分给别人。"既不给行政权力，又不给物质待遇，请问：天底下的贤人，怎么会到王公大人的身边来呢？如果贤人不来到王公大人的身边，那就只有奸佞之徒在王公大人左右了。这些人在左右，那么他们所称赞的不会是贤人，而所惩罚的也不会是暴徒。王公大人遵从这些人在国家施政，那么所赏的也一定不会是贤人，所罚的也一定不会是暴徒。如果奖赏的不是贤人，惩罚的不是暴徒，那么贤人得不到劝勉，而暴徒也得不到阻止了。因此在家不孝敬父母，出外不懂得敬重乡里。居处没有节制，出入没有限度，男女没有区别。让他治理官府，就

【注释】

①尊：通"遵"。

②长弟：即"长悌"，敬重。

③倍畔：即"背叛"。

④死：这里指为国君而死。

⑤中：符合、适合。

会监守自盗；让他保卫城池，就会背叛。国君有难，他不会拼死保卫；国君出走，他不会跟随。让他判案就不会公正；让他分配财物，就不会平均。和他谋划政事，就不得其要领；让他办事，则一事无成，派他防守城池则不坚固，让他出战又打败仗。所以像从前三代暴君夏桀、商纣、周幽王、周厉王等，他们的国家灭亡、社稷颠覆的唯一原因就在此。为什么呢？因为他们都只懂得了小道理而不懂得大道理。

【原文】

今王公大人有一衣裳不能制也，必藉良工；有一牛羊不能杀也，必藉良宰。故当若之二物者，王公大人皆知以尚贤使能为政也。逮至其国家之乱①，社稷之危，则不知使能以治之。亲戚则使之、无故富贵、面目佼好则使之②。夫无故富贵、面目佼好则使之，岂必智且有慧哉？若使之治国家，则此使不智慧者治国家也，国家之乱，既可得而知已。

【译文】

现在的王公大人，有一件衣裳不能缝制，必定要请手艺高超的裁缝；有一只牛羊不能宰杀，必定要请技艺娴熟的屠夫。所以在对待这两种事情上，王公大人还知道以尚贤使能为重。但一到国家发生动乱，社稷倾危，就不知道运用贤能的人来治理天下了。只要是亲戚，就任用他们，无缘无故得到富贵的、面孔漂亮的就加以任用。对于那些无缘无故得到富贵的、面孔漂亮的人，难道他们必定有智慧吗？如果让他们治理国家，那就是在任用无智慧的人治理国家呀！国家的混乱，也就可以预料了。

【原文】

且夫王公大人有所爱其色而使，其心不察其知而与其爱①。是故不能治百人者，使处乎千人之官②；不能治千人者，使处乎万人之官，此其故何也？曰：处若官者，爵高而禄厚，故爱其色而使之焉！夫不能治千人者，使处乎万人之官，则此官什倍也③。

夫治之法将日至者也，日以治之，日不什修④，知以治之，知不什益，而予官什倍，则此治一而弃其九矣。虽日夜相接，以治若官，官犹若不治。此其故何也？则王公大人不明乎以尚贤使能为政也。故以尚贤使能为政而治者，夫若言之谓也；以下贤为政而乱者⑤，若吾言之谓也。今王公大人中实将欲治其国家，欲修保而勿失，胡不察尚贤为政之本也？

④修：长。

⑤下：这里指废弃不用。

【译文】

　　况且王公大人因爱一个人的美貌而任用他，心中并不察知他的智慧而给他以宠爱。所以这样的人不能治理百人的，却处在管理千人的官职上；不能治理千人的，却使他处在管理万人的官职上。这是为什么呢？回答说：做这种官的人，爵位高而俸禄厚，只因王公大人爱其美色而给他这个职位。不能治理一千人的人，让他做管理一万人的官，这是授予的官职超过其能力的十倍了。治理国家的原则将会与日俱至，但他治理国家的日子，却不能延长十倍；按才智去治理天下，才智也不能增加十倍，却给了十倍于才能的官职，那么，这样一来，他就只能治理其中的一份而放弃其他九份了。即使日夜不停地治理官府事务，官府事务仍然治不好。这是什么原因呢？这就是王公大人不明白尊崇贤才使用能人治理国家的缘故。所以，用尊崇贤才使用能人治理国家的主张来施政进行治理天下，如前文所说的那样。因鄙视贤能来施政而扰乱天下的，就像我所说的一样。现在的王公大人，心中真正想治理国家，希望国家永久保持而不失去，为什么不去体察尚贤为政这个根本呢？

【原文】

　　且以尚贤为政之本者，亦岂独子墨子之言哉？此圣王之道，先王之书，距年之言也①。传曰："求圣君哲人，以裨辅而身②。"《汤誓》曰："聿求元圣，与之戮力同心，以治天下。"则此言圣之不失以尚贤使能为政也。故古者圣王唯能审以尚贤使能为政，无异物杂焉③，天下皆得其利。

【注释】

①距年之言：长者的话。距，通"居"。

②而：通"尔"。

③异物：别的事情。

【译文】

　　把尚贤使能作为政治的根本，又岂止是墨子这样说的呢？这原是圣王的道理，先王的书上所写的长者的话。传记说："寻求圣君和哲人，以辅助你自己。"《汤誓》说："寻求大圣人，和他同心努力，用来治理天下。"这些都说明圣人不放弃以尚贤使能治理国家。所以古代的圣王只因能以任用贤能的人治理政事，没有其他事情掺杂在内，因此天下都得其好处。

【注释】

①接：掌管。

②私臣：陪嫁的奴隶。

③被褐：穿粗布衣。被，通"披"。

④庸：通"佣"，雇佣工。

【原文】

　　古者舜耕历山，陶河濒，渔雷泽。尧得之服泽之阳，举以为天子，与接天下之政①，治天下之民。伊尹，有莘氏女之私臣②，亲为庖人。汤得之，举以为己相，与接天下之政，治天下之民。傅说被褐带索③，庸筑乎傅岩④。武丁得之，举以为三公，与接天下之政，治天下之民。此何故始贱卒而贵，始贫卒而富？则王公大人明乎以尚贤使能为政，是以民无饥而不得食，寒而不得衣，劳而不得息，乱而不得治者。

【译文】

　　古时，舜在历山耕地，在黄河边制陶器，在雷泽捕鱼，尧帝在服泽之阳找到他，选拔他作天子，让他掌管天下的政事，治理天下的百姓。伊尹本是有莘氏女儿陪嫁的仆人，亲自当厨子，商汤得到他，任用他为宰相，让他掌管天下的政事，治理天下的百姓。傅说身穿粗布衣，围着绳索，在傅岩受佣筑墙。武丁得到他，任用他为三公，让他掌管天下的政事，治理天下的百姓，他们开始时卑贱而结果尊贵，开始时贫穷而结果富有，这是什么缘故呢？就是因为王公大人懂得以尚贤使能治理国政。所以百姓没有饥不得食、寒不得衣、劳不得息、乱不得治的。

【注释】

①虽：仅，只有。

②尚：崇尚，尊敬。

【原文】

　　故古圣王以审以尚贤使能为政，而取法于天。虽天亦不辩贫富、贵贱、远迩、亲疏①，贤者举而尚之②，不肖者抑而废之。然则富贵为贤以得其赏者谁也？曰：若昔者三代圣王尧、舜、禹、汤、文、武者是也。所以得其赏何也？曰：其为政乎天下也，兼而爱之，从而利之；又率天下之万民，以尚尊天事鬼，爱利万民。是故天、鬼赏之，立为天子，以为民父母，万民从而誉之曰"圣王"，至今不已。则此富贵为贤以得其赏者也。

【译文】

　　所以古代的帝王确实是能以尚贤使能来治理国政的，这是取法于上天。唯有上天是不分贫富、贵贱、远近、亲疏的人，只要是贤人就推举重用他，凡是奸佞之徒就压制和遗弃他。既然这样，那些任用贤士推行仁政而受到奖赏的君王都是谁呢？那就是从前三代的圣王尧、舜、禹、汤、文、武等。他们是因为什么而得到上天赏赐呢？是因为他们治理天下，兼爱天下，为人民造福，又率领天下万民崇尚尊天事鬼，爱护百姓。所以天地鬼神赏赐他们，立他们为天子，做百姓的父母，百姓服从并尊称他们为"圣王"，直到现在还颂扬不止。这就是重视贤能、推行仁政因而得到上天的赏赐的人。

【原文】

　　然则富贵为暴以得其罚者谁也？曰：若昔者三代暴王桀、纣、幽、厉者是也。何以知其然也？曰：其为政乎天下也，兼而憎之，从而贼之[1]，又率天下之民以诟天侮鬼[2]，贼傲万民。是故天、鬼罚之，使身死而为刑戮，子孙离散，室家丧灭，绝无后嗣，万民从而非之曰"暴王"，至今不已。则此富贵为暴而以得其罚者也。

【注释】

①贼：害。

②侮：轻慢，怠慢。

【译文】

　　那么富贵行暴而得到惩罚的又是哪些人呢？像从前三代的暴君桀、纣、幽、厉就是。怎么知道他们这样呢？因为他们统治天下，使臣民互相仇恨和残害，又率领天下的百姓咒骂上天，侮辱鬼神，残害万民。所以上天鬼神惩罚他们，使他们被刑戮，子孙后代流离失所，家室毁灭，没有后代，万民都讥骂他们为"暴王"，直到现在还没有休止。这就是富贵行暴而得到惩罚的。

【原文】

　　然则亲而不善以得其罚者谁也？曰：若昔者伯鲧，帝之元子，废帝之德庸①，既乃刑之于羽之郊②，乃热照无有及也，帝亦不爱。则此亲而不善以得其罚者也。

【译文】

　　那么，作为君王的亲族由于不做好事而受到惩罚的又有哪些呢？回答说，如从前的伯鲧，是帝颛顼的长子，败坏了颛顼帝的功德，被流放到羽山的郊野，那是终年暗无天日的地方，帝颛顼一点也不可怜他。这就是与君王有亲但是不做好事而受到上天惩罚的例子。

【原文】

　　然则天之所使能者谁也？曰：若昔者禹、稷、皋陶是也。何以知其然也？先王之书《吕刑》道之，曰："皇帝清问下民，有辞有苗①。曰：'群后之肆在下，明明不常，鳏寡不盖。德威维威，德明维明'。乃名三后②，恤功于民：伯夷降典，哲民维刑；禹平水土，主名山川；稷隆播种，农殖嘉谷。三后成功，维假于民③。"则此言三圣人者，谨其言，慎其行，精其思虑；索天下之隐事遗利，以上事天，则天乡其德④；下施之万民，万民被其利，终身无已。故先王之言曰："此道也，大用之天下则不寙⑤，小用则不困，修用之则万民被其利，终身无已。"

【译文】

　　那么，上天任用的是哪些人呢？回答说，像古代的大禹、后稷、皋陶就是。怎么知道是这样呢？先王留下的书籍《吕刑》说过："尧帝询问百姓的忧患，百姓都回答有苗部落是最大的祸害。尧帝说：'各位君主以及在下执事之人，凡是有德之人即可显用，鳏寡之人也没有关系。建立在德上的威才是真正的威，建立在德上的明才是真正的明。'于是命令伯夷、禹、稷三君，为人民办事：伯夷制定法律，使百姓有法可依；大禹平治水土，为山川命名；后稷指导农业生产，让百姓多收粮食。这三君的成功，有恩于民。"这说的是三位圣人，谨言慎行，深思熟虑，寻求天下不被注意的事情和人们很难想到的好处。以此来敬奉上天，那么上天享用他们的功德，以此来下施于万民，那么人民将大受其惠，终身受用无穷。所以先王说："这个就是道，大而用之，无穷无尽；小而用之，不困不顿；长远用之，民受其惠，终身享用不尽。"

【原文】

《周颂》道之曰："圣人之德，若天之高，若地之普，其有昭于天下也；若地之固，若山之承¹，不坼不崩²；若日之光，若月之明，与天地同常。"则此言圣人之德章明博大，埴固³，以修久也⁴。故圣人之德，盖总乎天地者也。今王公大人欲王天下、正诸侯，夫无德义，将何以哉？其说将必挟震威强⁵。今王公大人将焉取挟震威强哉？倾者民之死也！民生为甚欲，死为甚憎。所欲不得，而所憎屡至。自古及今，未尝能有以此王天下、正诸侯者也。今大人欲王天下、正诸侯，将欲使意得乎天下⁶，名成乎后世，故不察尚贤为政之本也⁷？此圣人之厚行也。

【译文】

《周颂》上说："圣人的德行，像天一样崇高，像地一样宽广，昭示于天下；像大地一样坚固，像山一样耸立，不开裂、不崩塌，像太阳一样光芒万丈，像月亮一样无比光明，跟天地一样长久。"这说明圣人的德行，彰明博大，坚牢而长久。所以圣人的德行道义，是能够总括天地的。现在的王公大人想一统天下，称霸诸侯，如果没有德和义，那将凭借什么呢？他们说将用实力政策对付强硬的对手。现在王公大人怎么能使用威力对付强大的对手呢？这只能带来人民的死亡。人民的生存愿望都是十分强烈的，对死亡却十分厌恶。人民得不到自己所希望的，而常常得到他们所厌恶的。从古到今，还没有人能靠这一统天下、称霸诸侯。现在的王公大人想一统天下，称霸诸侯，让自己的愿望推行于当代，又名垂于后世，为什么不研究崇尚贤士这一为政的根本呢？这是圣人崇高的德行啊！

【注释】

①承：耸立。

②坼（chè）：分裂，裂开。崩：倒塌，崩裂。

③埴：制作陶器的黏土。

④修久：长久。

⑤挟：倚仗，仗恃。

⑥意：心意，意图。

⑦故：通"胡"，为什么。

尚贤（下）

【注释】

①毋：不。

【原文】

　　子墨子言曰："天下之王公大人皆欲其国家之富也，人民之众也，刑法之治也。然而不识以尚贤为政其国家百姓，王公大人本失尚贤为政之本也。"若苟王公大人本失尚贤为政之本也，则不能毋举物示之乎①？

【译文】

　　墨子说："天下的王公大人都想让自己的国家富足，人民众多，政治安定。却不懂得在他的国家中推行崇尚贤能的政策，王公大人从来就不知道尚贤是政治的根本。"如果王公大人从来就丧失了尚贤为政这一根本，那么不能举出些事例来启示他们吗？

【注释】

①若：这。

②赏：当作"尝"，曾经。

③沮：阻止。

④临众发政：面对民众发布政令。

【原文】

　　今若有一诸侯于此，为政其国家也，曰："凡我国能射御之士，我将赏贵之；不能射御之士，我将罪贱之。"问于若国之士①，孰喜孰惧？我以为必能射御之士喜，不能射御之士惧。我赏因而诱之矣②，曰："凡我国之忠信之士，我将赏贵之；不忠信之士，我将罪贱之。"问于若国之士，孰喜孰惧？我以为必忠信之士喜，不忠不信之士惧。今唯毋以尚贤为政其国家百姓，使国为善者劝，为暴者沮③。大以为政于天下，使天下之为善者劝，为暴者沮。然昔吾所以贵尧、舜、禹、汤、文、武之道者，何故以哉？以其唯毋临众发政而治民④，使天下之为善者可而劝也，为暴者可而沮也。然则此尚贤者也，与尧、舜、禹、汤、文、武之道同矣。

【译文】

　　现在假定这里有一位诸侯治理他的国家，说道："凡是我国会射箭和驾车的人，我都将奖赏他们并使他们尊贵；不能射箭和驾车的人，我都将治他们的罪并使他们贫贱。"请问这个国家的士人，谁高兴谁害怕呢？我认为必定是善于射箭驾车的人高兴，不善于射箭驾车的人害怕。因此我尝试诱导他们说："凡是忠实而讲信用的人，我都将奖赏他们并使他们尊贵；不忠实不讲信用的人，我都将治他们的罪并使他们贫贱。"请问这个国家的士人，谁高兴谁害怕呢？我认为必定是忠实而讲信用的人高兴，不忠实不讲信用的人害怕。现在只有在人民中推行崇尚贤士的政策，使良善的人得到鼓励，而使作恶的人受到打击。推而广之，在普天之下都推行崇尚贤士的政策，使全天下行善的人都受到鼓励，而使作恶的人受到打击。我以前所以推重尧、舜、禹、汤、文、武之道，其原因是什么呢？因为他们君临天下，行使政治，治理万民，使天下行善的人都受到鼓励，作恶的人受到打击。这就是崇尚贤士，是和尧、舜、禹、汤、文、武之道相同的。

【原文】

而今天下之士君子，居处言语皆尚贤①；逮至其临众发政而治民，莫知尚贤而使能。我以此知天下之士君子，明于小而不明于大也。何以知其然乎？今王公大人有一牛羊之财不能杀，必索良宰；有一衣裳之财不能制，必索良工。当王公大人之于此也，虽有骨肉之亲、无故富贵、面目美好者，实知其不能也，不使之也。是何故？恐其败财也。当王公大人之于此也，则不失尚贤而使能。王公大人有一罢马不能治②，必索良医；有一危弓不能张，必索良工。当王公大人之于此也，虽有骨肉之亲、无故富贵、面目美好者，实知其不能也，必不使。是何故？恐其败财也。当王公大人之于此也，则不失尚贤而使能。逮至其国家则不然，王公大人骨肉之亲、无故富贵、面目美好者则举之。则王公大人之亲其国家也③，不若亲其一危弓、罢马、衣裳、牛羊之财与？我以此知天下之士君子，皆明于小而不明于大也。此譬犹喑者而使为行人，聋者而使为乐师。

【注释】

①居处言语：时常挂在嘴上。

②罢：同"疲"，疲乏，病。

③亲：亲近。

【译文】

　　而今天下的士大夫和君子，平时行动言论都崇尚贤士，而等到他们面对民众发布政令以治理人民时，就不知道尚贤使能了。所以我认为天下的士大夫、君子们，只懂得小道理而不懂得大道理。怎么知道是这样呢？现在的王公大人有一只牛羊不会杀，一定去找好的屠夫；有一件衣裳不会做，一定去找好的裁缝来做。在这时，即使是王公大人的骨肉之亲，和无缘无故得到富贵者，以及面貌漂亮的人，实在是知道他们没有能力，就不会让他们去做。为什么呢？因为怕他们败坏财富。王公大人在这些小事上，还不失崇尚贤能。王公大人有一匹病马不能治，一定会找好的兽医；有一张坏弓拉不开，一定要找好的工匠来修理。王公大人在遇到这些小事时，即使有骨肉之亲和无缘无故得到富贵者，以及面貌美丽的人，而确实知道他们没有这种能力，就不会使他们去做。为什么呢？因为怕他们败坏财物。当王公大人处理这些小事的时候，还不失尚贤使能。但一到他们治理国家就不这样了，王公大人的骨肉之亲、无缘无故富贵以及面貌美丽的人，就加以任用。如此看来，王公大人爱他们自己的国家，还不如爱他们的一张坏弓、一匹病马、一件衣裳、一只牛羊啊！我因此知道天下的士君子都是只懂得小道理，而不懂得大道理。这就好像一个哑巴去充当外交人员，一个聋子去充当乐师一样。

【注释】

①灰：烧制的石灰。

②圜（yuán）土：牢狱。

③推：推举，推荐。

【原文】

　　是故古之圣王之治天下也，其所富，其所贵，未必王公大人骨肉之亲、无故富贵、面目美好者也。是故昔者舜耕于历山，陶于河濒，渔于雷泽，灰于常阳①。尧得之服泽之阳，立为天子，使接天下之政，而治天下之民。昔伊尹为莘氏女师仆，使为庖人。汤得而举之，立为三公，使接天下之政，治天下之民。昔者傅说居北海之洲，圜土之上②，衣褐带索，庸筑于傅岩之城。武丁得而举之，立为三公，使之接天下之政，而治天下之民。是故昔者尧之举舜也，汤之举伊尹也，武丁之举傅说也，岂以为骨肉之亲、无故富贵、面目美好者哉？惟法其言，用其谋，行其道，上可而利天，中可而利鬼，下可而利人，是故推而上之③。

【译文】

所以古代圣王治理天下，使用那些富有的和尊贵的，未必是他的骨肉之亲、无故富贵者，以及面貌美丽的人。所以，古时候的舜，在历山耕地，在黄河边制造陶器，在雷泽边捕鱼，在常阳烧石灰，尧帝在服泽的南面找到他，让他继位为天子，掌管天下的政事，治理天下的百姓。从前，伊尹本是有莘氏女儿陪嫁的仆人，亲自当厨子，商汤得到他，任用他为宰相，让他掌管天下的政事，治理天下的百姓。傅说身穿粗布衣，围着绳索，在傅岩受佣筑墙，武丁得到他，任用他为三公，让他掌管天下的政事，治理天下的百姓，由此看来，从前尧举用舜，汤举用伊尹，武丁举用傅说，难道是因为他们是骨肉之亲、无缘无故富贵者以及面貌美丽的人吗？只不过是采用他们的谋略，照他们的方法办事而已。这些贤人上可以有利于天，中可以有利于鬼，下可有利于人，所以就把他们推举上来。

【原文】

古者圣王既审尚贤，欲以为政，故书之竹帛，琢之槃盂，传以遗后世子孙。于先王之书《吕刑》之书然：王曰："於！来！有国有土，告女讼刑[1]。在今而安百姓，女何择言人[2]？何敬不刑？何度不及？"能择人而敬为刑，尧、舜、禹、汤、文、武之道可及也。是何也？则以尚贤及之。于先王之书、竖年之言然，曰："晞夫圣武知人[3]，以屏辅而耳。"此言先王之治天下也，必选择贤者，以为其群属辅佐。

【注释】

①告女讼刑：告诉你们讼刑之道。女，通"汝"。

②言：此处意为"不"，不择良才。

③晞：通"希"，寻求。

【译文】

古代的圣王已经明白崇尚贤士并让他们当政的道理，所以把它写在竹帛上、雕琢在槃盂上，留给后世子孙。在先王留下的典籍《吕刑》中这样记载：周王说："嘿，你们过来！拥有国家和封邑的人们，告诉你们用刑之道。现在当务之急是使百姓安定，你们除了贤人，还有什么可选择的呢？除了刑罚，还有什么可慎重的呢？对于不如前代圣王之道的为什么要考虑？"只要谨慎地选拔人才，慎重地行使法律，就能消除和尧、舜、禹、汤、文、武之道的差距。为什么呢？这是由于崇尚贤士可以赶得上他们。在先王的书上、老人的话中这样说道："寻求圣人、武人、智人，来辅佐自身。"这是说先王治理天下，一定要选择贤能的人，用来辅助自己。

【注释】

①辟：通"避"。

②莫若：不如。

③疾：急速。

④勉：尽力，努力。

⑤生生：指众生并立。

【原文】

曰：今也天下之士君子，皆欲富贵而恶贫贱？曰然女何为而得富贵而辟贫贱①？莫若为贤②，为贤之道将奈何？曰：有力者疾以助人③，有财者勉以分人④，有道者劝以教人。若此，则饥者得食，寒者得衣，乱者得治。若饥则得食，寒则得衣，乱则得治，此安生生⑤。

【译文】

据说现在天下的士大夫和君子，都希望富贵而厌恶贫贱。但是你怎么做才能得到富贵而避免贫贱呢？最好是做贤人。怎样才能成为贤士呢？回答说：有能力的人赶快去帮助他人，有钱财的就主动与人共享，有学问道德的也努力教给他人。这样，饥饿的人就有饭吃，寒冷的人就有衣服穿，混乱的地方就可以得到治理。如果饥饿的人有饭吃，寒冷的人有衣穿，混乱的地方可以得到治理，那么人人都可以安居乐业了。

【注释】

①焉：疑问代词，什么。

【原文】

今王公大人，其所富、其所贵，皆王公大人骨肉之亲、无故富贵、面目美好者也。今王公大人骨肉之亲、无故富贵、面目美好者，焉故必知哉①？若不知，使治其国家，则其国家之乱，可得而知也。

【译文】

现在的王公大人，借其力富裕的，借其力高贵的，都是他们的骨肉之亲、无缘无故发财的以及面貌美丽的人，这些人是不是就一定有智慧呢？如果没有智慧，派他们治理国家，那么国家的动乱就是可想而知的事了。

【原文】

今天下之士君子皆欲富贵而恶贫贱？然女何为而得富贵而辟贫贱哉？曰：莫若为王公大人骨肉之亲、无故富贵、面目美好者。王公大人骨肉之亲、无故富贵、面目美好者，此非可学能者也。使不知辩，德行之厚，若禹、汤、文、武，不加得也；王公大人骨肉之亲，蹙喑聋暴为桀、纣，不加失也。是故以赏不当贤，罚不当暴。其所赏者，已无故矣；其所罚者，亦无罪。是以使百姓皆攸心解体[1]，沮以为善；垂其股肱之力[2]，而不相劳来也；腐朽余财，而不相分资也；隐匿良道，而不相教诲也。若此则饥者不得食，寒者不得衣，乱者不得治。

【注释】

① 攸：游走得很快的样子。攸心解体：人心涣散。

② 垂："堕"之借字，怠惰，懒散。

【译文】

现在天下的士大夫和君子，都希望富贵而讨厌贫贱，但是怎样才能得到富贵而避免贫贱呢？有人可能会说：不如做王公大人的骨肉之亲、无缘无故富贵者以及面貌美丽的人。然而王公大人的骨肉之亲、无缘无故富贵者以及面貌美丽的人，却不是靠学习所能得来的啊。假使不辨是非，即使像禹、汤、文、武一样贤明，也不会被任用；而王公大人的骨肉之亲，即使是跛、哑、聋、瞎，甚至暴虐如桀纣，也不会被罢免。由于奖赏的不是该奖赏的贤人，惩罚的不是该惩罚的恶人，因而他所赏的人是没有功劳的，所惩罚的也是没有罪过的。所以使百姓人心涣散，没有心情做好事善事：宁可垂手坐视，也不愿帮别人一把；宁可让多余的财物腐烂变质，也不分给别人；自己有好的道德学问，只是藏在自己心里，而不愿教给别人。如此一来，饥饿的人就没有饭吃，寒冷的人就没有衣服穿，混乱的社会就得不到治理。

【原文】

推而上之以，是故昔者尧有舜，舜有禹，禹有皋陶，汤有小臣，武王有闳夭、泰颠、南宫括、散宜生，而天下和，庶民阜。是以近者安之，远者归之。日月之所照，舟车之所及，雨露之所渐[1]，粒食之所养，得此莫不劝誉。且今天下之王公大人士君子，中实将欲为仁义，求为上士，上欲中圣王之道[2]，下欲中国家百姓

【注释】

① 渍：渍。

② 中：符合。

之利，故尚贤之为说，而不可不察此者也。尚贤者，天、鬼、百姓之利而政事之本也。

【译文】

从这里向上追溯，从前唐尧有虞舜，虞舜有大禹，大禹有皋陶，商汤有伊尹，周武王有闳夭、泰颠、南宫括、散宜生，从而天下太平，百姓富足。所以，周围的人都安居乐业，远方的人纷纷来归附。凡是日月所普照的地方、车船等交通人迹所到的地方、雨露滋润所到的地方、靠吃粮食过活的人们，没有不交口称赞的。现今天下的王公大人及士君子，如果心中确实想实行仁义，想成为高尚的士人，上要符合圣王之道，下要满足国家与百姓的利益，那就不可不认真考虑尚贤这一说法了。尚贤是天帝、鬼神、百姓的利益所在，也是国家政事的根本。

尚同（上）

【原文】

　　子墨子言曰：古者民始生，未有刑政之时，盖其语，人异义。是以一人则一义，二人则二义，十人则十义。其人兹众①，其所谓义者亦兹众。是以人是其义②，以非人之义，故交相非也③。是以内者父子兄弟作怨恶离散，不能相和合④；天下之百姓，皆以水火毒药相亏害⑤。至有余力，不能以相劳⑥；腐朽余财⑦，不以相分；隐匿良道，不以相教。天下之乱，若禽兽然。

【译文】

　　墨子说：远古人类刚刚诞生，还没有刑法制度的时候，也没有统一的语言，所以人们说话所表达的意思各不相同。因而同是一句话，一个人有一种意思，两个人就有两种不同的意思，十个人就有十种不同的意思。人越多，各种不同的意思也就越多。每个人都坚持自己的意见是对的，而别人的意见是错的，因而相互攻击。所以在家庭内，父子兄弟常因意见不同而相互怨恨，分崩离析，而不能和睦共处；天下的百姓，都用水、火、毒药这些东西相互残害。以致有多余力量的人也不互相帮助；有多余财物的人宁愿它腐烂，也不拿来分给别人；有好的学问见解也隐藏在自己心里，不肯教给别人。天下的局面就像飞禽走兽的世界一样混乱。

【原文】

　　夫明虖天下之所以乱者①，生于无政长。是故选天下之贤可者，立以为天子。天子立，以其力为未足，又选择天下之贤可者，置立之以为三公。天子、三公既以立，以天下为博大，远国异土之民、是非利害之辩，不可一二而明知，故画分万国，立诸侯国君。诸侯国君既已立，以其力为未足，又选择其国之贤可者，置立之以为正长②。

【注释】

①兹：益，更加。

②是以：因此。

③交相非：互相攻击、非议。

④和合：和睦团结。

⑤亏：损。

⑥相劳：相互帮助。

⑦朽（xiǔ）：腐臭。

【注释】

①虖（hū）：通"乎"，于。

②正长：即"政长"，行政长官。

【译文】

　　明白了天下之所以大乱，其在于没有行政长官，所以人们就选择天下有贤能的人，立他为天子。立了天子之后，但是一个人的力量毕竟有限，于是又选拔天下的贤人，把他们立为三公。天子、三公都已经有了，由于天下实在太大，远方小国的人民的是非利害冲突不是一下子能说清楚的，因而就把天下划分为无数的小国，每个小国都立一个诸侯。诸侯国的国君已经有了，但是他的力量仍然很有限，所以又选择国内贤德的人，让他们做各级行政长官。

【原文】

　　正长既已具，天子发政于天下之百姓，言曰："闻善而不善，皆以告其上。上之所是，必皆是之；所非，必皆非之。上有过则规谏之，下有善则傍荐之^①。上同而不下比者^②，此上之所赏而下之所誉也。意若闻善而不善^③，不以告其上；上之所是弗能是，上之所非弗能非；上有过弗规谏，下有善弗傍荐；下比不能上同者，此上之所罚而百姓所毁也。"上以此为赏罚，其明察以审信。

【译文】

　　行政长官既已确立，天子就向天下的百姓发布政令，说道："你们无论听到什么好的什么不好的，都要把它报告给上面。上面认为对的，大家都必须认为对；上面认为它是错的，大家都必须认为错。上面有过失，就应该规劝进谏，下面有好的典型，要及时向上推荐。是非与上面一致，而不与下面勾结，这是上面所赞赏，下面所称誉的。假如听到好的或坏的事情，却不向上面报告；上面认为对的，也不认为对，上面认为错的，也不认为错；上面有过失不能规谏，下面有好的典型也不能广泛地向上面推荐；与下面勾结而不与上面一致，这是上面所要惩罚，也是百姓所要非议的。"上面根据这些方面来行使赏罚，就必然十分审慎、可靠。

【注释】

①傍荐：广为推举。傍，通"旁"；荐，推举，推选。

②比：勾结。

③意若：如果，假如。

【原文】

是故里长者，里之仁人也。里长发政里之百姓，言曰："闻善而不善，必以告其乡长。乡长之所是，必皆是之；乡长之所非，必皆非之。去若不善言①，学乡长之善言；去若不善行，学乡长之善行。"则乡何说以乱哉？察乡之所治者，何也？乡长唯能壹同乡之义②，是以乡治也。

【注释】

①去若不善言：去掉你们不好的言谈。去，去掉，放弃。

②壹：统一。

【译文】

所以里长就是这一里内的仁人。里长对里内百姓发布政令，说道："听到好的和坏的事情，必须报告给乡长。乡长认为对的，大家都必须认为对；乡长认为错的，大家都必须认为错。去掉你的不好的言辞，学习乡长的文明话语；去掉你们的不良行为，学习乡长的好行为。"那么这个乡里怎么会乱呢？考察这一乡之所以得到治理的原因，在于什么呢？是由于乡长能够统一全乡的意见，所以乡内就治理好了。

【原文】

乡长者，乡之仁人也。乡长发政乡之百姓，言曰："闻善而不善者①，必以告国君。国君之所是，必皆是之；国君之所非，必皆非之。去若不善言，学国君之善言；去若不善行，学国君之善行。"则国何说以乱哉？察国之所以治者何也？国君唯能壹同国之义，是以国治也。

【注释】

①者：据上下文，疑衍。

【译文】

乡长是这一乡的仁人，他对乡内的百姓发布政令，说道："听到好的或坏的事情，必须把它报告给诸侯国的国君。国君认为对的，大家都必须认为对；国君认为错的，大家都必须认为错。去掉你的不好的言辞，学习国君的文明话语；去掉你们的不良行为，学习国君的好行为。"那么，还怎么能说国内会混乱呢？考察一国之得到治理的原因，是什么呢？是因为国君能统一国中的意见，所以国内就治理好了。

【注释】

①飘：旋风，大风。

②溱（qín）溱：指众多的样子。

③请：通"诚"，确实，的确。

④罟（gǔ）：网。纲：网上的总绳。

【原文】

国君者，国之仁人也。国君发政国之百姓，言曰："闻善而不善，必以告天子。天子之所是，皆是之，天子之所非，皆非之。去若不善言，学天子之善言；去若不善行，学天子之善行。"则天下何说以乱哉？察天下之所以治者何也？天子唯能壹同天下之义，是以天下治也。天下之百姓皆上同于天子，而不上同于天，则菑犹未去也。今若天飘风苦雨①，溱溱而至者②，此天之所以罚百姓之不上同于天者也。是故子墨子言曰："古者圣王为五刑，请以治其民③。譬若丝缕之有纪，罔罟之有纲④，所以连收天下之百姓不尚同其上者也。"

【译文】

国君是这一国的仁人。国君发布政令于国中百姓，说道："听到好坏事情，必须报告给天子。天子认为对的，大家都必须认为对；天子认为错的，大家都必须认为错。去掉你的不好的言辞，学习天子的文明话语，去掉你们的不良行为，学习天子的好行为。"那么，还怎么能说天下会乱呢？我们考察天下治理得好的原因是什么呢？是因为天子能够统一天下的意见，所以天下就治理好了。天下的老百姓都统一于天子，而不与上天一致，那么灾祸还不能彻底除去。现在假如天刮大风下暴雨，频频而至，这就是上天惩罚百姓不跟上天同一的原因。所以墨子说："古时圣王制定五种刑法，确实是用它来治理人民，就好比丝线有总头、鱼网有纲绳一样，是用来约束天下所有百姓中不统一于上司的人。"

尚同（中）

【原文】

子墨子曰：方今之时，复古之民始生，未有正长之时，盖其语曰，天下之人异义。是以一人一义，十人十义，百人百义。其人数兹众，其所谓义者亦兹众。是以人是其义，而非人之义，故相交非也。内之父子兄弟作怨雠，皆有离散之心，不能相和合。至乎舍余力①，不以相劳；隐匿良道，不以相教；腐朽余财，不以相分。天下之乱也，至如禽兽然。无君臣上下长幼之节、父子兄弟之礼②，是以天下乱焉。

【注释】

①至乎：至于。舍：废。

②节：礼节。

【译文】

墨子说：与现在相比，远古初有人类还没有行政长官的时候，人们的语言所表达的意思是各不相同的。那时候一个人有一种意思，十个人有十种意思，一百个人有一百种意思。人数越多，意思也就越多。而且每人都认为自己的意思是对的，而认为别人的是错的，所以相互攻击。在一个家庭内，父子、兄弟相互怨恨，人心离散，不能和睦相处。以至于有余力的不愿意帮助别人；有好的学问也隐藏起来，不愿意教给别人；多余的财物腐烂，也不愿意分给别人。因此天下混乱，如同禽兽一般，没有君臣、上下、长幼的区别，没有父子、兄弟之间的礼节，因此天下大乱。

【原文】

明乎民之无正长以一同天下之义，而天下乱也，是故选择天下贤良、圣知、辩慧之人，立为天子，使从事乎一同天下之义。天子既已立矣，以为唯其耳目之请①，不能独一同天下之义，是故选择天下赞阅贤良、圣知、辩慧之人，置以为三公，与从事乎一同天下之义。天子三公既已立矣，以为天下博大，山林远土之

【注释】

①请：通"情"。

②一：一同。

③靡分：分散。

民，不可得而一也②。是故靡分天下③，设以为万诸侯国君，使从事乎一同其国之义。国君既已立矣，又以为唯其耳目之请，不能独一同其国之义，是故择其国之贤者，置以为左右将军大夫，以至乎乡里之长，与从事乎一同其国之义。

【译文】

明白了百姓没有行政长官来统一天下的意见，天下就会大乱，所以就选择天下的贤才、圣明和口才好的人，推举他立为天子，让他担当起统一天下不同意见的重任。天子已经有了，只是觉得一个人的见闻有限，无论如何不能够统一天下的意见，所以就选择天下人民赞赏的贤才、圣智和口才好的人，推举他们为三公，参与从事统一天下的意见。天子、三公已经立定了，又因天下地域太广，远方山野的人民不可能统一，所以划分天下，设立了数以万计的诸侯国君，让他们从事于统一他们各国的意见。诸侯国君既然已经有了，认为仅以他们自己耳目所闻所见的实情，尚不能统一一国的意见，所以又在他们国内选择一些贤人，立为国君左右的将军、大夫，以及远至乡里之长，让他们参加从事统一国内的意见的工作。

【注释】

①比：依附，勾结。

②誉：赞誉，称道。

③举：全。

【原文】

天子诸侯之君、民之正长，既已定矣。天子为发政施教，曰："凡闻见善者，必以告其上；闻见不善者，亦必以告其上。上之所是，亦必是之；上之所非，亦必非之。己有善，傍荐之；上有过，规谏之。尚同义其上，而毋有下比之心①。上得则赏之，万民闻则誉之②。意若闻见善，不以告其上；闻见不善，亦不以告其上。上之所是不能是，上之所非不能非。己有善，不能傍荐之；上有过，不能规谏之。下比而非其上者，上得则诛罚之，万民闻则非毁之。"故古者圣王之为刑政赏誉也，甚明察以审信。是以举天下之人③，皆欲得上之赏誉而畏上之毁罚。

【译文】

　　天子、诸侯国君、人民的行政长官既然已经确定，天子就发布政令，说："凡听到或看到好的典型，一定要向上级报告；凡听到或看到不好的典型，也必须报告给上级。上级认为对的，必须也认为对；上级认为错的，也必须认为错。自己有好的想法，要及时向上报告；上级有了过失，要批评和规劝。与上级意见保持一致，而不能有与下面勾结的私心。这样，上级得知就会赏赐他，百姓听见了就会赞美他。假如听到或看到好的典型，而不报告给上级；凡听到或看到不好的典型，也不报告给上级。上级认为对的，不肯说对，上级认为错的，不肯说错。自己有好的想法也不能及时地给上级建议；上级有过失也不规谏，与下面勾结而毁谤上级。凡是遇到这种情况就要予以惩处，百姓听见了也要谴责他们。"所以古代圣王制定刑法赏誉，都非常明察而且从实际出发。因此凡是天下的百姓，都希望得到上级的赏赐和赞扬，而害怕上级的批评与惩罚。

【原文】

　　是故里长顺天子政，而一同其里之义。里长既同其里之义[1]，率其里之万民以尚同乎乡长，曰："凡里之万民，皆尚同乎乡长而不敢下比，乡长之所是，必亦是之；乡长之所非，必亦非之。去而不善言[2]，学乡长之善言；去而不善行，学乡长之善行。"乡长固乡之贤者也，举乡人以法乡长，夫乡何说而不治哉？察乡长之所以治乡者，何故之以也？曰：唯以其能一同其乡之义，是以乡治。

【注释】

①同：统一。

②而：通"尔"，你，你的。

【译文】

　　所以里长顺从天子的政令，统一全里人民的意志。里长已经统一了全里人民的意见，于是率领里内的人民向上与乡长意见保持一致，说："凡是我们这个里内的人民，都应该上同于乡长，而不敢与下面勾结。乡长认为对的，大家都必须认为对；乡长认为错的，大家也都必须认为错。去掉你们不文明的语言，学习乡长的文明语言；去掉你们不良行为，学习乡长的好行为。"乡长本来就是整个乡最贤良的人士，全乡人都以他为榜样，那这个乡还有什么不能治理的？考察乡长能把乡内治好的原因是什么呢？回答说：只因为他能使全乡意见一致，所以乡内就治理好了。

【注释】

①有：通"又"。

【原文】

乡长治其乡，而乡既已治矣，有率其乡万民，以尚同乎国君^①，曰："凡乡之万民，皆上同乎国君而不敢下比。国君之所是，必亦是之；国君之所非，必亦非之。去而不善言，学国君之善言；去而不善行，学国君之善行。"国君固国之贤者也，举国人以法国君，夫国何说而不治哉？察国君之所以治国而国治者，何故之以也？曰：唯以其能一同其国之义，是以国治。

【译文】

乡长治理他的乡，而乡内已经治理好了，又率领他乡内的万民，与国君保持一致，说："凡是我们乡内的万民，都应与国君保持一致，而不可与下面勾结。国君认为是对的，大家也必须认为对；国君认为错的，大家也必须认为错。放弃你们不好的话语，学习国君的善言；去掉你们不良的行为，学习国君的好行为。"国君本来就是全国最贤德的人士，全国人民都以国君为榜样，那么这个国家还有什么不能治理好呢？考察国君之所以能把国内治好的原因是什么呢？回答说：只因为他能统一全国的意见，所以国内就治理好了。

【注释】

①孰：通"熟"。

②遂：这里引申为顺利地成长。

③荐臻：连绵词，连续不断，频繁之意。

【原文】

国君治其国，而国既已治矣，有率其国之万民，以尚同乎天子，曰："凡国之万民，皆上同乎天子而不敢下比。天子之所是，必亦是之；天子之所非，必亦非之。去而不善言，学天子之善言；去而不善行，学天子之善行。"天子者，固天下之仁人也。举天下之万民以法天子，夫天下何说而不治哉？察天子之所以治天下者，何故之以也？曰：唯以其能一同天下之义，是以天下治。夫既尚同乎天子，而未上同乎天者，则天菑将犹未止也。故当若天降寒热不节，雪霜雨露不时，五谷不孰^①，六畜不遂^②，疾灾戾疫，飘风苦雨，荐臻而至者^③，此天之降罚也，将以罚下人之不尚同乎天者也。

【译文】

诸侯国的国君治理他的国家，而国内已治理好了，又率领他自己国内的百姓，与天子保持一致，说："凡是国内的万民，都要同天子保持一致，而不敢与下面勾结。天子认为对的，大家也必须认为对；天子认为错的，大家也必须认为错。去掉你们不文明的语言，学习天子文明的语言；去掉你们不良的行为，学习天子的好行为。"天子本来就是天下最仁德的人，如果全天下的万民都以天子为榜样，那么天下还有什么治理不好的吗？考察天子能把天下治理好的原因，是什么呢？回答说：只因为他能统一天下的意见，所以天下就治理好了。但是仅仅与天子保持一致，而还没有同上天保持一致，那么天灾还是无法免除。所以当遇到气候的寒热失调，雪霜雨露降得不是时候，五谷不熟，六畜不兴旺，疾疫流行，暴风骤雨等，这就是上天降下的惩罚，惩罚那些不与上天保持一致的人们。

【原文】

故古者圣王，明天、鬼之所欲，而辟天、鬼之所憎，以求兴天下之害。是以率天下之万民，齐戒沐浴^①，洁为酒醴粢盛，以祭祀天、鬼。其事鬼神也，酒醴粢盛不敢不蠲洁^②，牺牲不敢不腯肥，珪璧币帛不敢不中度量^③，春秋祭祀不敢失时几，听狱不敢不中，分财不敢不均，居处不敢怠慢。曰：其为正长若此，是故上者天、鬼有厚乎其为正长也，下者万民有便利乎其为正长也。天、鬼之所深厚而能强从事焉，则天、鬼之福可得也；万民之所便利而能强从事焉，则万民之亲可得也。其为政若此，是以谋事得，举事成，入守固，出诛胜者，何故之以也？曰：唯以尚同为政者也。故古者圣王之为政若此。

【注释】

①齐：通"斋"，斋戒。

②蠲（juān）：通"涓"，清洁。

③珪：同"圭"，上尖下方的玉器。中：符合。度：量长短。量：量容积。

【译文】

　　所以古代的圣王，知道天帝鬼神所希望的，从而能避免天帝鬼神所憎恶的东西，以求兴天下之利，除天下之害。所以率领天下的万民，斋戒沐浴，预备了洁净而丰盛的酒饭，用来祭祀天帝、鬼神。他们对鬼神的奉祀，对酒食祭品，不敢不清洁；所用的猪牛羊三牲，不敢不肥硕；所用的珪璧币帛，不敢不符合数量；春秋二季的祭祀，不敢错过时间；审理狱讼，不敢不公正；分配财物，不敢不均匀；待人处事，不敢怠慢礼节。这就是说：他们这样当行政长官，在上的天帝、鬼神厚待他们，在下的万民也便利于他们。天帝鬼神厚待他们，而他们能努力办事，那么天帝、鬼神的降福就可得到；百姓有所便利，而他们能努力办事，那么他们就可以得到万民的爱戴了。他们这样治理政事，谋划问题，就有眉目，办事就能成功，保卫城池坚不可摧，出战征讨一定取胜。这是什么原因呢？回答说：只因为他在治理政事上能统一意见。所以古代圣王治理政事是这样的。

【原文】

　　今天下之人曰："方今之时，天下之正长犹未废乎天下也，而天下之所以乱者，何故之以也？"子墨子曰："方今之时之以正长，则本与古者异矣。譬之若有苗之以五刑然①。昔者圣王制为五刑以治天下②，逮至有苗之制五刑，以乱天下，则此岂刑不善哉？用刑则不善也。是以先王之书《吕刑》之道曰："苗民否用练③，折则刑，唯作五杀之刑，曰法。"则此言善用刑者以治民，不善用刑者以为五杀。则此岂刑不善哉？用刑则不善，故遂以为五杀。是以先王之书《术令》之道曰：'唯口出好兴戎。'则此言善用口者出好，不善用口者以为谗贼寇戎，则此岂口不善哉？用口则不善也，故遂以为谗贼寇戎。"

【译文】

　　现在天下的人都说："当今天下的各种行政长官还没有废除，天下却发生混乱，是什么原因呢？"墨子说："现代的行政长官，根本就和古代不同，就好像有苗族制定五刑那样。古代的圣王制定五刑，用来治理天下；有苗族制定五刑，却用来扰乱天下。这难道就是刑法不好吗？只不过是不善于使用刑法罢了。所以先王留下来的书籍《吕刑》上这样记载：'苗民不服从政令，就制定刑罚。他们制定了五种意在杀戮的刑罚，也叫正法。'这就是说，善于运用刑罚可以治理百姓，不善用刑罚就变成五种杀刑了。这难道是刑法不好吗？这是运用刑律不得当，所以就变成了五种杀刑。所以先王的书《术令》（即《说命》）记载说：'人之口，可以产生好事，也可以产生战争。'这说的就是善用口的，可以产生好事；不善用口的，就可以产生谗贼战争。这难道是口不好吗？是由于不善用口，所以就变成谗贼战争。"

【原文】

故古者之置正长也，将以治民也。譬之若丝缕之有纪，而网罟之有纲也。将以运役天下淫暴而一同其义也。是以先王之书、相年之道曰："夫建国设都，乃作后王君公①，否用泰也②。轻大夫师长③，否用佚也。维辩使治天均④。"则此语古者上帝鬼神之建设国都立正长也，非高其爵，厚其禄，富贵佚而错之也⑤。将此为万民兴利除害，富贵贫寡，安危治乱也。故古者圣王之为若此。

【注释】

①作：设立。

②泰：骄傲。

③轻：通"卿"。

④辩：通"辨"，分设。

⑤错：通"措"。

【译文】

所以古时候设置行政长官，是拿来治理人民的。就好像丝线有总头、鱼网有纲绳一样，他们是用来管束天下淫暴之徒，并使之与上级协同一致的。因此在先王的书中、老年人的话说："建立国家，设立都城于是做帝王君王，但不能因而骄恣。用大夫师长辅佐，但不能因此逸乐。唯以普遍分别治理上天的公平之道。"这就是说古代天帝、鬼神建设国都，设置行政长官，并不是为了提高他们的爵位，增加他们的俸禄，使他们过富贵淫逸的生活，而是让他们给万民兴利除害，使贫穷的人富裕，安定危难，整治混乱的。古代的圣王就是这样的。

【原文】

今王公大人之为刑政则反此：政以为便譬、宗於父兄故旧，以为左右，置以为正长。民知上置正长之非正以治民也，是以皆比周隐匿①，而莫肯尚同其上。是故上下不同义。若苟上下不同义，赏誉不足以劝善，而刑罚不足以沮暴。何以知其然也？曰：上唯毋立而为政乎国家②，为民正长，曰："人可赏，吾将赏之。"若苟上下不同义，上之所赏，则众之所非。曰：人众与处，于众得非。则是虽使得上之赏，未足以劝乎！上唯毋立而为政乎国家，为民正长，曰："人可罚，吾将罚之。"若苟上下不同义，上之所罚，则众之所誉。曰人众与处，于众得誉。则是虽使得上之罚，未足以沮乎！若立而为政乎国家，为民正长，赏誉不足以劝善，而刑罚不沮暴，则是不与乡吾本言民始生未有正长之时同乎③？若有正长与无正长之时同，则此非所以治民一众之道④。

【译文】

现今的王公大人施政却与此相反：为政是依靠乖巧的小人、宗族父老兄弟和从前的朋友，把他们安排在身边做行政长官。百姓知道天子设立行政长官并不是真的为了治理百姓，因此大家都结党营私，不肯与上级保持一致。因此，上下级之间意见不统一。假如上下级之间意见不一致，那么给予奖赏荣誉就不能起到鼓励好人好事的作用，给予刑罚处分也不能收到震慑坏人坏事的效果。怎么知道是这样呢？回答说：假定处在上位、管理着国家、作为人民行政长官的人说："这个人应该奖赏，我要奖赏他。"如果上下级之间意见不一致，上级所赏的人，正是大家所非议的人，于是大家就说：平日我们与他相处，大家都认为他不好。那么，这人即使得到上级的奖赏，却无法起到鼓励大家的作用！假定处在上位，管理着国家，作为人民行政长官的人说："这个人应该处罚，我将要处罚他。"如果上下级之间意见不一致，上级所罚的人，正是大家所赞誉的人，于是大家就说：平日我们与他相处，大家都赞誉他好。那么，这人即使得到惩罚，但是不能够起到震慑坏人坏事的作用！假定处在上位、管理着国家、作为人民的行政长官的人奖赏不能鼓励人心向善，刑罚不能够制止暴徒，那么不就与我前面所说过的"在人类刚刚出现时没有长官"的情况一样了吗？如果有行政长官与没有行政长官的时候一样，那么这就不是治理百姓、统一民众的正道了。

【原文】

故古者圣王唯而审以尚同①，以为正长，是故上下情请为通②。上有隐事遗利，下得而利之；下有蓄怨积害，上得而除之。是以数千万里之外，有为善者，其室人未遍知，乡里未遍闻，天子得而赏之；数千万里之外，有为不善者，其室人未遍知，乡里未遍闻，天子得而罚之。是以举天下之人，皆恐惧振动惕慄③，不敢为淫暴，曰："天子之视听也神！"先王之言曰："非神也。夫唯能使人之耳目助己视听，使人之吻助己言谈④，使人之心助己思虑，使人之股肱助己动作。"助之视听者众，则其所闻见者远矣；助之言谈者众，则其德音之所抚循者博矣⑤；助之思虑者众，则其谈谋度速得矣⑥；助之动作者众，即其举事速成矣。

故古者圣人之所以济事成功，垂名于后世者，无他故异物焉⑦，曰：唯能以尚同为政者也。

【注释】

① 而：当为"能"。

② 请：通"情"。

③ 慄：惧。

④ 吻：口边。

⑤ 抚循：抚慰，安慰。

⑥ 谋：谋划。度：衡量。

⑦ 他故异物：其他的原因，别的东西。

【译文】

所以古代的圣王，只能实实在在地用与上级保持一致的人做各级行政长官，所以上下融洽，也就很容易沟通了。上级没有考虑到的好事，下级的人能够随时兴办，使之利于国君民众；下级有怨恨不平，上级能够主动为他消除。所以远在数千或数万里之外，如果有人做了好事，他的家人还未完全知道，他的乡人也未完全听到，天子就已知道并赏赐他；远在数千或数万里之外，如果有人做了坏事，他的家人还未完全知道，他的乡人也未完全听到，天子就已知道并惩罚了他。所以所有天下的人，都会战战兢兢，十分害怕，因此不敢做淫暴的事。说："天子的视听术神奇了。"先王说："这不神奇，只是能够使他人的耳目帮助自己看、自己听，使他人的嘴帮助自己说话，使他人的心帮助自己思考，使他人的四肢帮助自己做事。"帮助自己看、自己听的人多，那么他的所见所闻就远；帮助他说话的人多，那么他的好心所安抚的范围就广阔了；帮助自己思考的人多，那么他出主意想办法就在点子上；帮助自己做事的人多，那么他所做的事情很快就能成功了。所以古代的圣人能够把事情办成、名垂后世，没有其他原因，只不过是用意见与上级保持一致的办法来行使政治教化罢了。

【注释】

①聿求厥章：寻求车服礼仪等文章制度。

②宾：服。

③纷：乱。

④咨谋：询问筹划。

【原文】

　　是以先王之书《周颂》之道之曰："载来见彼王，聿求厥章①。"则此语古者国君诸侯之以春秋来朝聘天子之廷，受天子之严教，退而治国，政之所加，莫敢不宾②。当此之时，本无有敢纷天子之教者③。《诗》曰："我马维骆，六辔沃若，载驰载驱，周爱咨度。"又曰："我马维骐，六辔若丝，载驰载驱，周爱咨谋④。"即此语也。古者国君诸侯之闻见善与不善也，皆驰驱以告天子。是以赏当贤，罚当暴，不杀不辜，不失有罪，则此尚同之功也。

【译文】

　　所以先王的书《周颂》上曾说过："拜见那个君王，寻求车服礼仪的文章制度。"这就是说，古代诸侯国的君主在春秋二季，到天子的朝廷来定期朝见，接受天子严厉的教诲，然后回去治理他们的国家，因此政令所到之处，没有人敢不服。在这个时候，根本没有人敢扰乱天子的教令，《诗经》上说："我的马是黑色鬃毛的白马，六条马缰绳柔美光滑，在路上或快或慢地跑，在所到之处普遍地询访查问。"又说："我的马是青黑色的，六条马缰绳像丝一般光滑，在路上或快或慢地跑，在所到之处普遍地询问谋划。"说的就是这个意思。古代的诸侯国君主听见或看到的不管好坏事物，都要赶快报告给天子。因此奖赏的是贤人，惩罚的是暴徒，不杀害无辜，也不放过罪人，这就是与上级保持一致的功绩。

【原文】

是故子墨子曰："今天下之王公大人士君子，请将欲富其国家①，众其人民，治其刑政，定其社稷，当若尚同之不可不察，此之本也②。"

【译文】

所以墨子说："现今天下的王公大人士大夫君子们，如果确实想让他们的国家富有，人民众多，刑政治理，国家安定，就不可不考察尚同，因为这是施政的根本。"

【注释】

①请：通"诚"，真心，的确。

②之：通"其"。

尚同（下）

【注释】

①知：通"智"，智慧。

②计：盘算，谋划。

③辟：通"避"，避开。

④众：疑当为"家"。

【原文】

　　子墨子言曰："知者之事①，必计国家百姓所以治者而为之②，必计国家百姓之所以乱者而辟之③。"然计国家百姓之所以治者，何也？上之为政，得下之情则治，不得下之情则乱。何以知其然也？上之为政，得下之情，则是明于民之善非也。若苟明于民之善非也，则得善人而赏之，得暴人而罚之也。善人赏而暴人罚，则国必治。上之为政也，不得下之情，则是不明于民之善非也。若苟不明于民之善非，则是不得善人而赏之，不得暴人而罚之。善人不赏而暴人不罚，为政若此，国众必乱④。故赏不得下之情，而不可不察者也。

【译文】

　　墨子说道："智者的主要事务，是一定要考虑国家百姓治理得好的原因并去实行它，还一定要考虑国家百姓之所以动乱的根源并去避免它。"然而考虑国家百姓能治理好的原因是什么呢？上级了解下面的实情，就治理得好，不能得到下面的实情就治理不好。怎么知道是这样？上级行使政令，得到了下边的实情，就是明白了百姓的善恶好坏，那么就可以了解到善人而奖励他，了解到恶人而惩罚他。善人得到奖赏而恶人得到惩罚，那么国家就一定能够治理好。如果上级行使政令，不能得知下面的实情，那就不知道民众的善恶是非，那么就不能够了解到善人而奖励他，也不能够了解到恶人而惩罚他。善人得不到赏赐而恶人得不到惩罚，一个国家的政令如果是这个样子，那么国家民众就一定会混乱。所以赏（罚）若得不到下面的实情，就不能不慎重对待了。

【注释】

①稽：考察。

【原文】

　　然计得下之情，将奈何可？故子墨子曰："唯能以尚同一义为政，然后可矣！"何以知尚同一义之可而为政于天下也？然胡不审稽古之治为政之说乎①？古者天之始生民、未有正长也，百姓为人。若苟百姓为人，是一人一义，十人十义，百人百义，千人千义。逮至人之众，不可胜计也；则其所谓义者，亦不可胜计。此皆是其义，而非人之义，是以厚者有斗，而薄者有争。是故天下之欲同一天下之义也，是故选择贤者，立为天子。天子以其知力为未足独治天下②，是以选择其次，立为三公。三公又以其知力为未足独左右天子也，是以分国建诸侯。诸侯又以其知力为未足独治其四境之内也，是以选择其次，立为卿之宰。卿之宰又以其知力为未足独左右其君也，是以选择其次，立而为乡长、家君。是故古者天子之立三公、诸侯、卿之宰、乡长、家君，非特富贵游佚而择之也③，将使助治乱刑政也。故古者建国设都，乃立后王君公，奉以卿士师长，此非欲用说也④，唯辩而使助治天明也⑤。

②知力：即智力。

③择：为"怿"字之误，快乐。

④说：通"悦"，高兴。

⑤天明：当为"天民"。

【译文】

　　然而要得到下边的实情，怎么办才可以呢？所以墨子说："唯一切实可行的办法，就是实行与上级保持一致的尚同方法来行使政令。"怎么知道尚同这方法可以在天下为政呢？那就应该认真考察古代得以治理的为政的方法。远古的时候，天地之间刚刚有人类，还没有行政长官的时候，天下百姓人人都是自己的主人。一个人有一个道理，十个人有十个道理，一百个人有一百个道理，一千人就有一千个道理。到了人数多得不可胜数，那么他们所谓的道理也就多得不可胜数。这样，人都认为自己的道理正确，而认为别人的道理不正确，因此严重的发生斗殴，轻微的发生争吵。所以上天希望统一天下的不同道理，因此就选择贤人立为天子。天子认为单靠他的智慧能力还不足以治理天下，所以又选拔其他贤良的人立为三公。三公又认为自己的智慧能力也不足单独辅佐天子，所以分封建立诸侯；诸侯又认为自己的智慧能力不足单独治理他国家的四境之内，因此又选择其下的贤士做卿和宰；卿、宰又认为自己的智慧能力不足以单独辅佐他的君主，因此又选拔其下的贤士让他们做乡长、家君。所以古时天子设立三公、诸侯、卿、宰、乡长、家君，不是让他们富贵享乐的，而是让他们协助自己治理天下推行政令的。所以古时建立国家，建筑都城，就有了帝王和君主，并让卿士师长等官员辅助他们，这不是为了获得他们的取悦，而是为了帮助上天实现清明的政治。

【原文】

今此何为人上而不能治其下？为人下而不能事其上？则是上下相贼也。何故以然？则义不同也。若苟义不同者有党①，上以若人为善②，将赏之，百姓不刑，将毁之。若人唯使得上之赏，而辟百姓之毁③，是以为善者必未可使劝也。见有赏也。上以若人为暴，将罚之，百姓姓付，将举之。若人唯使得上之罚，而怀百姓之誉④，是以为暴者必未可使沮，见有罚也。故计上之赏誉，不足以劝善，计其毁罚，不足以沮暴。此何故以然？则义不同也。

【注释】

①党：偏私，偏爱。

②若：此，这个。

③辟：上疑脱"不"字。

④怀：这里指人心归向。

【译文】

现在为什么居人之上的人不能治理他的下属，居人之下的人不能事奉他的上级？这就是上下之间相互残害。什么原因造成了这样的结果呢？就是由于各人的见解主张不同。假若见解主张不同的双方有所偏私，上级认为这人是好人，要赏赐他，百姓却要惩罚他，将他毁灭。这人虽然得到了上级的赏赐，却免不了百姓的非议，而真正做好事的人却未必就从中受到鼓励。上级认为这人是个恶人，要惩罚他，百姓却看好他，将要拥护他，此人虽得到了上司的惩罚，却在百姓中享有盛誉，所以真正做恶的人未必就会受到抑制。所以思考上面的奖赏荣誉，还不能起到引人向善的效果，他的批评惩罚也不能够遏制邪恶势力。这是什么缘故使之如此呢？就是各人见解主张不同。

【注释】

①恶：憎恨。贼：危害，

【原文】

然则欲同一天下之义，将奈何可？故子墨子言曰：然胡不赏使家君，试用家君发宪布令其家，曰："若见爱利家者，必以告；若见恶贼家者①，亦必以告。若见爱利家以告，亦犹爱利家者也，上得且赏之，众闻则誉之；若见恶贼家不以告，亦犹恶贼家者也，上得且罚之，众闻则非之。"是以遍若家之人，皆欲得其长上之赏誉，辟其毁罚。是以善见言之，不善言之。家君得善人而赏之②，得暴人而罚之。善人之赏，而暴人之罚，则家必治矣。然计若家之所以治者，何也？唯以尚同一义为政故也。

【译文】

既然如此，那么要统一天下各人的不同意见，怎么办呢？墨子说：为何不试着使家君对他的下属发布政令说："你们见到爱护和有利于家族的事情，必须把它报告给我；你们见到憎恨和危害家族的事情了情也必须把它报告给我。你们见到爱护和有利于家族的事情报告给我，也和爱护和有利家族事情一样，上面得知了将赏赐他，大家听到了将赞誉他。你们见到了憎害家族的不拿来报告，也和憎害家族的的一样，上面得知了将惩罚他，大家听到了将非议他。"以此遍告这全家的人。人们都希望得到上司的赏赐赞誉，而避免非议惩罚。所以，见了好的来报告，见了不好的也来报告。家君了解到善人就赏赐他，了解到恶人就惩罚他。善人受到奖励，恶人受到惩罚，那么家族就会治理好。然而考察家族治理好的原因是什么呢？唯一的原因就是在家族内实行了统一各种不同意见的"尚同"这一主张。

【原文】

家既已治，国之道尽此已邪①？则未也。国之为家数也甚多，此皆是其家，而非人之家，是以厚者有乱②，而薄者有争。故又使家君总其家之义③，以尚同于国君。国君亦为发宪布令于国之众，曰："若见爱利国者，必以告；若见恶贼国者，亦必以告。若见爱利国以告者，亦犹爱利国者也，上得且赏之，众闻则誉之；若见恶贼国不以告者，亦犹恶贼国者也，上得且罚之，众闻则非

祸乱。

②家君：家长，主事者。

【注释】

①国之道：治国，管理国家。

②厚：繁多的，严重的。

③总：统一。

之。"是以遍若国之人，皆欲得其长上之赏誉，避其毁罚。是以民见善者言之，见不善者言之。国君得善人而赏之，得暴人而罚之。善人赏而暴人罚，则国必治矣。然计若国之所以治者，何也？唯能以尚同一义为政故也。

【译文】

　　家族已经治理好了，治国之道就尽在这里了吗？那还不是的。国家是由许多家族构成的，它们都认为自己的家族是正确的而别人的家族是不正确的，所以严重的就发生动乱，轻微的就发生争执。所以又使家君统一家族的道理用以尚同于国君。国君也对国中民众发布政令说："你们看到爱护和有利于国家的必定拿它来报告，你们看到憎恶和残害国家的也必定来报告。你们看到爱护和有利于国家的把它上报了，也和爱护和有利于国家的一样。上面得悉了将予以赏赐，大家听到了将予以赞誉。你们看到了憎恶和残害国家的不拿来上报，也和憎恶和残害国家的一样。上面得悉了将予以惩罚，大家听到了将予以非议。"以此遍告这一国的人。人们都希望得到上司的赏赐赞誉，避免他的非议惩罚，所以人民见到好的来报告，见到不好的也来报告。国君得到善人予以赏赐，得到恶人而予以惩罚。善人得到奖赏而恶人受到惩罚，那么国家必然治理好。然而考察这一国治理好的原因是什么呢？只是能够用统一不同意见的"尚同"主张施行政教。

【注释】

①选：当为"总"。

②而：当为"能"。

【原文】

　　国既已治矣，天下之道尽此已邪？则未也。天下之为国数也甚多，此皆是其国，而非人之国，是以厚者有战，而薄者有争。故又使国君选其国之义[1]，以尚同于天子。天子亦为发宪布令于天下之众，曰："若见爱利天下者，必以告；若见恶贼天下者，亦以告。若见爱利天下以告者，亦犹爱利天下者也，上得则赏之，众闻则誉之；若见恶贼天下不以告者，亦犹恶贼天下者也，上得且罚之，众闻则非之。"是以遍天下之人，皆欲得其长上之赏誉，避其毁罚。是以见善者、不善者告之。天子得善人而赏之，得暴人而罚之，善人赏而暴人罚，天下必治矣。然计天下之所以治者，何也？唯而以尚同一义为政故也[2]。

【译文】

国家已经治理了，治理天下的办法尽在这里了吗？那还没有。天下国家为数很多，这些国家都认为自己的国家对而别人的国家不对，所以严重的就发动战争，轻微的就发生争执。因此又使国君统一各国的意见，用来尚同于天子。天子也对天下民众发布政令说："你们看到爱护和有利于天下的必定拿它来报告，你们看到憎恶和残害天下的也必定拿它来报告。你们看到爱护和有利于天下而拿来报告的，也和爱护和有利于天下的一样。上面得悉了将予以赏赐，大家听到了将予以赞誉。你们看到了憎恶和残害天下的而不拿来上报的，也和憎恶和残害天下的一样。上面得悉了将予以惩罚，大家听到了将予以非议。"以此遍告天下的人。人们都希望得到上司的赏赐赞誉，避免他的非议惩罚，所以看到好的来加以善待，看到不好的也来报告。天子获知善人予以赏赐，获知恶人而予以惩罚，天下必定会得到治理。然而考察天下之治理好的原因是什么呢？只是用"尚同"这个统一不同意见的办法实行政教的缘故。

【原文】

天下既已治，天子又总天下之义，以尚同于天。故当尚同之为说也[1]，上用之天子，可以治天下矣；中用之诸侯，可而治其国矣；小用之家君，可而治其家矣。是故大用之治天下而不窕[2]，小用之治一国一家而不横者，若道之谓也。故曰：治天下之国，若治一家；使天下之民，若使一夫[3]。意独子墨子有此而先王无此[4]？其有邪，则亦然也。圣王皆以尚同为政，故天下治。何以知其然也？于先王之书也《大誓》之言然[5]，曰："小人见奸巧，乃闻不言也，发罪钧。"此言见淫辟不以告者，其罪亦犹淫辟者也。

【注释】

①说：主张。

②窕：不满。

③一夫：一个人。

④意：通"抑"，表示选择，还是。

⑤《大誓》：即《太誓》、又名《泰誓》。

【译文】

天下已经治理了，天子又统一整个天下的道理，用来尚同于上天。所以尚同作为一种主张，它上而用之于天子，可以用来治理天下；中而用之于诸侯，可以用来治理封国；小而用之于家长，可以用来治理家族。所以大而用之治理天下没有缺憾，小而用之治理一国一家也无不顺利，说的就是（尚同）这个道理。所以说：治理天下、国家，就如同治理一个家庭，支使天下的人民就像支使一个人。难道只有墨子有这个主张，而先王就没有这个吗？前代先王也是这样的。圣王都用尚同的原则治政，所以可以治理天下。从哪里知道这样呢？在先王的书《太誓》中这样说过："小人看到奸诈虚伪的事而不报告的，一经发现，他的罪行与作奸犯科者均等。"这说的就是看到淫僻之事不拿来报告的，他的罪行也和淫僻者一样。

【原文】

　　故古之圣王治天下也，其所差论以自左右羽翼者皆良，外为之人，助之视听者众。故与人谋事，先人得之；与人举事，先人成之；光誉令闻①，先人发之。唯信身而从事，故利若此。古者有语焉，曰："一目之视也，不若二目之视也；一耳之听也，不若二耳之听也；一手之操也，不若二手之强也。"夫唯能信身而从事，故利若此。是故古之圣王之治天下也，千里之外，有贤人焉，其乡里皆未之均闻见也②，圣王得而赏之。千里之内，有暴人焉，其乡里未之均闻见也，圣王得而罚之。故唯毋以圣王为聪耳明目与？岂能一视而通见千里之外哉？一听而通闻千里之外哉？圣王不往而视也，不就而听也③，然而使天下之为寇乱盗贼者，周流天下无所重足者④，何也？其以尚同为政善也。

【注释】

①光誉令闻：荣誉与好名声。

②均：都，全部。

③就：接近，靠近。

④重：重叠，重复。

【译文】

　　所以古时候的圣王治理天下，他所选择的辅佐自己的都是贤良的士人。在外边做事的人，帮助他察看和听闻的人很多。所以他和大家一起谋划事情，要比别人先考虑周到；和大家一起办事，要比别人先成功。他的荣誉和美好的名声要比别人先传扬出去。只因为使用耳目努力办事，他的好处就这样大，所以有这样多的利益。古时有这样的话，说："一只眼睛看东西不如两只眼睛看东西；一只耳朵听东西不如两只耳朵听东西；一只手干活不如两只手干活。”因为能够使用耳目，努力工作，就有这样大的好处。所以古代圣王治理天下，千里之外的地方有个贤人，那一乡里的人还未全都听到或见到，圣王已经得悉而予以赏赐了。千里之外的地方有一个恶人，那一乡里的人还未全部听到或见到，圣王已经得悉而予以惩罚了。所以只是因为圣王是耳聪目明能够一下洞悉千万里以外的事物吗？圣王不是亲自去看的，也不是亲自去听的。然而能使天下的盗贼寇乱到处流窜而没有落脚的地方，是什么原因呢？那也是以尚同的原则来实行政治教化。

【原文】

是故子墨子曰："凡使民尚同者，爱民不疾[1]，民无不使，曰：必疾爱而使之，致信而持之，富贵以道其前[2]，明罚以率其后[3]。为政若此，唯欲毋与我同，将不可得也。"

【注释】

[1]疾：急速。

[2]道：通"导"，引导。

[3]率：督促。

【译文】

所以墨子说："凡是使百姓尚同的，如果爱民不深，百姓就不会听你的。就是说：一定要深爱他们才能使用他们，讲究信用才能拥有百姓，用富贵在前面引导，用严明的惩罚在后面督促。百姓就自然与你保持一致了。"

【原文】

是以子墨子曰："今天下王公大人士君子，中情将欲为仁义[1]，求为上士，上欲中圣王之道，下欲中国家百姓之利，故当尚同之说而不可不察[2]。尚同，为政之本而治要也[3]。"

【注释】

[1]情：即"诚"，的确。

[2]当：面对。

[3]要：要领，关键。

【译文】

因此墨子说："现今天下的王公大人、士大夫君子们，如果心中确实想要实行仁义，追求做高尚之士，上要符合圣王之道，下要符合国家百姓之利益，因此对尚同这一主张不可不予以审察。因为，尚同是施政的根本和统治的关键。"

兼爱（上）

【原文】

圣人以治天下为事者也，必知乱之所自起，焉能治之；不知乱之所自起，则不能治。譬之如医之攻人之疾者然[1]：必知疾之所自起，焉能攻之；不知疾之所自起，则弗能攻。治乱者何独不然[2]？必知乱之所自起，焉能治之；不知乱之所自起，则弗能治。圣人以治天下为事者也，不可不察乱之所自起。

【译文】

圣人以治理天下为己任，一定要知道混乱从哪里产生，才能够治理天下。如果不知道混乱从哪里产生，就无法进行治理。这就好像医生给病人治病一样：一定要知道病因，然后才能进行医治。如果不知道疾病产生的根源，就不能医治。治理天下混乱的局面又何尝不是这样呢？一定要知道混乱产生的根源，才能进行治理。如果不知道混乱产生的根源，就不能治理。圣人是以治理天下为己任，不能不考察混乱从哪里来。

【原文】

当察乱何自起？起不相爱。臣子之不孝君父，所谓乱也。子自爱，不爱父，故亏父而自利[1]；弟自爱，不爱兄，故亏兄而自利；臣自爱，不爱君，故亏君而自利，此所谓乱也。虽父之不慈子[2]，兄之不慈弟，君之不慈臣，此亦天下之所谓乱也。父自爱也，不爱子，故亏子而自利；兄自爱也，不爱弟，故亏弟而自利；君自爱也，不爱臣，故亏臣而自利。是何也？皆起不相爱。

【译文】

应当考察混乱起源于哪里呢？发现是产生于人与人之间没有爱心。臣下不尊敬君长，儿子不孝敬父母，这就是所谓的乱。儿子只爱自己，而不爱父母，所以损害父亲而自利；弟弟只爱自己，而不爱兄长，所以损害兄长以自利；臣下只爱自己，而不爱君上，所以损害君上以自利，这就是所谓的混乱。反过来，父亲不爱儿子，兄长不爱弟弟，君上不爱臣下，这也是天下所谓的混乱。父亲爱自己，而不爱儿子，所以损害儿子的利益以自利；兄长爱自己，而不爱弟弟，所以损害弟弟的利益以自利；君上爱自己，而不爱臣下，所以损害臣下以自利。这是为什么呢？都是起源于相互之间没有爱心。

【原文】

虽至天下之为盗贼者¹，亦然。盗爱其室，不爱其异室，故窃异室以利其室；贼爱其身，不爱人，故贼人以利其身。此何也？皆起不相爱。虽至大夫之相乱家²，诸侯之相攻国者，亦然：大夫各爱其家，不爱异家，故乱异家以利其家；诸侯各爱其国，不爱异国，故攻异国以利其国。天下之乱物，具此而已矣³。察此何自起？皆起不相爱。

【注释】

①盗：小偷。贼：强盗。

②家：指大夫的封地。

③具：全部。

【译文】

即使是天下做盗贼的人，也是这样。盗贼只爱自己的家，不爱别人的家，所以盗窃别人的家以利于自己的家；匪寇只爱自身，不爱别人，所以残害别人以利于自己。这是什么原因呢？都起因于不相爱。即使士大夫之间相互争夺封邑，诸侯之间相互攻伐侵略，也是同样的道理。大夫各自爱他自己的家族封邑，不爱别人的家族封邑，于是抢夺别人的家族封邑以利于他自己的家族封邑；诸侯各自爱他自己的国家，不爱别人的国家，所以攻伐别人的国家以利于他自己的国家。天下的乱事，全部都集中在这里了。考察这些是从哪里产生呢？都起因于不相爱。

【原文】

若使天下兼相爱，爱人若爱其身，犹有不孝者乎？视父兄与君若其身，恶施不孝¹？犹有不慈者乎？视弟子与臣若其身，恶施

【注释】

不慈？故不孝不慈亡有[2]。犹有盗贼乎？故视人之室若其室，谁窃？视人身若其身，谁贼？故盗贼亡有。犹有大夫之相乱家，诸侯之相攻国者乎？视人家若其家，谁乱？视人国若其国，谁攻？故大夫之相乱家，诸侯之相攻国者亡有。若使天下兼相爱，国与国不相攻，家与家不相乱，盗贼无有，君臣父子皆能孝慈，若此，则天下治。故圣人以治天下为事者，恶得不禁恶而劝爱。故天下兼相爱则治，交相恶则乱。故子墨子曰："不可以不劝爱人者，此也。"

【译文】

　　假若天下的人都能相亲相爱，爱别人就如同爱自己一样，那么还会有不孝的人吗？对待父亲、兄弟和君上像对待自己一样，哪里还有不孝的行为？哪里还会有不慈爱的事情吗？对待兄弟、儿子与臣下像对待自己一样，哪里还会有不慈爱的行为？所以不孝顺不慈爱的事情都没有了，还会有盗贼、匪寇吗？看待别人的家像自己的家一样，谁还会去盗窃？看待别人就像自己一样，谁还会去害人？所以盗贼、匪寇没有了。那么还有大夫相互侵扰家族、诸侯相互攻伐封国的吗？看待别人的家族就像自己的家族，谁会去侵犯？看待别人的封国就像自己的封国，谁还会去攻伐？所以大夫相互侵扰家族，诸侯相互攻伐封国，都没有了。假若天下的人都相亲相爱，国家与国家不相互攻打，家族与家族不相互侵扰，盗贼、匪寇没有了，君臣父子间都能孝敬慈爱，像这样，天下也就治理好了。所以圣人以治理天下为己任，怎么能不禁止相互仇恨而劝导人们相亲相爱呢？所以天下人相亲相爱天下就会能治理好，相互仇恨天下就会乱。所以墨子说："不可以不劝导人们要爱别人的道理就在这里。"

兼爱（中）

【原文】

子墨子言曰："仁人之所以为事者①，必兴天下之利，除去天下之害，以此为事者也。"然则天下之利何也？天下之害何也？子墨子言曰："今若国之与国之相攻，家之与家之相篡，人之与人之相贼②，君臣不惠忠，父子不慈孝，兄弟不和调，此则天下之害也。"

【译文】

墨子说："仁人所要做的政事，一定是兴天下之利，除天下之害，并以此作为原则来处理国家事务。"既然如此，那么天下的利是什么，天下的害又是什么呢？墨子说："现在如果诸侯国之间相互攻伐，家族与家族之间相互掠夺，人与人之间相互残害，君不惠，臣不忠，父不慈，子不孝，兄弟不和睦，那么这就是天下的大害了。"

【原文】

然则崇此害亦何用生哉①？以不相爱生邪？子墨子言："以不相爱生。"今诸侯独知爱其国，不爱人之国，是以不惮举其国，以攻人之国。今家主独知爱其家，而不爱人之家，是以不惮举其家，以篡人之家。今人独知爱其身，不爱人之身，是以不惮举其身，以贼人之身。是故诸侯不相爱，则必野战；家主不相爱，则必相篡；人与人不相爱，则必相贼；君臣不相爱，则不惠忠；父子不相爱，则不慈孝；兄弟不相爱，则不和调。天下之人皆不相爱，强必执弱，富必侮贫，贵必敖贱②，诈必欺愚③。凡天下祸篡怨恨，其所以起者，以不相爱生也，是以仁者非之④。

【译文】

　　既然这样，那么考察这些天下的大害，又是从什么地方产生的呢？是因不相爱而产生的吗？墨子说："是由于相互之间不相爱而产生的。"现在各国的诸侯，都只知道爱自己的国家，而不爱别人的国家，所以肆无忌惮地发动自己国家的兵力，去攻打别人的国家。现在的家族宗主只知道爱自己的家族，而不爱别人的家族，因而肆无忌惮地发动他自己家族的力量，去掠夺别人的家族。现在的人只知道爱自己，而不爱别人，因而肆无忌惮地运用全身的力量去残害别人。所以诸侯不相爱，就一定会发生野外大战；家族宗主不相爱，就一定会相互争夺；人与人不相爱，就一定会相互残害；君与臣不相爱，则君不施惠、臣不尽忠；父与子不相爱，则父不慈、子不孝；兄与弟不相爱，则兄弟不和睦。天下的人都不相爱，那么力量强大的就会欺凌弱小的，人多的一定会欺侮人少的，富足的一定会欺侮贫困的，尊贵的一定会傲视卑贱的，狡猾的就必然欺骗愚笨的。凡是天下的祸患、强取豪夺、埋怨、愤恨等这些坏事的根源，都是由于人们的不相爱而产生的。所以仁人是坚决反对这些不相爱的现象的。

【原文】

　　既以非之，何以易之？子墨子言曰："以兼相爱、交相利之法易之。"然则兼相爱、交相利之法将奈何哉[1]？子墨子言：视人之国，若视其国；视人之家，若视其家；视人之身，若视其身。是故诸侯相爱，则不野战；家主相爱，则不相篡；人与人相爱，则不相贼；君臣相爱，则惠忠；父子相爱，则慈孝；兄弟相爱，则和调。天下之人皆相爱，强不执弱，众不劫寡[2]，富不侮贫，贵不敖贱，诈不欺愚。凡天下祸篡怨恨，可使毋起者，以相爱生也，是以仁者誉之。

【注释】

①交相利：互惠。

②劫：强迫，威逼。

【译文】

　　既然认为不相爱是不对的，那用什么去改变它呢？墨子说："用彼此相爱、双方互利的方法来改变它。"既然这样，那么彼此相爱、双方互利的方法具体是什么呢？墨子说："对待别人国家就像对待自己的国家，对待别人的家族就像对待自己的家族，对待别人的身体就像对待自己的身体。"所以诸侯之间相爱，就不会发生战争；家族宗主之间相爱，就不会发生掠夺；人与人之间相爱就不会相互残害；君臣之间相爱，则君惠臣忠；父子之间相爱，则父慈子孝；兄弟之间相爱，则和睦相处。天下的人都相爱，强大者就不会欺凌弱小者，人多者就不会欺凌人少者，富足者就不会欺凌贫困者，尊贵者就不会傲视卑贱者，狡诈者就不会欺骗愚笨者。举凡天下的祸患、掠夺、埋怨、愤恨如何可以避免，是因为相爱之心存在于众人心中，所以仁者称赞它。

【原文】

然而今天下之士君子曰："然！乃若兼则善矣。虽然，天下之难物于故也①。"子墨子言曰："天下之士君子，特不识其利、辩其故也②。今若夫攻城野战，杀身为名，此天下百姓之所皆难也。若君说之③，则士众能为之。况于兼相爱、交相利，则与此异！夫爱人者，人必从而爱之；利人者，人必从而利之；恶人者，人必从而恶之；害人者，人必从而害之。此何难之有？特上弗以为政④，士不以为行故也。"

【注释】

①物：事。于：通"迂"。

②特：只，但。

③说：通"悦"。

④弗：不。

【译文】

然而现今天下的士大夫、君子们说："你的话是对的！兼爱固然是好的。但是，天下的事难办得很啊，兼爱也正是这样的事情。"墨子说："天下的士大夫、君子们，尤其不能认识兼爱的利益、不能辨别兼爱的意义。现在攻城野战，需要牺牲自己的生命来换取一个好名声，这本来是人们很不愿意做的事。但是如果最高统治者喜欢这样干，那么他的臣下也就跟着做。何况是兼相爱、交相利，同以上所说的杀身已成名有根本上的不同！凡是爱别人的人，别人也一定会爱他；有利于别人的人，别人也一定会有利于他；讨厌别人的人，别人也一定会讨厌他；损害别人的人，别人也一定会报复他。兼爱这种事有什么难办的？只是居上位的人不用它行之于政，士人不用它实之于行的缘故。"

【注释】

①恶衣：破旧的衣服。

②牂（zāng）羊：母羊。

③韦：熟牛皮。

④细腰：细腰。要，通"腰"。

⑤碎：疑为"阵"字之误。

【原文】

　　昔者晋文公好士之恶衣①，故文公之臣，皆牂羊之裘②，韦以带剑③，练帛之冠，入以见于君，出以践于朝。是其故何也？君说之，故臣为之也。昔者楚灵王好士细要④，故灵王之臣，皆以一饭为节，胁息然后带，扶墙然后起。比期年，朝有黧黑之色。是其故何也？君说之，故臣能之也。昔越王勾践好士之勇，教驯其臣，和合之，焚舟失火，试其士曰："越国之宝尽在此！"越王亲自鼓其士而进之，其士闻鼓音，破碎乱行⑤，蹈火而死者，左右百人有余，越王击金而退之。是故子墨子言曰："乃若夫少食、恶衣、杀耳而为名，此天下百姓之所皆难也。若苟君说之，则众能为之。况兼相爱、交相利，与此异矣！夫爱人者，人亦从而爱之；利人者，人亦从而利之；恶人者，人亦从而恶之；害人者，人亦从而害之。此何难之有焉？特君不以为政，而士不以为行故也。

【译文】

　　从前晋文公喜欢士人穿丑陋的衣服，所以文公的臣下都穿着母羊皮缝的皮袄，围着牛皮带着佩剑，头戴厚布做的帽子，可以参见君上，也可以往来朝廷。这是什么缘故呢？因为君主喜欢这样，所以臣下就这样做。从前楚灵王喜欢细腰之人，所以灵王的臣下就每天吃一顿饭来节食，收着气然后才系上腰带，扶着墙然后才站得起来。等到一年后，朝廷之臣都面带深黑色。这是什么缘故呢？因为君主喜欢这样，所以臣下就这么做。从前越王勾践喜欢勇猛的将士，训练他的臣下时，先把他们集合起来，放火烧船，考验他的将士说："越国的财宝全在这船里。"越王亲自擂鼓，让将士前进。将士听到鼓声，打破行列秩序乱冲横行，蹈火而死的人达一百余人。越王于是敲锣，让他们退下。所以墨子说道："像那些穿丑陋的衣服、减少食量、牺牲生命以换取荣誉，这些都是天下百姓看起来很难于做到的事。但是只要君主喜欢，那么众人就都能做到。何况兼相爱、交相利，跟这些又不相同啊！爱别人的人，别人也一定会爱他；有利于别人的人，别人也一定会有利于他；讨厌别人的人，别人也一定会讨厌他；损害别人的人，别人也一定会损害他。这兼爱有什么难以做到的呢？只不过君主没有把它作为大政来推行，而在下的臣子也无从响应执行罢了。

【原文】

然而今天下之士君子曰："然！乃若兼则善矣。虽然，不可行之物也。譬若挈太山越河、济也。"子墨子言："是非其譬也。夫挈太山而越河、济，可谓毕劫有力矣。自古及今，未有能行之者也；况乎兼相爱、交相利，则与此异，古者圣王行之。"何以知其然？古者禹治天下，西为西河、渔窦，以泄渠、孙、皇之水。北为防、原、泒，注后之邸^①、嘑池之窦，洒为底柱^②，凿为龙门，以利燕、代、胡、貉与西河之民。东方漏之陆^③，防孟诸之泽，洒为九浍，以楗东土之水^④，以利冀州之民。南为江、汉、淮、汝，东流之注五湖之处，以利荆楚、干、越与南夷之民。此言禹之事，吾今行兼矣。昔者文王之治西土，若日若月，乍光于四方，于西土。不为大国侮小国，不为众庶侮鳏寡，不为暴势夺穑人黍稷狗彘。天屑临文王慈，是以老而无子者，有所得终其寿；连独无兄弟者^⑤，有所杂于生人之间；少失其父母者，有所放依而长。此文王之事，则吾今行兼矣。昔者武王将事泰山，隧传曰^⑥："泰山！有道曾孙周王有事，大事既获，仁人尚作，以祇商、夏、蛮夷丑貉^⑦。虽有周亲，不若仁人。万方有罪，维予一人^⑧。"此言武王之事，吾今行兼矣。

【注释】

①后：为"召"字之误。

②底：为"厎"字之误。

③之：为"大"字之误。

④楗（jiàn）：门限。这里指限制。

⑤连：为"矜"之假借字，病。

⑥隧：疑为"遂"字之误，于是。

⑦祇：拯救。

⑧维：通"唯"。

【译文】

然而现在天下的士大夫、君子们说："话是不错！兼爱固然是好的。但它是不可实行的事，就像要举起泰山越过黄河、济水一样。"墨子说道："这个比喻不恰当。举起泰山而越过黄河、济水，可以说是力大无比了，但自古及今，没有人能做得到。而兼相爱、交相利与此相比是完全不同的，它们是可执行的，古时的圣王就曾做到过。"怎么知道是这样的呢？古时大禹治理天下，西边疏通了西河、渔窦，用来排泄渠水、孙水和湟水；北边疏通防水、原水、派水，使之注入召之邸和滹沱河，在黄河中的底柱山分流，凿开龙门以有利于燕、代、胡、貉与西河地区的人民。东边穿泄大陆的迂水，拦入孟诸泽，分为九条河，以此限制东土的洪水，用来利于冀州的人民。南边疏通长江、汉水、淮河、汝水，使之东流入海，并灌注五湖之地，以利于荆楚、吴越和南夷的人民。这是大禹确实实行过兼爱的事，我们今天也应该是兴兼爱啊。从前周文王治理西土，好像日月经天，射出的光辉照耀四方和西周大地。他不倚仗大国欺侮小国，不倚仗人多而欺侮鳏寡，不倚仗强暴势力而掠夺农夫的粮食牲畜。上天眷顾文王的慈爱，所以让年老无子的人，有人供养以享天年；孤苦无兄弟的人可以生活在社会大家庭中，有所作为，幼小无父母的孤儿也能有所依靠而长大成人。这是文王实行兼爱的事，我们现在也应当实行兼爱这件事。从前周武王将行巡祭祀泰山，传记记载说："泰山啊！有道的曾孙周王有祭事。伐纣的大事已经有收获，那批仁人还在为国事操劳，用以拯救商夏遗民及四方少数民族。即使是至亲，也不如仁人。万方之人有罪，由我一人承当。"这是说周武王实行兼爱的事，我们今天也应当实行它。

【原文】

是故子墨子言曰："今天下之君子，忠实欲天下之富，而恶其贫；欲天下之治，而恶其乱，当兼相爱，交相利。此圣王之法，天下之治道也，不可不务为也[1]。"

【注释】

①务：努力。

【译文】

所以墨子说："现在天下的君子，如果内心确实希望天下富足，而讨厌天下贫穷；希望天下治理好，而讨厌天下混乱，那就应当同时相爱、交互得利。这是圣王的法则，是天下的大治之道，也是我们不可不努力去做的事啊。"

兼爱（下）

【原文】

子墨子言曰："**仁人之事者，必务求兴天下之利，除天下之害。**"然当今之时，天下之害，孰为大？曰：若大国之攻小国也，大家之乱小家也，强之劫弱，众之暴寡[1]，诈之谋愚，贵之敖贱[2]，此天下之害也。又与为人君者之不惠也，臣者之不忠也，父者之不慈也，子者之不孝也，此又天下之害也。又与今人之贱人，执其兵刃毒药水火，以交相亏贼，此又天下之害也。

【注释】

①暴：损害。

②敖：通"傲"，傲慢。

【译文】

墨子说道："仁人所做的事情，务必在追求兴起天下之利，除去天下之害。"然而现在的社会条件下，天下最大的危害是什么呢？回答说："例如大国攻打小国，大家族扰乱小家族，强大的强夺弱小的，人多的欺凌人少的，狡诈的算计愚蠢的，尊贵的傲视卑贱的，这就是天下的祸害。又如，做国君的不仁惠，做臣下的不忠诚，做父亲的不慈爱，做儿子的不孝顺，这又都是天下的祸害。又如，现在的人们手握兵刃、毒药、水火等相互残害，这又是天下的祸害。

【原文】

姑尝本原若众害之所自生[1]。此胡自生？此自爱人、利人生与？即必曰："非然也。"必曰："从恶人、贼人生。"分名乎天下，恶人而贼人者，兼与？别与[2]？即必曰："别也。"然即之交别者，果生天下之大害者与？是故别非也。子墨子曰："非人者必有以易之，若非人而无以易之，譬之犹以水救火也[3]，其说将必无可矣。"

【注释】

①本原：追究根源。

②别：指别人与自己区分对待。

③以水救火：当为"以水救水，以火救火。"

【译文】

姑且试着推究这许多祸害产生的原因。这是从哪儿产生的呢？这是从爱人、利人所产生的吗？人们必然会说："不是这样的。"而一定会说："这是仇恨别人、残害别人的必然结果。"现在让我们分辨一下事情的来源：世上憎恶别人和残害别人的人，是互相爱护呢，还是互相憎恨呢？答案必然是："是互相憎恨。"这么看来，"互相憎恨"是产生天下大害的原因吗？所以别相恶是不对的。墨子说："如果以别人为不对，那就必须有东西去替代它，如果说别人不对而又没有东西去替代它，就好像用水救水、用火救火。那种理论也将没有什么可取之处。"

【原文】

是故子墨子曰："兼以易别。"然即兼之可以易别之故何也？曰：藉为人之国¹，若为其国，夫虽独举其国以攻人之国者哉²？为彼者，由为己也。为人之都，若为其都³，夫谁独举其都以伐人之都者哉？为彼犹为己也。为人之家，若为其家，夫谁独举其家以乱人之家者哉？为彼犹为己也。然即国都不相攻伐，人家不相乱贼，此天下之害与？天下之利与？即必曰天下之利也。

【译文】

所以墨子说："要用'兼相爱'来代替视人与己不同的'别相恶'。"既然如此，那么兼相爱可以代替别相恶的原因是什么呢？答案是：假如对待别人的国家，像对待自己的国家，谁还会用自己国家的力量去攻打别人的国家呢？为别人考虑，就像为自己打算一样。对待别人的都城，像对待自己的都城，谁还会动用自己都城的武力，去攻打别人的都城呢？对待别人就像对待自己。对待别人的家族，就像对待自己的家族，谁还会动用自己的家族，去侵扰别人的家族呢？对待别人就像对待自己。既然如此，那么国家、都城不相互攻伐，个人、家族不相互侵扰残害，这是天下的祸乱呢？还是天下的好事呢？大家一定会说这是天下的好事。

【原文】

　　姑尝本原若众利之所自生。此胡自生？此自恶人贼人生与？即必曰："非然也。"必曰："从爱人利人生。"分名乎天下，爱人而利人者，别与？兼与？即必曰兼也。然即之交兼者，果生天下之大利者与？是故子墨子曰："兼是也。"且乡吾本言曰[1]："仁人之事者，必务求兴天下之利，除天下之害。"今吾本原兼之所生，天下之大利者也；吾本原别之所生，天下之大害者也。是故子墨子曰："别非而兼是者，出乎若方也[2]。"

【注释】

①乡：从前。

②若：此，这个。方：方法，办法。

【译文】

　　姑且试着推究这许多利益所产生的原因。这是由哪儿发生的呢？这是从憎恶人残害人产生的吗？人们必然会说："不是这样的。"必然会说："是从爱人、利人所产生的。"分别研究天下爱惜别人并给人以好处的，是相互憎恨呢？还是相互爱护呢？则必然会说是相互爱护。既然如此，这个相互有利，彼此相爱，果真是对天下大有好处的吗？所以墨子说："兼爱的理论确实是对的。"而且从前我曾说过："仁人所做的事情，必然努力追求兴起天下之利，除去天下之害。"现在我推究由相互爱护产生的，都是天下的大利；我推究由别相恶所产生的，都是天下的大害。所以墨子说："'别相恶'是错误的、'兼爱'是对的，就是出于这个道理。"

【原文】

　　今吾将正求与天下之利而取之[1]，以兼为正。是以聪耳明目相与视听乎[2]！是以股肱毕强相为动宰乎[3]！而有道肆相教诲[4]，是以老而无妻子者，有所侍养以终其寿；幼弱孤童之无父母者，有所放依以长其身。今唯毋以兼为正，即若其利也[5]。不识天下之士，所以皆闻兼而非者，其故何也？

【注释】

①此句疑"正"字当删，"与"为"兴"字之误，兴起。

②与：为"为"字之误。

③毕强：即"毕劼"，

【译文】

　　现在我将努力兴办对天下有利的事情，以兼相爱来施政。所以大家都耳聪目明，相互帮助看东西听东西，用强劲有力的四肢

有力的样子。动宰：即
"助宰"。宰，佐治。

④而：疑为"是以"之
误。

⑤即若其利：则其利
若此。

相互帮助做事情，并且用道义相互勉励和教诲；因此那些年老而没有妻室子女的，也能有所奉养而得以享尽天年；没有父母的幼弱孤童，也能有所依靠而长大其身。现在用兼相爱来治理天下，有这样大的好处。但是令人不解的事，天下的士人听到"兼爱"这件事，都加以反对，这是怎么回事呢？

【原文】

然而天下之士，非兼者之言犹未止也，曰："兼即善矣，虽然，岂可用哉？"子墨子曰："用而不可，虽我亦将非之；且焉有善而不可用者？"姑尝两而进之①。谁以为二士②，使其一士者执别，使其一士者执兼。是故别士之言曰："吾岂能为吾友之身，若为吾身？为吾友之亲，若为吾亲？"是故退睹其友，饥即不食，寒即不衣，疾病不侍养，死丧不葬埋。别士之言若此，行若此。兼士之言不然，行亦不然。曰："吾闻为高士于天下者，必为其友之身，若为其身；为其友之亲，若为其亲。然后可以为高士于天下。"是故退睹其友，饥则食之，寒则衣之，疾病侍养之，死丧葬埋之。兼士之言若此，行若此。若之二士者，言相非而行相反与？当使若二士者③，言必信，行必果，使言行之合，犹合符节也④，无言而不行也。然即敢问：今有平原广野于此，被甲婴胄，将往战，死生之权，未可识也；又有君大夫之远使于巴、越、齐、荆，往来及否，未可识也。然即敢问：不识将恶也家室，奉承亲戚、提挈妻子而寄托之，不识于兼之有是乎？于别之有是乎？我以为当其于此也，天下无愚夫愚妇，虽非兼君，必寄托之于兼之有是也。此言而非兼，择即取兼，即此言行费也⑤。不识天下之士，所以皆闻兼而非之者，其故何也？

【注释】

①进：通"尽"，尽力。

②谁：为"设"字之误。

③当：如"尝"，试。

④符节：古时朝廷传达命令或调兵遣将所用的凭证。

⑤费：通"拂"，违背。

【译文】

然而天下的士子，否定兼相爱的言论还没有中止，他们说："即使兼相爱是好事，但是，有哪里可以用呢？"墨子说："一种理论，经过实践证明它不行，即使是我也会否定它的。"姑且试着让主张"兼"和主张"别"的两种人各尽其见。假设有两个士人，其中一士主张"别相恶"，另一士主张"兼相爱"。主张"别相恶"的士人说："我怎么能把我朋友的身体，看得如同我自己的身体呢；把我朋友的双亲，看成如同我自己的双亲一样呢？"所以他看到朋友挨饿时，不给他吃；受冻时，不给他穿；生病时，也不照顾他；朋友死了也不给埋葬。主张"别相恶"的士人是这样说的，也会这样去做。主张"兼相爱"的士人的说法不是这样，行为也不是这样。他说："我听说作为天下的高士，必定会把朋友的身体看得如同自己的身体，看待朋友的双亲如同自己的双亲。这以后就可以成为天下的高士。"所以他看到朋友饥饿时，就给他吃；受冻时，就给他穿；患病时前去服侍，死亡后给予埋葬。主张"兼相爱"的士人是这样说的，也会这样去做。这两个士人，他们的言论是相互否定的，行为也是相反的吗？假使这有两个士人，言出必信，行为必果，言行一致，没有一句话是说了不做的。既然如此，那么请问：现在这里有一平原旷野，人们将披甲戴盔前往作战，生死难料；又有国君的大夫出使遥远的巴、越、齐、楚等地，千山万水，能否生还也不知道。那么不妨多问一句：不知道将怎么保护其家室，奉养父母，照料自己的妻子，究竟是把他们托付给主张"兼相爱"的人呢？还是托付给主张"别相恶"的人呢？我认为在这个时候，无论天下多么愚蠢的男女，即使反对"兼相爱"的人，也必然要把后事托付给主张"兼相爱"的人。在口头上即使不赞成兼爱的，具体行动却又选择兼爱，这就是言行相违背。我不知道天下的人都听到兼相爱就反对它，这原因又是什么呢？

【原文】

　　然而天下之士非兼者之言，犹未止也，曰："意可以择士，而不可以择君乎？"姑尝两而进之。谁以为二君^①，使其一君者执兼，使其一君者执别。是故别君之言曰："吾恶能为吾万民之身，若为吾身？此泰非天下之情也^②。人之生乎地上之无几何也，譬之犹驷驰而过隙也。"是故退睹其万民，饥即不食，寒即不衣，疾病不侍养，死丧不葬埋。别君之言若此，行若此。兼君之言不然，行亦不然，曰："吾闻为明君于天下者，必先万民之

【注释】

①谁：为"设"字之误。

②泰：最，极。

③馁：饥饿。

④转：弃。

⑤之：此。

身，后为其身，然后可以为明君于天下。"是故退睹其万民，饥即食之，寒即衣之，疾病侍养之，死丧葬埋之。兼君之言若此，行若此。然即交若之二君者，言相非而行相反与？常使若二君者，言必信，行必果，使言行之合，犹合符节也，无言而不行也。然即敢问：今岁有疠疫，万民多有勤苦冻馁^③，转死沟壑中者^④，既已众矣。不识将择之二君者^⑤，将何从也？我以为当其于此也，天下无愚夫愚妇，虽非兼者，必从兼君是也。言而非兼，择即取兼，此言行拂也。不识天下所以皆闻兼而非之者，其故何也？

【译文】

然而天下的士子攻击兼爱的言论还是没有停止，说道："兼爱的理论诚如以上所说，但是兼爱大概只可以选择士大夫，恐怕不能选择君王吧？"那么姑且让我们按照"兼相爱"和"别相恶"两种思路展开看看究竟如何吧。假设这里有两个国君，其中一个主张"兼相爱"的观点，另一个主张"别相恶"的观点。所以主张"别相恶"的国君会说："我怎能像对待我自己一样对待天下百姓呢？这太不合天下人的情理了。人生在世上并没有多少时间，就好像马车奔驰缝隙那样短暂。"所以他看到他的万民挨饿的，也不给吃的，受冻也不给穿的，有疾病也不给疗养，死亡后不给埋葬。主张"别相恶"的国君是这样说的，也是这样做的。主张兼爱的国君的言论不是这样，行为也不是这样。他说："我听说在天下做一位明君，必须先看重万民之身，然后才看重自己之身，这以后才可以在天下做一位明君。"所以他看到他的百姓挨饿时，就给他们吃的，看到他们受冻时就给他们穿的，生了病就给他们疗养，死亡后就给予埋葬。主张"兼相爱"的君主是这样说的，也是这样做的。既然这样，那么这两个国君，他们言论不同而行为也相反吗？假使这两个国君，言必信，行必果，使言行符合得像符节一样，没有说过的话不能实现的。既然如此，那么请问：假如今年有瘟疫，万民大多因劳苦和冻饿而辗转死于沟壑之中的，已经很多了。不知道从这两个国君中选择一位，你将会跟随哪一位呢？我认为在这个时候，无论天下的多么愚蠢的人，即使是反对"兼相爱"的人，也必定跟随主张"兼相爱"的国君了。在言论上反对"兼相爱"，而在行动上选择"兼相爱"，这就是言行相违背。不知道天下的人听到"兼相爱"的主张而非难它的做法，其原因是什么呢？

【原文】

然而天下之士，非兼者之言也，犹未止也，曰："兼即仁矣，义矣；虽然，岂可为哉？吾譬兼之不可为也，犹挈泰山以超江、河也[1]。故兼者，直愿之也[2]，夫岂可为之物哉？"子墨子曰："夫挈泰山以超江、河，自古之及今，生民而来，未尝有也。今若夫兼相爱、交相利，此自先圣六王者亲行之。"何知先圣六王之亲行之也？子墨子曰："吾非与之并世同时，亲闻其声、见其色也[3]；以其所书于竹帛、镂于金石、琢于槃盂，传遗后世子孙者知之。"《泰誓》曰："文王若日若月乍照，光于四方，于西土。"即此言文王之兼爱天下之博大也，譬之日月，兼照天下之无有私也[4]，即此文王兼也。虽子墨子之所谓兼者，于文王取法焉！

【注释】

①挈：提起。

②直：仅，只是。

③色：脸色，表情。

④兼照：普照。

【译文】

然而天下的士人，否定兼爱的言论还是没有停止，他们说："兼爱算得上仁，也算得上正义。即使如此，难道可以实行吗？我认为兼爱无法实行，打个比方，就好像让你提着泰山而跳过长江、黄河一样无法做到。所以兼爱只不过是一种美好的愿望而已，哪里是可以实行的事啊？"墨子说："提举泰山而跳越长江、黄河，从古至今，自有人类以来确实还不曾有过。至于现在说到兼相爱、交相利，这则是自先圣六王就亲自实行过的。"怎么知道先圣六王亲自实行了呢？墨子说："我并不和他们处于同一时代，无法亲自听到他们的声音，无法亲眼见到他们的容色，我是从他们书写在简帛上、镂刻在钟鼎石碑上、雕琢在盘盂上留给后世子孙的文献中知道这些的。"《泰誓》上说："周文王如日如月，光茫无际，普照四方和西周大地。"这就是说周文王兼爱天下，无比广大，就像日月普照大地，没有私心。这就是文王的兼爱。墨子所说的兼爱，正是取法于周文王的！

【原文】

　　且不唯《泰誓》为然，虽《禹誓》即亦犹是也。禹曰："济济有众①，咸听朕言②！非惟小子③，敢行称乱④。蠢兹有苗⑤，用天之罚。若予既率尔群对诸群⑥，以征有苗。"禹之征有苗也，非以求以重富贵、干福禄、乐耳目也⑦；以求兴天下之利，除天下之害。即此禹兼也；虽子墨子之所谓兼者，于禹求焉。

【译文】

　　而且不止《泰誓》这样记载，即使大禹的誓言也这样说。大禹说："众位军士，请听我说：不是我斗胆妄为，发动战争，而是苗民在蠢动，因而上天对他们降下惩罚。现在我率领众邦的各位君长去征讨有苗。"大禹征讨有苗，不是为了追求富贵和福禄，也不是为了追求耳目之娱，而是为了兴天下之利，除天下之害。这就是大禹的兼爱。即使墨子所说的兼爱，也是从大禹那里取法的！

【原文】

　　且不唯《禹誓》为然，虽《汤说》即亦犹是也。汤曰："惟予小子履，敢用玄牡，告于上天后曰：'今天大旱，即当朕身履，未知得罪于上下，有善不敢蔽，有罪不敢赦，简在帝心①，万方有罪，即当朕身；朕身有罪，无及万方。'"即此言汤贵为天子，富有天下，然且不惮以身为牺牲②，以祠说于上帝鬼神③。即此汤兼也；虽子墨子之所谓兼者，于汤取法焉。

【译文】

　　而且并不止《禹誓》这样记载，即使《汤说》也是如此，汤说："我叫商履，请允许我用黑色的公牛祭告于皇天后土：'现在天下大旱，我自己也不知道什么缘故得罪了天地。于今有善不敢隐瞒，自身有罪也不敢宽饶，这一切都鉴察在上天的心里。万方有罪，由我一人承担；我自己有罪，不要累及万方。'"这说的是商汤贵为天子，富有天下，然而尚且不惜以身作为牺牲祭品，用言辞向上天鬼神祷告。这就是商汤的兼爱，即使墨子所说的兼爱，也是从商汤那里取法的。

【注释】

①济济：众盛之貌。

②咸：都，全。朕：我。

③惟：通"台"，我。

④称：举。

⑤蠢：不逊。

⑥若：疑为"兹"之误。既：通"即"。群对诸群：当为"群邦诸辟"，指众邦国诸君。

⑦重：重视。

【注释】

①简：存。

②惮：害怕，畏惧。牺牲：指祭祀品。

③祠：祭。说：通"悦"。

【原文】

　　且不唯誓命与汤说为然，《周诗》即亦犹是也。《周诗》曰："王道荡荡①，不偏不党；王道平平，不党不偏。其直若矢②，其易若底③。君子之所履，小人之所视。"若吾言非语道之谓也，古者文武为正均分④，贵贤罚暴，勿有亲戚弟兄之所阿⑤。即此文、武兼也，虽子墨子之所谓兼者，于文、武取法焉。不识天下之人，所以皆闻兼而非之者，其故何也？

【译文】

　　而且不只是《誓命》和《汤说》是这样，《周诗》中也有这类的话。《周诗》上说："治国之道，非常宽广，没有偏向，没有私党。治国之道，非常平坦，没有党羽，没有私偏。治国之道，正直如箭矢，平平如磨刀石。君子所践履的，百姓都看在眼里。"如果说我所说的话不符合道理的话，则古时周文王、周武王为政公平，重视贤能处罚暴虐，对父母兄弟也不偏私。这就是周文王、武王的兼爱，即使墨子所说的兼爱，也是从文王、武王那里取法的。不知道天下的人一听到兼爱就非难，究竟是什么原因呢？

【原文】

　　然而天下之非兼者之言，犹未止。曰："意不忠亲之利，而害为孝乎？"子墨子曰："姑尝本原之孝子之为亲度者。吾不识孝子之为亲度者①，亦欲人爱、利其亲与？意欲人之所恶、贼其亲与？以说观之，即欲人之爱、利其亲也。然即吾恶先从事即得此？若我先从事乎爱利人之亲，然后人报我爱利吾亲乎？意我先从事乎恶贼人之亲，然后人报我以爱利吾亲乎？即必吾先从事乎爱利人之亲，然后人报我以爱利吾亲也。然即之交孝子者，果不得已乎！毋先从事爱利人之亲者与，意以天下之孝子为遇②，而不足以为正乎？姑尝本原之。先王之所书，《大雅》之所道，曰：'无言而不雠③，无德而不报。投我以桃，报之以李。'即此言爱人者必见爱也，而恶人者必见恶也。不识天下之士，所以皆闻兼

【注释】

①荡荡：平坦而广大的样子。

②矢：箭。

③易。底：即"砥"，磨刀石。

④正：通"政"。

⑤阿：私，偏袒。

【注释】

①度（duó）：揣度，揣测。

②遇：通"愚"。

③雠（chóu）：回应，应答。

而非之者，其故何也?

【译文】

　　然而天下的人反对兼爱的主张，还是没有停止，他们说："这个兼爱，恐怕有不符合双亲之利，而对孝道有害吧。"墨子说："姑且让我们一起来考察一下孝子是怎样为父母考虑的，我不知道孝子为双亲考虑，是希望别人爱护和有利他的双亲呢，还是希望憎恶、残害他的双亲呢? 按照常理来看，当然希望别人关心和有利于他的双亲。既然如此，那么怎样做才能得到这个呢? 假若我先爱护和有利于别人的双亲，然后别人会以爱护和有利于我的双亲来报答我吗? 还是我先从事于憎恶、残害别人的双亲，然后别人爱护和有利于我的双亲呢? 必然是我先从事于爱护和有利于别人的双亲，然后别人以爱护和有利于我的双亲来报答我。然而这一交相利的孝子，果真是出于不得已，才先从事于爱护和有利于别人的双亲呢，还是以为天下的孝子都是愚笨，完全不值得善待呢? 姑且试着探究这一问题。先王的书《大雅》说道："没有什么话我不践履，没有什么恩德我不报答。人家赠给我桃，我就报人以李。"这就是说，爱别人的一定为别人所爱，讨厌他人的也一定为他人所厌恶。不知天下的人，一听到兼爱就反对，究竟原因在哪里呢?

【原文】

　　"意以为难而不可为邪? 尝有难此而可为者。昔荆灵王好小要，当灵王之身，荆国之士饭不逾乎一，固据而后兴，扶垣而后行。故约食为其难为也，然后为，而灵王说之，未逾于世，而民可移也，即求以乡其上也[1]。昔者越王勾践好勇，教其士臣三年，以其知为未足以知之也，焚舟失火，鼓而进之。其士偃前列，伏水火而死有不可胜数者也[2]。当此之时，不鼓而退也，越国之士，可谓颤　　矣[3]。故焚身为其难为也，然后为之，越王说之，未逾于世，而民可移也，即求以乡其上也。昔者晋文公好苴服。当文公之时，晋国之士，大布之衣，牂羊之裘，练帛之冠，且苴之屦[4]，入见文公，出以践之朝。故苴服为其难为也，然后为，而文公说之，未逾于世，而民可移也，即求以乡其上也。是故约食、焚舟、苴服，此天下之至难为也，然后为而上说之，未逾于世而民可移也，何故也？即求以乡其上也。今若夫兼相爱、交相利，此其有利，且易为也，不可胜计也。我以为则无有上说之者而已矣。苟有上说之者，劝之以赏誉，威之以刑罚，我以为人之于就兼相爱、交相利也[5]，譬之犹火之就上、水之就下也，不可防止于天下。

⑤就：趋向。

【译文】

"难道兼爱是难以做到的事情吗？然而历史上有许多比兼爱更难的事都做出来了。从前楚灵王喜欢细腰，他在世时，楚国的士人每天吃饭不超过一次，柱着拐杖后才能站起，扶着墙壁然后才能走路。所以节食本是他们难于做到的，然而这样做楚灵王喜欢，所以没有经过多久，民风就转变了，这无非是为迎合君主的喜好罢了。从前越王勾践喜欢勇猛，训练他的将士三年，但还拿不准这些人是不是真的可用，于是故意放火烧船，擂鼓命将士前进。他的将士前仆后继，倒身于水火之中而死的不计其数。当这个时候，如果没有停止擂鼓就撤退的话，越国的将士可以说害怕的、不敢的了。所以说焚身是很难的事，却做到了。因为越王喜欢，于是世事没有变化，民风就变了，这是人们迎合君王所好的结果。从前晋文公喜欢穿粗布衣，当文公在世时，晋国的士人都穿大布衣和母羊皮袍子，戴厚帛做的帽子，穿粗糙的鞋子，这身打扮进可见晋文公，可在朝廷来往。所以穿粗陋的衣服是难做到的事，然而因为文公喜欢。所以没过多长时间，民风转变了，这是为追求迎合君主罢了。所以说节食、焚舟、穿粗衣服，这本是天下最难做的事，然而这样做可使君主喜欢，因此没过多长时间，民风可以转变，这是什么缘故呢？这是为追求迎合君主罢了。现在至于兼相爱、交相利，这是有利而容易做到，并且不可胜数的事。我认为只是没有君上的喜欢罢了，只要有君上喜欢，用奖赏称赞来勉励大众，用刑罚来威慑大众，我认为众人对于兼相爱、交相利，会像火一样向上、水一样向下，在天下是不可防住的。

【原文】

"故兼者，圣王之道也，王公大人之所以安也，万民衣食之所以足也。故君子莫若审兼而务行之①。为人君必惠，为人臣必忠；为人父必慈，为人子必孝；为人兄必友②，为人弟必悌。故君子莫若欲为惠君、忠臣、慈父、孝子、友兄、悌弟，当若兼之不可不行也。此圣王之道，而万民之大利也。"

【注释】

①莫若：不如。审：审察。务：致力，从事。

②友：友善。

【译文】

"所以说兼爱是圣王治理天下的大道，是王公大人能够使社会安定的原动力，也是万民百姓得以衣食丰足之源。所以君子最好审察兼爱的道理而努力实行它。做人君的一定要仁惠，做人臣的一定要忠诚，做人父的一定要慈爱，做人子的一定要孝顺，做人兄的一定要友爱其弟，做人弟的一定要敬顺兄长。所以君子假如想要做惠君、忠臣、慈父、孝子、友兄、悌弟，那么兼爱是必不可少的。这是圣王的大道、百姓的大利。"

非攻^①（上）

【原文】

子墨子言曰："古者王公大人情欲得而恶失，欲安而恶危，故当攻战而不可不非。今有一人，入人园圃，窃其桃李。众闻则非之^①，上为政者得则罚之。此何也？以亏人自利也^②。至攘人犬豕鸡豚者^③，其不义，又甚入人园圃窃桃李。是何故也？以亏人愈多，其不仁兹甚，罪益厚。至入人栏厩，取人马牛者，其不仁义又甚攘人犬豕鸡豚。此何故也？以其亏人愈多。苟亏人愈多，其不仁兹甚^④，罪益厚^⑤。至杀不辜人也，扡其衣裘、取戈剑者^⑥，其不义又甚入人栏厩取人牛马。此何故也？以其亏人愈多。苟亏人愈多，其不仁兹甚矣，罪益厚。当此天下之君子皆知而非之，谓之不义。今至大为攻国，则弗知非，从而誉之，谓之义。此可谓知义与不义之别乎？

【译文】

墨子说："古时王公大人都想得到而害怕失去，想要安宁而讨厌危险动乱，所以当发生战争时，却不能不反对了。现在有这样一个人，进入别人的果园，偷摘人家的桃子、李子，大家知道后一定说他的不是，上边当权的如抓到他一定会罚他。这是为什么呢？因为他损人利己。至于盗窃别人家的鸡犬，他的不义又超过到别人的果园里去偷桃李。这是什么缘故呢？因为他给别人造成的损失更大，他也就更不仁义，他的罪过也就越大。至于进入别人的牛栏、马厩内偷取别人的牛马，他的不仁不义，又超过了盗窃别人鸡犬的。这是什么缘故呢？因为他给别人造成的损害更严重。如果给别人造成的损害越重，那么他的不仁也就越重，罪过也就越重。至于枉杀无辜的人，剥去别人的衣服、抢走人家武器的人，他的不义又超过了进入别人的牛栏马厩盗取别人牛马的。这是什么缘故呢？因为他给别人造成的损害特别严重。如果

【注释】

①非：非难，责备。

②以：因为。亏：损害。

③攘（rǎng）：偷盗，强夺。豕（shǐ）：猪。豚（tún）：小猪。

④兹甚：更深。兹，通"滋"。

⑤益：增加。厚：重。

⑥扡（tuō）：同"拖"，夺取。

给别人造成的损害特别严重，那么他的不仁也就特别严重，他的罪恶也就特别重大。遇到这些事，天下的君子都能明辨是非而加以反对，称它为不义。可是现在看到大规模地攻伐别人的国家，却不知指责其错误，反而去赞誉它，称之为义。这难道能叫懂得义与不义的区别吗？

【原文】

"杀一人，谓之不义，必有一死罪矣。若以此说往①，杀十人，十重不义②，必有十死罪矣；杀百人，百重不义，必有百死罪矣。当此天下之君子皆知而非之，谓之不义。今至大为不义攻国，则弗知非，从而誉之，谓之义。情不知其不义也③，故书其言以遗后世；若知其不义也，夫奚说书其不义以遗后世哉④？

【注释】

①往：疑为"推"，类推。

②十重：十倍。

③情：通"诚"，确实。

④夫：发语词。奚说：怎么解释。

【译文】

"杀一个人，叫做不义，必定有一项死罪。如果按照此种说法类推，杀掉十个人，有十倍不义，则必然有十重死罪了；杀掉一百个人，有一百倍不义，则必然有一百重死罪了。对这些事，天下的君子都知道并且指责它，称它为不义。但是现今面对有人大规模地攻打别的国家做出不义之事，却不知道指责其错误，反而称赞它，并称之行为义举。他们确实不懂得那是不义的，所以记载那些称赞攻国的话遗留给后代。倘若他们知道那是不义的，又怎么解释记载这些不义之事，用来遗留给后代呢？

【原文】

"今有人于此，少见黑曰黑，多见黑曰白，则必以此人不知白黑之辩矣①；少尝苦曰苦，多尝苦曰甘，则必以此人为不知甘苦之辩矣。今小为非，则知而非之；大为非攻国，则不知非，从而誉之，谓之义。此可谓知义与不义之辩乎？是以知天下之君子也，辩义与不义之乱也②！"

【注释】

①辩：通"辨"，辨别。

②乱：纷乱，是非不清。

【译文】

"假如现在这里有一个人：看见少许黑色就说是黑的，看见很多黑色却说是白的，那么人们就会认为这个人黑白不分；少尝一点苦味就说是苦的，而吃到很多的苦东西却说是甜的，那么人们就会认为这个人甘苦不分。现在看到别人做了一点点坏事，就都知道指责其错误；可是碰上了大的不对，像侵略别的国家这样的事情，却不知道反对，反而随声附和、大加赞赏，说这是"义"。这难道是懂得义与不义的区别吗？因此我知道天下的君子，把义与不义的区分标准弄混了！"

非攻（中）

【原文】

子墨子言曰：古者王公大人为政于国家者①，情欲毁誉之审②，赏罚之当③，刑政之不过失，故当攻战而不可为也。

【注释】

①古：为"今"字之误。

②誉之审：应为"毁誉之神"。审，审慎。

③当：适合，得当。

【译文】

墨子说道："现在的王公大人掌握国家行政大权，如果确实想做到批评和表扬准确，赏罚恰当，行政政务没有差错，那么攻打出兵是不可以做的。

【原文】

今师徒唯毋兴起，冬行恐寒，夏行恐暑，此不以冬夏为者也，春则废民耕稼树艺，秋则废民获敛。今唯毋废一时，则百姓饥寒冻馁而死者，不可胜数。今尝计军上①：竹箭、羽旄、幄幕、甲盾、拨劫②，往而靡弊腑冷不反者③，不可胜数；又与矛、戟、戈、剑、乘车，其列往碎折靡弊而不反者④，不可胜数；与其牛马，肥而往、瘠而反，往死亡而不反者，不可胜数；与其涂道之修远，粮食辍绝而不继，百姓死者，不可胜数也；与其居处之不安，食饭之不时，饥饱之不节，百姓之道疾病而死者，不可胜数；丧师多不可胜数，丧师尽不可胜计，则是鬼神之丧其主后⑤，亦不可胜数。

【注释】

①上：为"出"字之误。

②拨：同"羜"，大盾牌。劫：同"铪"（马）组带铁。

③腑：通"腐"。冷：当作"泠"凌乱。反：通"返"，下同。

④列往：为"往则"之误。

⑤主后：后代祭祀。

【译文】

假如现在军队起程出发，冬天出兵怕遇上寒冷，夏天出兵怕遇上暑热，这样就不可以在冬、夏二季行军打仗了。春天嘛，就要影响百姓耕田播种；秋天嘛，又会有误农时，使百姓无法收割庄稼储藏粮食。这又是不能在春秋两季行军的原因了。现在如果荒废了一个季度，那么百姓因饥寒而冻死、饿死的，就会多得数不胜数。现在我们试着计算一下：出兵时所用的竹箭、羽旄、帐幕、铠甲、大小盾牌和刀柄，随军行动损坏腐烂而带不回来的东西，又是多得数不胜数；再加上戈矛、剑戟、兵车，用后破碎损坏而不可返回的，多得数不胜数；再说，牛马带去时都很肥壮，回来时全部瘦弱，至于去后死亡而不能返回的，多得数不胜数；战争时因为道路遥远，粮食的运输有时中断不继，百姓因而死亡的，也多得数不胜数；战争时人民居处都不安定，饥饱没有控制，老百姓在道路上生病而死的，多得数不胜数；丧失掉军队的士兵数不胜数，阵亡的士兵更是无法计算，鬼神因此丧失后代祭祀的，也多得数不胜数。

【原文】

国家发政，夺民之用，废民之利，若此甚众。然而何为为之？曰：“我贪伐胜之名，及得之利，故为之。”子墨子言曰：“计其所自胜，无所可用也；计其所得，反不如所丧者之多。”今攻三里之城，七里之郭，攻此不用锐，且无杀而徒得，此然也？杀人多必数于万，寡必数于千，然后三里之城、七里之郭且可得也。今万兼之国[1]，虚数于千，不胜而入；广衍数于万，不胜而辟[2]。然则土地者，所有余也；王民者[3]，所不足也。今尽王民之死，严下上之患[4]，以争虚城，则是弃所不足，而重所有余也[5]。为政若此，非国之务者也！

【注释】

①兼：犹“乘”，战车，一车四马，配甲士三人，步卒七十二人。

②辟：开辟。

③王民：应为“士民”，兵士和百姓。下同。

④严：急，紧急。

⑤重：看重，重视。

【译文】

国家发动战争，剥夺百姓的财用，荒废百姓的利益，像这样的事情很多，然而为什么还去做这种事呢？（他们）回答说：“我要的是攻伐战胜的美名，和通过战争所获得的利益，战争对于我来说是名利双收的事，所以要这样做。”墨子说：“如果是为了他自以为胜利的美名，这美名是没有什么用处的；计算战争可以得到实惠，那得到的实惠还没有他在战争中失去的多。”现在进攻一个三里大小的内城和七里大小的外城，攻占这些地方，难道不用精锐之师，不经过拼死血战，而能白白地得到它吗？争城一战，死亡多是有上万人，少的也有几千人，然后这三里之城、七里之郭才能得到。现在拥有万辆战车的大国，管辖的小城邑有上千座，分兵把守还来不及；领土辽阔有上万里，许多地方还没有开辟。这样看来，大国的统治者多的是土地，而缺少的是士兵和人民。现在发动战争，让士兵和百姓去送死，加重了全国上下的祸患，去争夺一座虚城，这实际上是抛弃自己本来就缺少的，而看重自己本来就多余的东西。这样来行使国家大权，不能说是抓住了治国的要务！

【原文】

饰攻战者言曰："南则荆、吴之王，北则齐、晋之君，始封于天下之时，其土城之方，未至有数百里也；人徒之众^①，未至有数十万人也。以攻战之故，土地之博，至有数千里也；人徒之众，至有数百万人，是故攻战之速也。"子墨子言曰："虽四五国则得利焉，犹谓之非行道也。譬若医之药人之有病者然，今有医于此，和合其祝药之于天下之有病者而药之^②。万人食此，若医四五人得利焉，犹谓之非行药也^③。故孝子不以食其亲^④，忠臣不以食其君。古者封国于天下，尚者以耳之所闻^⑤，近者以目之所见，以攻战亡者，不可胜数。"何以知其然也？东方有莒之国者，其为国甚小，间于大国之间，不敬事于大，大国亦弗之从而爱利，是以东者越人夹削其壤地^⑥，西者齐人兼而有之。计莒之所以亡于齐、越之间者，以是攻战也。虽南者陈、蔡，其所以亡于吴、越之间者，亦以攻战。虽北者且一、不著何，其所以亡于燕代、胡貊之间者，亦以攻战也。是故子墨子言曰：古者有语："谋而不得，则以往知来，以见知隐。"谋若此，可得而知矣。

【注释】

①人徒：谓人口。

②和（huò）合：调和。

③行药：可常用之药。

④食（sì）：供养，给⋯⋯吃。

⑤尚：通"上"。

⑥壤地：土地。

【译文】

掩饰攻战的人说道："南方有楚国、吴国的君王，北方则有齐国、晋国的君王，他们最初被封于天下的时候，他们的土地城郭，方圆还不到数百里，人民的总数还不到数十万。因为攻战的缘故，土地扩充到数千里，人口增多到数百万。所以攻战是不可以不进行的。"墨子说道："即使有四五个国家因攻战而得到利益，也还不能说明它是正道。打个比方，就像医生给病人开药方一样，假如现在有个医生在这里，他配好他的药剂给天下有病的人服药。一万个人服了药，若其中有四五个人的病治好了，还不能说这是可通用的药。所以孝子不拿它给父母服用，忠臣不拿它给君主服用。古时在天下封国，年代久远的可由耳目所闻，年代近的可由亲眼所见，由于攻战而亡国的，多得数都数不清。"怎么知道是这样呢？东方有个莒国，这国家很小，而处于（齐、越）两个大国之间，不敬事大国，大国也不给它好颜色，东面的越国来侵削莒的疆土，西面的齐国兼并并占有了它。分析莒国为齐、越两国所灭亡的原因，乃是由于攻战。即使是南方的陈国、蔡国，它们被吴、越两国灭亡的原因，也是攻战的缘故。即使北方的且国、不著何国，它们被燕、代、胡、貉灭亡的原因，也是攻战的缘故。所以墨子说道："古代有这样的说法'谋划了却没有得到，从以往的推断未来的，根据明显的推知隐蔽的事情'。"这样谋划，就可以知道怎么做了。

【原文】

饰攻战者之言曰："彼不能收用彼众，是故亡；我能收用我众，以此攻战于天下，谁敢不宾服哉！"子墨子言曰："子虽能收用子之众，子岂若古者吴阖闾哉？"古者吴阖闾教七年，奉甲执兵，奔三百里而舍焉。次注林，出于冥隘之径，战于柏举，中楚国而朝宋与鲁。至夫差之身，北而攻齐，舍于汶上，战于艾陵，大败齐人，而葆之大山[1]；东而攻越，济三江五湖，而葆之会稽。九夷之国莫不宾服。于是退不能赏孤，施舍群萌[2]，自恃其力，伐其功，誉其志，怠于教。遂筑姑苏之台，七年不成。及若此，则吴有离罢之心[3]。越王勾践视吴上下不相得，收其众以复其仇，入北郭，徙大内[4]，围王宫，而吴国以亡。昔者晋有六将军，而智伯莫为强焉。计其土地之博，人徒之众，欲以抗诸侯，以为英名。故差论其爪牙之士，皆列其车舟之众，以攻中行氏而有之。以其谋为既已足矣，又攻兹范氏而大败之，并三家以为一家

【注释】

①葆：通"保"，守。

②萌：通"氓"，人民。

③离罢之心：离散之心。罢，通"披"，散。

④内：为"舟"字之误。

⑤鹜：通"鹜"，游行疾速。

而不止，又围赵襄子于晋阳。及若此，则韩、魏亦相从而谋曰："古者有语：'唇亡则齿寒。'赵氏朝亡，我夕从之；赵氏夕亡，吾朝从之。诗曰：'鱼水不务⑤，陆将何及乎？'"是以三主之君，一心戮力，辟门除道，奉甲兴士，韩、魏自外，赵氏自内，击智伯，大败之。

【译文】

为攻战辩饰的人又说："他们不能收揽、利用他们的民众士卒，所以灭亡了；我能收揽、利用我的民众士卒，用他们在天下攻战，所向无敌，谁敢不心悦诚服呢？"墨子说道："您即使能收揽、利用您的民众士卒，您难道比得上古时的吴王阖闾吗？"古时的吴王阖闾教战七年，士卒披甲执锐，奔走三百里才停止歇息，驻扎在注林，取道冥隘的小径，在柏举大战一场，占领楚国中央的都城，并使宋国与鲁国被迫来朝见。到了吴王夫差即位，向北攻打齐国，驻扎在汶上，与齐人大战于艾陵，大败齐人，使之退保泰山；向东攻打越国，渡过三江五湖，迫使越人退保会稽，东方各个小部落没有谁敢不归附。战罢班师回朝之后，吴王不能抚恤阵亡将士的遗族，也不施舍民众，自恃武力，夸大自己的功业，吹嘘自己的才智，怠于教练士卒。而且开始建筑姑苏台，历时七年，尚未造成，至此吴人都有离异疲惫之心。越王勾践看到吴国上下不相融洽，就收集他的士卒用以复仇，从吴都北郭攻入，迁走吴王的大船，围困王宫，而吴国因为这些灭亡了。从前晋国有六位将军，而其中以智伯为最强大。他估量自己的土地广大，人口众多，想要跟诸侯抗衡，以为用攻战的方式取得英名最快，所以指使他手下的谋臣战将，排列好兵船战车士卒，攻打中行氏，并占据其地。他认为自己的谋略已经高超到极点，又去进攻范氏，并打败了花氏，然后他合并三家作为一家但还不肯罢手，又在晋阳围攻赵襄子。到此地步，韩、魏二家也互相商议道："古时有话说：'唇亡则齿寒。'赵氏若在早晨灭亡，晚上将轮到我们；赵氏若在晚上灭亡，第二天早晨就轮到我们了。古诗说：'鱼在水中不快跑，到了陆地，怎么还来得及呢？'"因此韩、魏、赵三家之主，同心协力，开门清道，令士卒们穿上铠甲出发，韩、魏两家军队在外面，赵氏军队从城内，合击智伯。智伯大败。

【原文】

是故子墨子言曰："古者有语曰：'君子不镜于水，而镜于人^①。镜于水，见面之容；镜于人，则知吉与凶。'今以攻战为利，则盖尝鉴之于智伯之事乎^②？此其为不吉而凶，既可得而知矣。"

【译文】

所以墨子说道："古时有话说：'君子不使用水来照自己，而是用人来照自己。用水照自己，只能看到自己的面貌；用人来照自己，则可以知吉凶。'现在用攻战已取得好处，那么为什么不将智伯好战亡国的事件作为借鉴呢？这样做不是吉而是凶，这是已经可以知道的啊。"

【注释】

①镜：这里指作为镜子。

②盖：通"盍"，何不。鉴：借鉴。

非攻（下）

【原文】

子墨子言曰：今天下之所誉善者，其说将何哉？为其上中天之利^①，而中中鬼之利，而下中人之利，故誉之誉？意亡非为其上中天之利^②，而中中鬼之利，而下中人之利，故誉之与？虽使下愚之人，必曰："将为其上中天之利^③，而中中鬼之利，而下中人之利，故誉之。"今天下之所同意者^④，圣王之法也。今天下之诸侯，将犹多皆免攻伐并兼^⑤，则是有誉义之名，而不察其实也。此譬犹盲者之与人，同命白黑之名，而不能分其物也，则岂谓有别哉？

【译文】

墨子说道：当今天下所称道赞扬的行善之人，将是什么样呢？是他在上能符合上天的利益，在中能符合鬼神的利益，在下能符合人民的利益，所以大家才赞誉他呢？还是他在上不能符合上天的利益，在中不能符合鬼神的利益，在下不能符合人民的利益，所以大家才赞誉他呢？即使是最愚蠢的人，也必定会说："是他在上能符合上天的利益，在中能符合鬼神的利益，在下能符合人民的利益，所以人们才赞誉他。"这是现在天下所共同认为是义的，是圣王的法则。现今天下的诸侯，大概还有很多在尽力做攻战兼并，那就只是有誉义的虚名，而不考察其实际。这就好比盲人之于正常人，同样能叫出白黑的名称，却不能辨别，这难道能说会辨别吗？

【原文】

是故古之知者之为天下度也^①，必顺虑其意而后为之^②。行是以动，则不疑速通。成得其所欲^③，而顺天、鬼、百姓之利，则知者之道也。是故古之仁人有天下者，必反大国之说，一天下之和，总四海之内，焉率天下之百姓以农^④，臣事上帝、山川、鬼神。利人多，功故又大，是以天赏之，鬼富之，人誉之，使贵为天子，富有天下，名参乎天地，至今不废。此则知者之道也，先王之所以有天下者也。

【注释】

①度：考虑、筹谋。

②顺虑：审慎考虑。顺，通"慎"。

③成：通"诚"。

④焉：犹"乃"。农：从事农业生产。

【译文】

所以古时的智者为天下谋划，必先考虑此事是否合乎义，然后去做它。行为依义而动，则号令不疑而速通于天下。诚然都满足了自己的愿望，又顺从了上天、鬼神、百姓的利益，这就是智者之道。所以古时仁人享有天下，必然反对大国攻伐的说法，使天下统一和睦，总领四海之内，于是率领天下百姓务农，以臣礼事奉上帝、山川、鬼神。给人民的好处很多，功劳又大，所以上天赏赐他们，鬼神使他们富裕，人们赞誉他们，使他们贵为天子，富有天下，名声与天地并列，至今不废。这就是智者之道，也是先王能有天下的原因。

【原文】

今王公大人、天下之诸侯则不然。将必皆差论其爪牙之士，皆列其舟车之卒伍，于此为坚甲利兵，以往攻伐无罪之国，入其国家边境，芟刈其禾稼，斩其树木，堕其城郭^①，以湮其沟池，攘杀其牲牷^②，燔溃其祖庙^③，劲杀其万民，覆其老弱，迁其重器^④，卒进而柱乎斗^⑤，曰："死命为上，多杀次之，身伤者为下；又况失列北桡乎哉？罪死无赦！"以惮其众^⑥。夫无兼国覆军，贼虐万民，以乱圣人之绪。意将以为利天乎^⑦？夫取天之人，以攻天之邑，此刺杀天民，剥振神之位^⑧，倾覆社稷，攘杀其牺牲，则此上不中天之利矣。意将以为利鬼乎？夫杀之人，灭鬼神之主，废灭先王，贼虐万民，百姓离散，则此中不中鬼之利矣。意将以为利人乎？夫杀之人力利人也博矣^⑨！又计其费，此为周生之本，竭天下百姓之财用，不可胜数也，则此下不中人之利矣。

【注释】

①堕：通"隳"，毁坏。

②牲牷：牲口。

③燔溃：烧毁。

④重器：国家的宝器。

⑤柱：通"拄"，支持。

⑥惮：通"惮"，畏惧。

⑦意将：还是。

⑧振：为"振"字之误。

⑨博：为"悖"字之误。

【译文】

当今的王公大人、天下的诸侯，却不是这样。他们一定都是精选将士，排列其兵船战车的队伍，在这个时候准备用坚固的铠甲和锐利的兵器，去攻打无罪之国，侵入别的国家的边境，割掉其庄稼，砍伐其树木，摧毁其城郭，填塞其沟池，夺杀其牲畜，烧毁其祖庙，屠杀其人民，灭杀其老弱，搬走其宝器，军队疾速前进拼死作战，而且高声呼喊："死于君命是莫大的光荣，能多杀敌人的次之，战斗中受伤的为下。至于畏缩不前和后退的，则杀无赦！"用这些话使他的士卒畏惧。其目的是兼并他国覆灭敌军；残杀虐待百姓，以破坏圣人的功业。还认为这样有利于上天吗？用上天造出来的人，去攻打天下的城邑，这就是杀死上天的百姓，毁坏神位，倾覆江山社稷，掠夺人家的六畜，那么这就是对上不符合上天的利益了。还将认为这样有利于鬼神吗？屠杀了这些人民，就灭掉了鬼神的祭主，废灭了先王，残害虐待万民，使百姓分散，那么这就在中不符合鬼神的利益了。还将认为这样利于人民吗？认为杀他们的人民是利人，这就也违背了上天和义的本义了。再说说那些战争中的费用，原都是人民的衣食之本，所竭尽天下百姓的财用，就不可胜数了，那么，这就对下不符合人民的利益了。

【原文】

今夫师者之相为不利者也，曰："将不勇，士不分，兵不利，教不习，师不众，率不利和[1]，威不圉，害之不久[2]，争之不疾，孙之不强[3]，植心不坚，与国诸侯疑。与国诸侯疑，则敌生虑而意羸矣。偏具此物，而致从事焉，则是国家失卒[4]，而百姓易务也。今不尝观其说好攻伐之国，若使中兴师，君子数百，庶人也必且数千，徒倍十万，然后足以师而动矣。久者数岁，速者数月。是上不暇听治，士不暇治其官府，农夫不暇稼穑，妇人不暇纺绩织纴，则是国家失卒，而百姓易务也。然而又与其车马之罢毙也，幔幕帷盖，三军之用，甲兵之备，五分而得其一，则犹为序疏矣。然而又与其散亡道路，道路辽远，粮食不继，傺食饮之时[5]，厕役以此饥寒冻馁疾病而转死沟壑中者，不可胜计也。此其为不利于人也，天下之害厚矣。而王公大人乐而行之，则此乐贼灭天下之万民也，岂不悖哉！今天下好战之国，齐、晋、楚、越，若使此四国者得意于天下，此皆十倍其国之众，而未能食其

【注释】
①率不利和：疑应为"卒不和"。
②害：通"曷"，阻遏。
③孙：为"系"字之误。
④卒：应为"率"，法度。
⑤之：为"不"字之误。

地也，是人不足而地有余也。今又以争地之故，而反相贼也，然则是亏不足而重有余也。

【译文】

现在率领军队的人一致认为不利的因素，就是将领不勇敢，兵士作战不勇猛，武器不锐利，训练较少，兵源不足，士兵不团结，受到威胁而不能抵御，防守不能长久，战斗力不强，凝聚力不够，信心不足，同盟诸侯间不够信任。同盟诸侯间不信任，那么相互间就产生敌对情绪，产生敌对情绪，共同对敌的意志就削弱了。假若完全拥有这些不利条件而竭力从事战争，那么国家就会损兵折将，百姓就得被迫丢下自己的职业而去从军打仗了。现在何不试着看看那些赞美侵略别人的高谈阔论，仅就国家发动一场中等规模的战争而言，动用的将领谋臣必定数以百计，普通人士数以千计，而一般士兵的人数有十万之多，然后才得以成为一支像样的军队。战争时间持续长的需要数年，快的需要数月，这使在上位的人无暇听政，官员无暇治理他的官府之事，农夫无暇耕种，妇女无暇纺织，那么国家就会失去法度，而百姓也只能被迫放下自己的本业。如果再加上兵车战马的损失，帐幕帷盖的损失，三军的费用、兵甲的设备等，最后能剩下五分之一，那已经是非常好了。然而又如那种士卒在道路上散亡，或由于道路遥远，粮食不继，饮食不及时，因饥寒冻饿发生疾病，而辗转死于沟壑之中的，又不计其数。这样对人民非常不利，给天下带来的祸害也非常之大。但王公大人喜欢这些事，并且乐此不疲，那么这就是喜欢祸害天下万民了。这不是十分荒唐吗？现在天下好战的国家为齐、晋、楚、越，如果让这四国得意于天下，那么，即使他们的人口增加十倍，也不能全部耕种土地。这是人口不足而土地有余呀！现在又以争夺土地的缘故而互相残杀，既然这样，那么这就是亏损原本不足的而增加原本就有余的东西。

【原文】

今遝夫好攻伐之君[1]，又饰其说，以非子墨子曰："以攻伐

【注释】

①遝：通"逮"，等到。

②水：为"冰"字之误。

③乃命：后疑脱"禹于"二字。

④四：为"雷"字之误。

⑤"瑾"、"侍"分别为"谨"、"持"之误。

⑥祥：为"将"字之误。

⑦磨：为"厤"字之误，离，分别。

⑧卿制大极：即"缮制四极"，节制四方。

⑨阴：为"隆"字之误。暴：通"爆"。

⑩序：为"享"字之误。

⑪兄：通"况"，益，更加。

⑫宾：归顺。

⑬来：当为"赉"，赏赐。

之为不义，非利物与？昔者禹征有苗，汤伐桀，武王伐纣，此皆立为圣王，是何故也？"子墨子言曰："子未察吾言之类，未明其故者也。彼非所谓'攻'，谓'诛'也。昔者三苗大乱，天命殛之。日妖宵出，雨血三朝，龙生于庙，犬哭乎市，夏水②，地坼及泉，五谷变化，民乃大振。高阳乃命玄宫③，禹亲把天之瑞令，以征有苗。四电诱祗④，有神人面鸟身，若瑾以侍⑤，搤矢有苗之祥⑥。苗师大乱，后乃遂几。禹既已克有三苗，焉磨为山川⑦，别物上下，卿制大极⑧，而神明不违，天下乃静。则此禹之所以征有苗也。遝至乎夏王桀，天有辖命，日月不时，寒暑杂至，五谷焦死，鬼呼国，鹤鸣十夕余。天乃命汤于镳宫：'用受夏之大命，夏德大乱，予既卒其命于天矣，往而诛之，必使汝堪之。'汤焉敢奉率其众，是以乡有夏之境，帝乃使阴暴毁有夏之城⑨。少少有神来告曰：'夏德大乱，往攻之，予必使汝大堪之。予既受命于天，天命融隆火于夏之城间西北之隅。'汤奉桀众以克有，属诸侯于薄，荐章天命，通于四方，而天下诸侯莫敢不宾服。则此汤之所以诛桀也。遝至乎商王纣，天不序其德⑩，祀用失时，兼夜中十日，雨土于薄，九鼎迁止，妇妖宵出，有鬼宵吟，有女为男，天雨肉，棘生乎国道，王兄自纵也⑪。赤鸟衔珪，降周之岐社，曰："天命周文王，伐殷有国。'泰颠来宾⑫，河出绿图，地出乘黄。武王践功，梦见三神曰：'予既沉渍殷纣于酒德矣，往攻之，予必使汝大堪之。'武王乃攻狂夫，反商之周，天赐武王黄鸟之旗。王既已克殷，成帝之来⑬，分主诸神，祀纣先王，通维四夷，而天下莫不宾。焉袭汤之绪，此即武王之所以诛纣也。若以此三圣王者观之，则非所谓'攻'也，所谓'诛'也。"

【译文】

现在喜好攻伐的国君，又会为自己辩护，而非议墨子说："（你）认为攻战为不义，难道不是有利于天下吗？从前大禹征讨有苗，商汤讨伐夏桀，周武王讨伐商纣，这些人都立为圣王，这是什么缘故呢？"墨子说："这是因为你还没有弄清我所说的情形，还没有明白我的意思。他们的讨伐不叫'攻'，而叫'诛'。从前三苗大乱，上天下命处死他。太阳在晚上出来，天上连续下了三天血雨，龙在祖庙里出现，狗在市上哭叫，夏天水结成冰，土地开裂而泉水涌出，五谷不能成熟，百姓于是大为震惊。天帝高阳于是在玄宫向禹下达命令，大禹亲自拿着上天赐的玉符，去征讨有苗。雷电大震，有一位人面鸟身的神，恭谨地侍立，用箭射死有苗的将领，苗军大乱，后来就衰微了。大禹既已战胜三苗，于是就划分山川，区分了事物的上下，节制四方，神民和顺，天下安定。这就是大禹征讨有苗的原因所在。等到夏王桀的时候，上天降下严命，太阳月亮不按时升落，寒暑杂至紊乱，五谷枯死，全国都有鬼叫，鹤鸣达十余个晚上。上天于是给镳宫的汤下命令：'去接替夏朝的天命，夏王的德行已大乱，我已在天上把他的命运终断，你前去诛灭他，一定使你戡定他。'汤于是敢奉命率领他的部队，向夏边境进军。天帝派神暗中毁掉夏的城池。不一会儿，有天神来通告说：'夏德大乱，去攻打他，我一定让你彻底戡定他。我既已受命于上天，上天命令火神祝融降火在夏都西北角。'汤接受夏的民众而战胜了夏，在薄这个地方会合诸侯，表明天命，并向四面八方通告，而天下诸侯没有敢不归附的。这就是商汤诛灭夏桀。说到商王纣，上天不能享用其德，没有按时祭祀天地鬼神，于是在夜里出了十个太阳，在薄这个地方下了泥土雨，九鼎迁移位置，女妖夜晚出现，有鬼魂在深夜里呻吟，有女子变为男人，天下了一场肉雨，国都大道上生了荆棘，而纣王更加放纵自己了。这时有一只赤鸟口中衔圭，降落在周的岐山社庙上，圭上写道：'上天授命周文王，讨伐殷邦。'贤臣泰颠来投奔帮助，黄河中浮出图箓，地上出现黄色的神马。周武王即位后，梦见三位神对他说：'我已经使殷纣沉湎在酒乐之中，你去攻打他，我一定使你得胜而归。'武王于是去进攻纣这个残暴的人，灭商兴周。上天赐给武王黄鸟之旗。武王既已战胜殷商，承受上天的赏赐，命令诸侯分祭诸神，并祭祀纣的祖先，政教通达四方，而天下没有不归附的，于是继承了汤的朝代。这即是武王诛纣。如果从这三位圣王来看，则他们的征讨并非叫做'攻'，而应该叫'诛'。"

【原文】

　　则夫好攻伐之君又饰其说，以非子墨子曰："子以攻伐为不义，非利物与？昔者楚熊丽，始封此睢山之间，越王繄亏，出自有遽，始邦于越；唐叔与吕尚邦齐、晋^①。此皆地方数百里，今以并国之故，四分天下而有之。是故何也？"子墨子曰："子未察吾言之类，未明其故者也。古者天子之始封诸侯也，万有余；今以并国之故，万国有余皆灭，而四国独立。此譬犹医之药万有余人^②，而四人愈也，则不可谓良医矣。"

【译文】

但是，那些喜好攻伐的国君又会为自己辩护，而非议墨子说："您认为攻战是不义之举，但它不是对人非常有利吗？从前楚世子熊丽，最初封于睢山之间；越王繄亏出自有遽，始在越地建国；唐叔和吕尚分别建邦于晋国、齐国。他们那时的地方都不过方圆数百里，现在因为兼并别国的缘故，这些国家已经把天下分成四份，各自占有其中之一，这是什么缘故呢？"墨子说："您没有弄清我说法的情形，不明白其中的缘故。从前天下最初分封的诸侯，有一万多个国家；现在因为并国的缘故，一万多国家都已覆灭，唯有这四个国家独自存在。这譬如医生给一万多人开药方，而其中仅四个人治好了，那么就不能说他是良医了。"

【原文】

则夫好攻伐之君又饰其说，曰："我非以金玉、子女、壤地为不足也，我欲以义名立于天下，以德求诸侯也。"子墨子曰："今若有能以义名立于天下，以德求诸侯者，天下之服，可立而待也。"夫天下处攻伐久矣，譬若傅子之为马然^①。今若有能信效先利天下诸侯者，大国之不义也，则同忧之；大国之攻小国也，则同救之；小国城郭之不全也，必使修之，布粟之绝则委之^②，而帛不足则共之。以此效大国^③，则小国之君说。人劳我逸，则我甲兵强，宽以惠，缓易急，民必移，易攻伐以治我国，攻必倍。量我师举之费，以争诸侯之毙^④，则必可得而序利焉^⑤。督以正，义其名，必务宽吾众，信吾师，以此授诸侯之师^⑥，则天下无敌矣，其为下不可胜数也^⑦。此天下之利，而王公大人不知而用，则此可谓不知利天下之巨务矣。

【译文】

但是，喜好攻伐的国君又辩饰其说，说道："我不是因为我的金玉、子女、土地不足，而是想使义名立于天下，想用德来使天下诸侯归顺我啊。"墨子说："现在如果有谁能在天下建立义名，用德使天下诸侯归顺，那么天下的人服从他，真是可以立等可取了。"因为天下人受攻战之苦真是太久了，这就像小孩把竹竿当马骑一样。现在若有谁以义待人，以诸侯的利益为先，凡是大国有不义的行为，大家共同考虑怎么对付它；小国遭受大国攻打，大家就一起去援助；小国的城郭不完整，一定帮它修理好；布匹粮食不足的，大家一起接济它；财富、布匹不足的，大家去接济它。以此与大国周旋，那么小国的君主一定会高兴。别人劳顿而我安逸，则我的兵力就会加强。宽厚而恩惠，以从容取代急迫，民心必定归附。改变攻伐之心来治理我们的国家，功效必定加倍。计算我们兴师的费用，以安抚诸侯的疲敝，那么一定能获得厚利了。以正道行世，立义名于天下，务必宽待我们的民众，用诚心取信于我们的军队，用这样的军队去援助诸侯小国的军队，那将是无敌于天下了。这是天下最大的好事，但王公大人不知道去利用，那么可以说不知道什么是有利于天下的最紧急的事情了。

【原文】

是故子墨子曰："今且天下之王公大人士君子，中情将欲求兴天下之利，除天下之害，当若繁为攻伐，此实天下之巨害也。今欲为仁义①，求为上士，尚欲中圣王之道②，下欲中国家百姓之利，故当若'非攻'之为说，而将不可不察者此也！"

【译文】

所以墨子说："现在天下的王公大人、士大夫君子们，内心确实想求得兴天下之利、除天下之害，那么，频繁地进行攻战，这实际就是天下巨大的祸害。现在想要推行仁义，做一流人才，就必须努力做到：上要符合圣王之道，下要符合国家百姓之利，所以对于'非攻'这样的主张，就不能不认真考虑和体察了。"

援助。

⑦其为：之后脱"利天"二字。

【注释】

①为：行。

②尚：即"上"。

节用（上）

【原文】

圣人为政一国，一国可倍也；大之为政天下，天下可倍也。其倍之，非外取地也，因其国家去其无用之费①，足以倍之。圣王为政，其发令、兴事、使民、用财也②，无不加用而为者。是故用财不费，民德不劳③，其兴利多矣！

【译文】

圣人治理一个国家，可以使国家的财力成倍增加；再扩大来说，如果让圣人治理整个天下，那么整个天下的财富也可成倍增加。其中利益加倍的原因，不是靠向外扩张、掠夺土地，而是由于他减掉了那些不必要的开支，相应地就使财力足足增长了一倍。圣王施政，他发布命令、兴办事业、使用民力和钱财，没有不是有益于实用才去做的。所以使用钱财不浪费，百姓不感到劳苦，而给人民办的实事好事很多。

【原文】

其为衣裘何以为①？冬以圉寒②，夏以圉暑。凡为衣裳之道，冬加温、夏加清者，芊鉬③；不加者，去之。其为宫室何以为？冬以圉风寒，夏以圉暑雨。有盗贼加固者，芊鉬；不加者，去之。其为甲盾五兵何以为？以圉寇乱盗贼。若有寇乱盗贼，有甲盾五兵者胜，无者不胜，是故圣人作为甲盾五兵。凡为甲盾五兵，加轻以利、坚而难折者，芊鉬；不加者，去之。其为舟车何以为？车以行陵陆④，舟以行川谷，以通四方之利。凡为舟车之道，加轻以利者，芊鉬；不加者，去之。凡其为此物也，无不加用而为者。是故用财不费，民德不劳，其兴利多矣。有去大人之好聚珠玉、鸟兽、犬马，以益衣裳、宫室、甲盾、五兵、舟车之数，于数倍乎？

【译文】

他们制造衣服是为了什么呢？冬天用以御寒，夏天用以防暑。缝制衣服的原则是冬天能增加温暖、夏天能增加凉爽，就拿来用，如此而已；如果超出了这个限度，就舍弃不用。他们建造房屋是为了什么呢？冬天用以抵御风寒，夏天用以防御炎热和下雨。有盗贼侵入能够起到防守坚固作用的，就使用它，如此而已；如果超出了这个限度，就舍弃不用它。他们制造铠甲、盾牌和戈矛等五种兵器是为了什么呢？用以抵御外寇和盗贼。如果有外寇盗贼，拥有铠甲、盾牌和各式各样兵器的就胜利，没有的就失败。所以圣人制造铠甲、盾牌和各种各样兵器。凡是制造铠甲、盾牌和五种兵器，能增加轻便锋利、坚而难折的，就拿来使用；至于那些华而不实的东西，则一律舍弃不用。他们制造车、船是为了什么呢？车用来行陆地，船用来行水道，以此沟通四方的利益。凡是制造车、船能增加它们轻快便利的，就拿来使用，如此而已；如果超过了这个限度的，就舍弃不用。凡是他们制造这些东西，无一不是有益于实用才去做的。所以用钱财不浪费，百姓也不会困苦，人民得到的好处就会很多。如果能去掉王公大人们用来积聚珠玉、鸟兽、狗马的费用，用它来增加衣服、房屋、兵器、车船的数量，使之增加一倍，这件事不难做到。那么什么是难以倍增的呢？

【原文】

若则不难倍。故孰为难倍？唯人为难倍；然人有可倍也。昔者圣王为法，曰："丈夫年二十，毋敢不处家¹；女子年十五，毋敢不事人²。"此圣王之法也。圣王既没，于民次也³。其欲蚤处家者，有所二十年处家；其欲晚处家者，有所四十年处家。以其蚤与其晚相践⁴，后圣王之法十年。若纯三年而字⁵，子生可以二三年矣。此不为使民蚤处家，而可以倍与？且不然已！

【译文】

只有人口是难以倍增的。然而人也有可以倍增的办法。古代

①处家：这里指娶妻成家。

②事人：指女子出嫁。

③民：当为"昏"，通"婚"。次：通"恣"，恣意。

④蚤：通"早"。践：当为"翦"，"减"的意思。

⑤字：生子。

圣王制订法则，说道："男子年到二十，不能不成家；女子年到十五，不能不嫁人。"这是圣王的法规。圣王既已去世，听任百姓放纵自己，那些想早点成家的，有时二十岁就成家；那些想迟点成家的，有时四十岁才成家。拿早的与晚的相减，与圣王的法则差了十年。如果婚后都是三年生一个孩子，就可多生两三个孩子了。这不是使百姓早成家可使人口倍增吗？但是现在的人们不是这样做的。

【注释】

①侵就偊囊(ài tuó)：按照王焕镳说应作："侵掠俘虏"。

②数术：许多手段、方法。

③不：为"夫"字之误，发语词。

【原文】

　　今天下为政者，其所以寡人之道多。其使民劳，其籍敛厚，民财不足、冻饿死者，不可胜数也。且大人唯毋兴师，以攻伐邻国，久者终年，速者数月，男女久不相见，此所以寡人之道也。与居处不安，饮食不时，作疾病死者，有与侵就偊囊[1]，攻城野战死者，不可胜数。此不令为政者所以寡人之道、数术而起与[2]？圣人为政特无此。不圣人为政[3]，其所以众人之道，亦数术而起与？故子墨子曰：去无用之费，圣王之道，天下之大利也。

【译文】

　　然而现在执政的人，他们用来减少人口的办法倒是多得很。他们使百姓劳苦，他们搜刮聚敛。百姓因财用不足而冻死、饿死的，不计其数。而且大人们兴师动众去攻打邻国，时间长的经年累月，短的也有好几个月，夫妇很久不能相见，这也是使人口减少的一大原因。再加上生活不安定，饮食不按时，生病而死的，还有遭敌入侵，遇上伏击，以及攻城野战而导致死亡的，也是不计其数。这些不都是不善于当权的人所造成人口减少的缘故吗？而圣人施政，则完全没有这个情况。圣人施政，用以使人口增多的措施也很多呀？所以墨子说："去掉那些不必要的开支，也是圣人应推行的大道，大大有益于天下的事情啊。"

节用（中）

【原文】

子墨子言曰："古者明王圣人所以王天下、正诸侯者，彼其爱民谨忠，利民谨厚，忠信相连，又示之以利，是以终身不餍[1]，殁世而不卷[2]。古者明王圣人其所以王天下、正诸侯者，此也。"

【注释】

①餍（yàn）：满足，终止。

②卷：当为"倦"，厌倦。

【译文】

墨子说道："古代的明王圣人能在天下称王、做诸侯之长的原因，是他们确实爱民如子，给百姓的实惠确实很多，又倡导并且自身也严格遵行忠义和诚信，且指示百姓哪一样事情是对他们有利的，因此，百姓对他们的敬重、服从终身不满足，一生不厌倦。古代的明王圣人能在天下称王、做诸侯之长的原因，就在这里。"

【原文】

是故古者圣王制为节用之法，曰："凡天下群百工，轮车鞼匏[1]，陶冶梓匠，使各从事其所能。"曰："凡足以奉给民用，则止。"诸加费不加于民利者，圣王弗为。

【注释】

①鞼（guì）：制作皮革的工匠。匏（páo）：通"鲍"，皮革工。

【译文】

所以古代圣王所规定的制作器物的原则是："所有天下一切工匠，如制造车轮的、制皮革的、烧陶器的、铸金属的、当木匠的，让他们各尽所能。"所以说："各种器物凡是足够人民使用了就停业。"至于各种费用增加而人民得不到实惠的事，圣王是决不会做的。

【原文】

古者圣王制为饮食之法，曰："足以充虚继气，强股肱，耳目聪明，则止。不极五味之调、芬香之和，不致远国珍怪异

【注释】

①致：取得，得到。

②降：当为"际"，接近。

③黍稷不二：饮食没有
两种。

④胾（zì）：切成大块
的肉。

⑤啜（chuò）：饮，喝。

⑥威仪：古代典礼中的
容貌举止和仪式。

物①。"何以知其然？古者尧治天下，南抚交阯，北降幽都②，东、西至日所出、入，莫不宾服。逮至其厚爱，黍稷不二③，羹胾不重④，饭于土塯，啜于土形⑤，斗以酌，俯仰周旋，威仪之礼⑥，圣王弗为。

【译文】

古代圣王制定关于饮食的法则是："食物只要能够充饥补气，强身健体，使耳聪目明就可以了。而不必去追求美味佳肴，也不必去追求远方异国的珍禽异物一饱口福。"怎么知道是这样呢？古时尧帝治理天下，南面安抚到交阯，北面管理到幽都，东西管至日出日落的地方，没有人不心悦诚服的。至于他最喜爱的（食物），饭食没有两种，肉食并不重视，盛饭的碗是瓦做的，盛水的杯子是泥土烧制的，盛酒的斗器是木头做的，那些俯仰周旋显示排场威仪的礼节，圣王是不会去做的。

【原文】

古者圣王制为衣服之法，曰："冬服绀緅之衣①，轻且暖；夏服绤绤之衣②，轻且清，则止。"诸加费不加于民利者，圣王弗为。

【注释】

①绀（gàn）：深青带红
的颜色。緅（zōu）：红
青色。

②绤（chī）：细葛布。
绤（xì）：粗葛布。

【译文】

古代圣王制作衣服的法则是："冬天穿黑色的衣服，既轻便而又暖和；夏天穿细葛或粗葛布的衣服，既轻便而又凉爽，这就可以了。至于那些只增加人民负担而不给百姓实惠的事，圣王也是绝不会干的。

【原文】

古者圣人为猛禽狡兽暴人害民①，于是教民以兵行。日带剑，为刺则入，击则断，旁击而不折，此剑之利也②。甲为衣，则轻且利，动则兵且从③，此甲之利也。车为服重致远，乘之则安，引之则利，安以不伤人，利以速至，此车之利也。古者圣王为大川广

【注释】

①为：因为。狡：健。

②利：利益，好处。

③动则兵且从：行动
既方便又顺心如意。

谷之不可济，于是利为舟楫，足以将之，则止。虽上者三公、诸侯至，舟楫不易，津人不饰[4]，此舟之利也。

【译文】

　　古代圣王因为看到猛禽狡兽残害人民，于是教导百姓带着兵器出行。每日带着剑，用剑刺东西，能把东西刺穿；用剑砍东西，能把东西砍断。而受到别的东西的横向打击，也不会折断，这就是剑的好处。铠甲则要轻巧便利，行动时方便又顺意，这是甲衣的好处。用车子载得重行得远，乘坐平稳，牵引方便而快速，安稳而不会伤人，便利而能迅速到达，这是车子的好处。古代圣王因为大河宽广而不能渡过，于是制造船桨，能够在水面行驶，也就够了。即使是国家三公、诸侯到了，船桨也不必更换，掌渡人也不必装饰，这是船的好处。

【原文】

　　古者圣王制为节葬之法，曰：“衣三领，足以朽肉；棺三寸，足以朽骸；堀穴，深不通于泉，流不发泄，则止。”死者既葬，生者毋久丧用哀。古者人之始生、未有宫室之时，因陵丘堀穴而处焉。圣王虑之，以为堀穴，曰冬可以避风寒，逮夏，下润湿，上熏烝[1]，恐伤民之气[2]，于是作为宫室而利。然则为宫室之法，将奈何哉？子墨子言曰：“其旁可以圉风寒，上可以圉雪霜雨露，其中蠲洁[3]，可以祭祀，宫墙足以为男女之别[4]，则止。”诸加费不加民利者，圣王弗为。

【译文】

　　古代圣王制定节葬的法则是：“衣服三件，能够裹住尸体，足够使死者骸骨朽烂在里面；棺木三寸厚，足够使死者肉体朽烂在里面。墓穴深度不接触地下水源，尸体的气味不至于散发到地面就可以了。”死者既已埋葬，生者就不要长久服丧哀悼。远古时代刚有人类的时候，还不知道修建房屋，依着山丘挖洞穴而居住。圣人因此忧虑，认为住在洞穴里面，虽然冬天可以避风寒，但一到夏天，下面潮湿，上面热气蒸发，恐怕伤害百姓的气血，于

“兵”为“弁”字之误，为“便”字之音借。

[4]津人：摆渡之人。

【注释】

①熏烝：即“熏蒸”。

②气：指人的元气。

③蠲（juān）：通“涓”，清洁。

④别：区别。

是建造房屋来便利百姓。既然如此，那么建造宫室的法则应该怎样呢？墨子说道："房屋四边可以抵御风寒，屋顶可以防御雪霜雨露，屋里清洁，可供祭祀，壁墙足以使男女分别生活，就可以了。至于各种增加人民负担而不能给人民带来实惠的事情，圣王是绝不会去做的。"

节葬（下）

【原文】

子墨子言曰："仁者之为天下度也，辟之无以异乎孝子之为亲度也①。"今孝子之为亲度也，将奈何哉？曰：亲贫，则从事乎富之；人民寡，则从事乎众之；众乱，则从事乎治之。当其于此也，亦有力不足，财不赡，智不智②，然后已矣③。无敢舍余力，隐谋遗利，而不为亲为之者矣。若三务者，孝子之为亲度也，既若此矣。虽仁者之为天下度，亦犹此也。曰：天下贫，则从事乎富之；人民寡，则从事乎众之；众而乱，则从事乎治之。当其于此，亦有力不足，财不赡，智不智，然后已矣。无敢舍余力，隐谋遗利，而不为天下为之者矣。若三务者，此仁者之为天下度也，既若此矣④。

【注释】

①辟：通"譬"，譬如，比喻。

②智不智：第二个"智"通"知"。下同。

③已：停止，完毕。

④既：尽。

【译文】

墨子说道："仁者为天下打算，就像孝子事事为双亲考虑一样。"现在的孝子要为双亲考虑，将准备怎么做呢？即如果双亲贫穷，就设法让他们富裕起来；如果人丁不旺，就设法使人口增加；人多混乱，就设法治理好。当做这些事时，也会遇到力量不够、财用不足、智谋欠缺的情况，然后就停止。但没有人敢留有余力，隐藏智谋、遗留财利而不为双亲努力办事的。像上面这三件事，是孝子为双亲考虑已到了这种程度了。即使仁者为天下人考虑，也是这个样子。那就是：天下贫穷，就设法使他们富足；人口稀少，就努力增加人口；天下混乱，就设法治理好。当他在做这些时，也会遇到力量不够、财用不足、智力欠缺，然后才罢了的。但没有人留有余力、隐藏智谋、遗留财利而不为天下努力工作的。像上面这三件事，仁者为天下考虑，也都到了这种程度。

【注释】

①传：为"博"字之误，铺展。

②意：通"抑"，句首语气助词。法：效法。

③劝：勉励。

④废：当为"发"，指揭示厚葬久丧之弊。

【原文】

今逮至昔者，三代圣王既没，天下失义。后世之君子，或以厚葬久丧，以为仁也义也，孝子之事也；或以厚葬久丧，以为非仁义，非孝子之事也。曰二子者，言则相非，行即相反，皆曰吾上祖述尧、舜、禹、汤、文、武之道者也。而言即相非，行即相反，于此乎后世之君子，皆疑惑乎二子者言也。若苟疑惑乎之二子者言，然则姑尝传而为政乎国家万民而观之[1]。计厚葬久丧，奚当此三利者？我意若使法其言[2]，用其谋，厚葬久丧，实可以富贫众寡、定危治乱乎！此仁也义也，孝子之事也。为人谋者，不可不劝也[3]。仁者将兴之天下，谁贾而使民誉之，终勿废也。意亦使法其言，用其谋，厚葬久丧，实不可以富贫众寡、定危理乱乎！此非仁非义、非孝子之事也。为人谋者，不可不沮也。仁者将求除之天下，相废而使人非之[4]，终身勿为。且故兴天下之利，除天下之害，令国家百姓之不治也，自古及今，未尝之有也。

【译文】

现在是赶上了三代圣王已经不在的时代，天下的仁义已经丧失殆尽。后世的君子，有的认为厚葬久丧就是仁义，是孝子理所当然要做的事；也有的认为厚葬久丧为不仁、不义，不是孝子应该做的事。这两种人，在言论上相互否定，在行为上也截然相反。可是大家都说："我们是继承尧、舜，禹、汤、文王、武王的大道。"但是（他们）的言语相互否定、行为相反，于是后世的君子对这两种说法都感到疑惑。如果对这两种不同意见感到疑惑，那么姑且转而对于国家百姓进行施政的情况进行考察吧，看看厚葬久丧，在哪一方面能符合上述三种利益。假使按照他们的说法，采用他们的主张，实行厚葬久丧，确实可以使贫穷的人富裕、使人口增多，能够安定危难和治理混乱，这就是仁的、义的，这也是孝子应该做的事，真心为别人打算的人，就不能不努力去做。仁者把厚葬久丧的办法在天下推广，作为制度，还要使百姓赞誉它，永远坚持不改变。假使采用他们的说法，实行他们的办法，厚葬久丧，确实不可以使贫穷的人富裕、使人口增多，不可以安定危难、治理混乱，这就是不仁的、不义的，这不是孝子应做的事。真心为别人打算的人，也就不能不劝阻别人这样做了。仁者将在天下除掉它，不准采用，让大家一起来反对这种做法，始终不做。所以说兴天下之利，除天下之害，反而使国家百姓得不到治理的，从古至今还不曾有过。

【原文】

何以知其然也？今天下之士君子，将犹多皆疑惑厚葬久丧之为中是非利害也[1]。故子墨子言曰："然则姑尝稽[2]之，今虽毋法执厚葬久丧者言，以为事乎国家。"此存乎王公大人有丧者，曰棺椁必重，葬埋必厚，衣衾必多，文绣必繁，丘陇必巨；存乎匹夫贱人死者，殆竭家室；存乎诸侯死者，虚车府，然后金玉珠玑比乎身，纶组节约车马藏乎圹，又必多为屋幕[3]、鼎、鼓、几、梴[4]、壶、滥、戈、剑、羽、旄、齿、革，寝而埋之，满意[5]。若送从[6]，曰天子杀殉，众者数百，寡者数十；将军、大夫杀殉，众者数十，寡者数人。

【注释】

①中：符合，合适。

②稽：考察。

③屋：通"幄"，帐幕。

④梴（yán）：通"筵"，竹席。

⑤满意：即"懑抑"，愁眉压抑。

⑥送：当为"殉"字之误。送从，应为"殉从"。

【译文】

怎么知道是这样呢？现在天下的士君子们，对于厚葬久丧的是非利害，大多持疑惑不定的态度。所以墨子说："既然如此，那么我们姑且来考察一下坚持厚葬久丧主张的人的言论，用来治理国家。"在王公大人有丧事的时候，就说棺木一定要厚，必须埋葬在深深的地下，装殓的衣服被褥必须多，随葬的文绣必须繁富，坟墓必须高大。一般平民百姓遇到丧事时，几乎要竭尽全家所有资财。诸侯遇到丧事，导致府库空虚，然后将金玉珠宝装饰在死者身上，用丝絮组带束住，并把车马埋藏在圹穴中，又必定要多多置备帷幕帐幔、钟鼎、鼓、几筵、酒壶、镜子、戈、剑、羽旄、象牙、皮革，置于死者寝宫而埋掉，然后才满意。至于殉葬，天子、诸侯死后所杀的殉葬者，多的数百人，少的数十人；将军、大夫死后所杀的殉葬者，多的数十人，少的几人。

【注释】

①秩：通"迭"，更替。

②苫（shān）：古代居丧时睡的草垫。块：土块。

③陬（gé）：即"帢"，面颊瘦弱。

④操：守持。

⑤以：通"已"。

⑥扶：通"覆"，反。

【原文】

处丧之法，将奈何哉？曰：哭泣不秩①，声翁，缦绖，垂涕，处倚庐，寝苫枕块②；又相率强不食而为饥，薄衣而为寒。使面目陷陬③，颜色黧黑，耳目不聪明，手足不劲强，不可用也。又曰：上士之操丧也④，必扶而能起，杖而能行，以此共三年。若法若言，行若道，使王公大人行此，则必不能蚤朝晏退，听狱治政。使士大夫行此，必不能治五官六府，辟草木，实仓廪。使农夫行此则必不能蚤出夜入，耕稼树艺。使百工行此，则必不能修舟车、为器皿矣。使妇人行此，则必不能夙兴夜寐，纺绩织纴。细计厚葬，为多埋赋之财者也；计久丧，为久禁从事者也。财以成者⑤，扶而埋之⑥；后得生者，而久禁之。以此求富，此譬犹禁耕而求获也，富之说无可得焉。

【译文】

守丧期间的具体做法又怎样呢？那就是：哭泣无时，不相更代，披着孝服，眼泪汪汪，住在临时搭的木屋里，躺在茅草上睡觉，头枕着土块；又竞相忍着不吃而任自己饥饿，衣服穿得单薄而任自己寒冷。使自己面目干瘦，颜色黝黑，耳朵不聪敏，眼睛不明亮，手脚不强劲，不能做什么事情了。又说：上层士大夫守丧，必须虚弱得搀扶才能起来，拄着拐杖才能行走。而且这个样子，要坚持三年。如果按这个办法行事，使王公大人实行此道，那么必定不能早朝晚退，不能听狱判案治理政事；使士大夫实行此道，那么必定不能治理五官六府各种机关的事务，不能开辟草木荒地和使仓库粮食充实；使农夫实行此道，那么必定不能早出晚归，去耕田种菜；使工匠依此而行，那么必定不能修造船、车，制作器皿；使妇女依此而行，那么必定不能早起晚睡，去纺纱绩麻织布。仔细思量厚葬这件事，实在是把大量财富埋葬地下；想想长久服丧之事，实在是长久禁止人们从事工作呀。现成的财富，要拿来埋到土中；以后本来可以生出来的资财，又长时间禁止生产。用这种做法去追求财富，就好像禁止耕田而又想收获一样，因此，富裕的愿望就不可能实现。

【原文】

是故求以富家，而既已不可矣，欲以众人民，意者可邪？其说又不可矣！今唯无以厚葬久丧者为政：君死，丧之三年；父母死，丧之三年；妻与后子死者，五皆丧之三年。然后伯父、叔父、兄弟、孽子其①；族人五月；姑姊甥舅皆有月数，则毁瘠必有制矣。使面目陷陬，颜色黧黑，耳目不聪明，手足不劲强，不可用也。又曰上士操丧也，必扶而能起，杖而能行，以此共三年。若法若言，行若道，苟其饥约又若此矣②，是故百姓冬不仞寒③，夏不仞暑，作疾病死者，不可胜计也。此其为败男女之交多矣④。以此求众，譬犹使人负剑而求其寿也⑤。众之说无可得焉。

【译文】

因此，用厚葬久丧来使国富家足，那已是不可能了。而要使人民数量增加，或许可以吧？然而这种说法又是不行的。现在以主张厚葬久丧的原则去治理国家：国君死了，服丧三年；父母死了，服丧三年，妻子与儿子死了，又都服丧三年。然后伯父、叔父、兄弟、家族旁支亲戚死了服丧一年；近亲属死了服丧五个月；姑父母、姐姐、外甥、舅父母死了，服丧都有一定月数，服丧期间，都有一套制度规定：使面目干瘦，颜色黝黑，耳不聪，眼不明，手脚无力，无法劳动。又说：上层士大夫守丧，必须搀扶才能站起，挂着拐杖才能行走。按此方式生活三年。如果按这个主张，照这个办法，忍饥挨饿又到这种程度，那么百姓冬天受不了寒冷，夏天受不住酷暑，生病而死的，就会多得无法计算。这样就会在很大程度上影响男女之间的交往。用这种做法来增加人口，就好像使人伏于利剑之下等待行刑而寻求长寿一样，这是不可能的。

【原文】

是故求以众人民，而既以不可矣。欲以治刑政，意者可乎？其说又不可矣。今唯无以厚葬久丧者为政，国家必贫，人民必寡，刑政必乱。若法若言，行若道，使为上者行此，则不能听治；使为下者行此，则不能从事。上不听治，刑政必乱；下不从事，衣食之财必不足。若苟不足，为人弟者求其兄而不得，不弟

【注释】

①其：通"期"，期年，一整年。
②约：节食。
③仞：通"忍"，忍耐。
④败：败坏。
⑤负：通"伏"。

【注释】

①弟弟：敬重弟弟。前一个"弟"通"悌"。
②内续奚吾：为"内积谗诟"之误，以存耻辱之念。

③三睘(qióng)：多次
遣还。睘，通"还"。

弟必将怨其兄矣①；为人子者求其亲而不得，不孝子必是怨其亲
矣；为人臣者求之君而不得，不忠臣必且乱其上矣。是以僻淫邪
行之民，出则无衣也，入则无食也，内续奚吾②，并为淫暴，而
不可胜禁也。是故盗贼众而治者寡。夫众盗贼而寡治者，以此求
治，譬犹使人三睘而毋负己也③。治之说无可得焉。

【译文】

　　所以用厚葬久丧的办法来使人口增多，这是不可能了。那
么，以此治理刑事政务，也许可以吧？这种说法也是不行的。现
在以厚葬久丧的原则治理政事，国家必定会贫穷，人民必定会减
少，刑政必定会混乱。假如效法这种言论，实行这种主张，使居
上位的人执行此道，就不可能听政治国；使在下位的人执行此
道，就不可能从事生产。居上位的不能听政治国，刑事政务就必
定混乱；在下位的不能从事生产，衣食之资就必定不足。假若不
足，做弟弟的向哥哥求借而没有得到，不懂事的弟弟就会怨恨
他的哥哥；做儿子的向父母求借而没有得到，不孝的儿子就一
定会怨恨他的父母；做臣子的向君主求借而没有得到，不忠的臣
子就必定会背叛他的君上。所以邪僻淫暴的百姓，出门就没有衣
服穿，回家就没有饭吃，内心深感耻辱，就一起去做邪恶暴虐之
事，多得无法禁止。因此盗贼众多而治安不好。倘使盗贼增多而
治安不稳定，按照这种方法追求治理。就好像把人多次遣送回去
而希望他不辜负自己一样。所以能用这种方法而使国家治理的意
愿已是不可实现了。

【注释】

①力征：用武力征服。
②砥砺(dǐ lì)：指
训练。
③耆(zhǐ)：借为"致"，
致使。
④克：战胜，攻破。

【原文】

　　是故求以治刑政而既已不可矣，欲以禁止大国之攻小国
也，意者可邪？其说又不可矣。是故昔者圣王既没，天下失
义，诸侯力征①，南有楚、越之王，而北有齐、晋之君，此皆砥
砺其卒伍②，以攻伐并兼为政于天下。是故凡大国之所以不攻
小国者，积委多，城郭修，上下调和，是故大国不耆攻之③。无积
委，城郭不修，上下不调和，是故大国耆攻之。今唯毋以厚葬久

丧者为政，国家必贫，人民必寡，刑政必乱。若苟贫，是无以为积委也；若苟寡，是城郭、沟渠者寡也；若苟乱，是出战不克^④，入守不固。

【译文】

因此用这种方法来治理刑法政务，是不可能的。那么，以此禁止大国攻打小国，也许还可以吧？这种说法又是不可成立的。因为从前的圣王已离开人世，天下丧失了正义，诸侯用武力征伐，南边有楚国、越国的君王，北边有齐国、晋国的君王，这些君主都严格训练他们的士卒，是在天下攻伐兼并、发令施政的人。大凡大国之所以不攻打小国，是小国积蓄的粮草多，城郭修固，上下团结和谐，所以大国不敢攻打它们。如果小国没有积蓄的粮草，城郭不修固，上下不团结和谐，大国就喜欢攻打它们。现在以主张厚葬久丧的人主持政务，国家必定会贫穷，人民必定会减少，刑事政务必定会混乱。如果国家贫穷，就没有什么东西可以用来积贮；如果人口减少，这样修城郭、沟渠的人就少了；如果刑政混乱，这样出战就不能胜利，防守就不能牢固。

【原文】

此求禁止大国之攻小国也，而既已不可矣，欲以干上帝鬼神之福^①，意者可邪？其说又不可矣。今唯无以厚葬久丧者为政，国家必贫，人民必寡，刑政必乱。若苟贫，是粢盛酒醴不净洁也；若苟寡，是事上帝鬼神者寡也；若苟乱，是祭祀不时度也^②。今又禁止事上帝鬼神，为政若此，上帝鬼神始得从上抚之曰："我有是人也，与无是人也，孰愈？"曰："我有是人也，与无是人也，无择也^③。"则唯上帝鬼神降之罪厉之祸罚而弃之^④，则岂不亦乃其所哉！

【注释】

① 干：求。

② 不时度：不按时。

③ 择：区别。

④ 厉：祸患，危害。

【译文】

用厚葬久丧这个方法来禁止大国攻打小国，已经是不可能了。那么，用它来求得上天、鬼神赐福，也许可以吧？这种说法也是不行的。现在以主张厚葬久丧的人主持政务，国家必定贫穷，人民必定减少，刑法政治必定混乱。如果国家贫穷，那么祭祀的粢盛酒醴就不能洁净；如果人民减少，那么敬拜上天、鬼神的人就少了；如果刑政混乱，那么祭祀就不能准时了。现在又禁止敬事上天鬼神。而实行这样的政策，上天、鬼神就会在天上扪心自问："我拥有这些人和没有这些人，有什么两样呢？"回答说："我拥有这些人与没有这些人，没有区别。"那么，即使上天、鬼神降下灾祸并抛弃他们，不也是理所当然吗？

【原文】

故古圣王制为葬埋之法，曰："棺三寸，足以朽体；衣衾三领，足以覆恶①。以及其葬也，下毋及泉，上毋通臭②，垄若参耕之亩，则止矣。"死者既以葬矣，生者必无久哭，而疾而从事，人为其所能，以交相利也。此圣王之法也。

【译文】

所以古代圣王制定埋葬的原则，即是：棺木三寸厚，能够让尸体在里面腐烂就行；衣服被褥三件，足以掩盖可怕的尸形就行。死尸埋葬，最深不要接触到地下水源，离开地面的高度以尸体的气味不散发到地面就可以了，坟地宽广三尺就够了。死者既已埋葬，活着的人就不要不止声地哭泣，而要赶快从事生产，人人各尽所能，用以互利互惠。这就是圣王的法则。

【原文】

今执厚葬久丧者之言曰："厚葬久丧，虽使不可以富贫、众寡、定危、治乱，然此圣王之道也。"子墨子曰："不然！昔者尧北教乎八狄，道死，葬蛩山之阴，衣衾三领，榖木之棺，葛以缄之，既沼而后哭①，满坎无封。已葬，而牛马乘之。舜西教乎七戎，道死，葬南己之市，衣衾三领，榖木之棺，葛以缄之。已葬，而市人乘之。禹东教乎九夷，道死，葬会稽之山，衣衾三领，桐棺三寸，葛以缄之，绞之不合，通之不坎，土地之深②，下毋及泉，上毋通臭。既葬，收余壤其上，垄若参耕之亩，则止矣。若以此若三圣王者观之，则厚葬久丧，果非圣王之道。故三王者，皆贵为天子，富有天下，岂忧财用之不足哉？以为如此葬埋之法。"

【译文】

现在坚持厚葬久丧主张的人说道："厚葬久丧即使不可以使贫困的人富裕、使人口增多、使危难得到安定、使政乱得到治理，然而这是圣王的常法呀。"墨子说："不是这样的。从前尧去北方教化八狄，在路上死了，葬在蛩山的北侧，衣服只有三件，用普通的穀木做成棺材，用葛藤捆束封口，棺材已入土后才哭丧，圹穴填平而不起坟，牛马照样在上面追逐。舜到西方教化七戎，在半路上死了，葬在南已的市场旁，衣服只三件，以普通的穀木做成棺材，用葛藤捆束封口。已经下葬后，而世人在上面追逐。大禹去东方教化九夷，在路上死了，葬在会稽山上，衣服只有三件，用桐木做的棺材厚三寸，用葛藤捆束封口，虽然封了口但并不密合。凿了墓道，但并不深，掘地的深度下不及泉，上不透臭气。既已埋葬，收集剩余的泥土堆在上面，坟地宽广大约三尺，就行了。如果照这三位圣王来看，则厚葬久丧果真不是圣王之道。这三王都贵为天子，富有天下，难道还怕财用不够吗？但他们只采用这样简单的埋葬方式。"

【原文】

今王公大人之为葬埋，则异于此。必大棺、中棺，革阓三操[1]，璧玉即具，戈剑、鼎鼓、壶滥、文绣、素练、大鞅万领[2]、舆马、女乐皆具，曰必捶涂差通，垄虽凡山陵[3]。此为辍民之事[4]，靡民之财[5]，不可胜计也，其为毋用若此矣。

【译文】

现在王公大人们的埋葬办法，则完全和这不一样。（他们）必定要大棺套中棺，用饰有文彩的皮带再三捆扎，宝璧宝玉既已具备，戈、剑、鼎、鼓、壶、镜、纹绣、白练、衣衾万件、车马、

【注释】

①阓(huì)：通"鞶"，绣有花纹的皮革。操：为"累"字之误。

②大鞅万领：疑为"衣衾万领"之误。

③虽："雄"字之误。

④辍：停止，废止。

⑤靡：浪费。

女乐都具备了。还必须把墓道锤实、涂饰好，坟墓雄伟可比山陵。这样荒废人民的事务，耗费人民的财富，多得不可胜数。厚葬久丧没有任何用处。

【注释】

①乡：通"向"，过去，从前。

②请：通"诚"。

③政：通"正"。

④节：符节。

【原文】

是故子墨子曰："乡者①，吾本言曰：意亦使法其言，用其谋，计厚葬久丧，请可以富贫、众寡②、定危、治乱乎？则仁也，义也，孝子之事也。为人谋者，不可不劝也。意亦使法其言，用其谋，若人厚葬久丧，实不可以富贫、众寡、定危、治乱乎？则非仁也，非义也，非孝子之事也。为人谋者，不可不沮也。是故求以富国家，甚得贫焉；欲以众人民，甚得寡焉；欲以治刑政，甚得乱焉；求以禁止大国之攻小国也，而既已不可矣；欲以干上帝鬼神之福，又得祸焉。上稽之尧、舜、禹、汤、文、武之道，而政逆之③；下稽之桀、纣、幽、厉之事，犹合节也④。若以此观，则厚葬久丧，其非圣王之道也。"

【译文】

所以墨子说："从前，我已经说过：假如信服这种言论，实行这种方法，计算厚葬久丧，真的可以使贫穷的人富裕、使人口增多、使危难安定、使乱世得到治理，那就是仁的、义的，也是孝子应该做的事。那么替别人打算的人不可不鼓励他这样做。假如信服这种言论，实行这种办法，确实不能使贫穷的人富裕、使人口增多、使危难远离、使乱世得到治理，那就是不仁的、不义的，不是孝子应做的事。因而替人打算的不可不阻止他这样做。所以，实行厚葬久丧，本来想使国家富足，没想到却更加贫困，本来希望增加人口而现在却使人口减少，想用它来使政治清明，没想到却更加混乱，想用它来禁止大国攻打小国已经不可能了，想用它求取上天鬼神的赐福反而招来祸患。我们就上从尧、舜、禹、汤、周文王、周武王之道来考察它，正好与之相反；就下从桀、纣、周幽王、周厉王之事来考察它，倒是符节相合。照这看来，则厚葬久丧当不是圣王之道。"

【原文】

今执厚葬久丧者言曰："厚葬久丧，果非圣王之道，夫胡说中国之君子为而不已、操而不择哉[1]？"子墨子曰："此所谓便其习、而义其俗者也[2]。昔者越之东，有輆沐之国者，其长子生，则解而食之，谓之宜弟；其大父死[3]，负其大母而弃之[4]，曰鬼妻不可与居处。此上以为政，下以为俗，为而不已，操而不择。则此岂实仁义之道哉？此所谓便其习、而义其俗者也。楚之南，有炎人国者[5]，其亲戚死，朽其肉而弃之，然后埋其骨，乃成为孝子。秦之西，有仪渠之国者，其亲戚死，聚柴薪而焚之，熏上谓之登遐，然后成为孝子。此上以为政，下以为俗，为而不已。操而不择，则此岂实仁义之道哉？此所谓便其习、而义其俗者也。若以此若三国者观之，则亦犹薄矣；若以中国之君子观之，则亦犹厚矣。如彼则大厚，如此则大薄，然则埋葬之有节矣[6]。

【注释】

[1] 择：通"释"，舍弃。

[2] 义：通"宜"。

[3] 大父：祖父。

[4] 大母：祖母。

[5] 炎：当为"啖"字之误，吃。

[6] 有节：不厚，亦不薄。

【译文】

现在坚持厚葬久丧的人说道："厚葬久丧，果真不是圣王之道，但为什么在中原的君子坚持了那么久而不放弃、一定要这样做而不作别的选择呢？"墨子说道："这就是所谓的便于习惯、安于风俗。"从前，越国的东面有个輆沐国，那个国家的人的头一个孩子出生后就肢解吃掉，说是对弟弟有利；他们的祖父死后，背负着祖母扔掉，说："鬼的妻子不可与人住在一起。"这种做法上面把它作为政道，下面习以为常，照办不改。那么，这难道确实是仁义之道吗？这就是所谓的便于习惯、安于风俗。楚国的南面有个吃人国，这个国家的人的双亲死后，先把肉剐下来扔掉，然后埋葬骨头，才能成为孝子。秦国的西面有个仪渠国，这个国家的人的双亲死后，聚积柴薪把尸体烧掉。把烟气上升说成死者"登仙"，然后才能成为孝子。上面以这种做法作为国政，下面以之作为风俗，坚持很久，绝不放弃，那么这难道确实是仁义之道吗？这就是所谓的便于习惯、安于风俗。如果从这三国的情况来看，那么人们对葬丧也还是很微薄的，而从中原君子的情况来看，则还是很厚重的。像这样太厚，像那样又太薄，既然如此，那么葬埋就应当有节制。

【原文】

故衣食者，人之生利也，然且犹尚有节；葬埋者，人之死利也，夫何独无节于此乎？子墨子制为葬埋之法，曰："棺三寸，足以朽骨；衣三领，足以朽肉。掘地之深，下无菹漏①，气无发泄于上，垄足以期其所，则止矣。哭往哭来，反②，从事乎衣食之财，佴乎祭祀③，以致孝于亲。"故曰子墨子之法，不失死生之利者此也。

【译文】

所以，衣食是人活着时利益之所在，然而犹且崇尚节制；葬埋是人死后的利益之所在，为何独不对此加以节制呢？（于是）墨子制定葬埋的法则说："棺材厚三寸，衣服只三件，足以使死者的骨肉在里面朽烂；掘地的深浅，以下面没有湿漏、尸体气味不要泄出地面上为度；坟堆足以让人认识就行了；哭着送去，哭着回来；回来以后就从事于谋求衣食之财，用以资助祭祀之用，这就是对父母双亲尽孝道了。"所以说，墨子的法则，不损害生和死两方面的利益，就是这个道理。

【原文】

故子墨子言曰："今天下之士君子，中请将欲为仁义，求为上士，上欲中圣王之道，下欲中国家百姓之利，故当若节丧之为政，而不可不察此者也①。"

【译文】

所以墨子说："现在天下的士君子，内心若确实想行仁义，想做一个好官，上要符合圣王之道，下要符合国家百姓的利益，所以对于实行厚葬久丧的政策，不能不深入考察。"

天志①（上）

【原文】

子墨子言曰："今天下之士君子，知小而不知大。"何以知之？以其处家者知之。若处家得罪于家长，犹有邻家所避逃之；然且亲戚、兄弟所知识²，共相儆戒³，皆曰："不可不戒矣！不可不慎矣！恶有处家而得罪于家长而可为也？"非独处家者为然，虽处国亦然。处国得罪于国君，犹有邻国所避逃之；然且亲戚、兄弟所知识，共相儆戒，皆曰："不可不戒矣！不可不慎矣！谁亦有处国得罪于国君而可为也？"此有所避逃之者也，相儆戒犹若此其厚，况无所逃避之者，相儆戒岂不愈厚，然后可哉？且语言有之曰："焉而晏日④，焉而得罪，将恶避逃之？"曰："无所避逃之。"夫天，不可为林谷幽门无人，明必见之。然而天下之士君子之于天也，忽然不知以相儆戒。此我所以知天下士君子知小而不知大也。

【译文】

墨子说："现在天下的士大夫、君子们，只知道小道理，而不知道大道理。"怎么知道是这样呢？从他处理家族中的事情就可以知道。如果处理家族中的事务得罪了家长，还可逃避到相邻的家族去。然而父母、兄弟和亲戚朋友，彼此相互警戒，都说："不能不引以为戒，不能不谨慎哪！哪里有生活在家族中间而可得罪家长，还能有所作为呢？"不仅处理家族事务是这样，即使处理国家事务也是这样。如果处理国家事务得罪了国君，还有邻国可以逃避。然而父母、兄弟和亲戚朋友，彼此相互警戒，都说："不能不引以为戒！不能不谨慎哪！哪里有生活在一个国家而得罪国君，还能有所作为呢？"这是有地方可以逃避的，人们相互告诫还如此严重，又何况那些没有地方可以逃避的呢？互相告诫难道不就更加严重了吗？而且俗话说："光天化日犯了罪，能逃避到什么地方去呢？"

【注释】

①天志：即天的意志。
②所知识：相识之人。
③儆（jǐng）：告诫，警告。
④而：通"尔"。晏：清明。

回答是："没有地方可以逃避。"即使是茂林深谷幽境之处，上天神目如电，能看清天下所有的幽隐。然而天下的士大夫、君子们对于上天，却疏忽了不知道以此相互警戒。这就是我之所以知道天下的士大夫、君子们知道小道理而不知道大道理。

【注释】

①祟：鬼神作怪。

【原文】

然则天亦何欲何恶？天欲义而恶不义。然则率天下之百姓，以从事于义，则我乃为天之所欲也。我为天之所欲，天亦为我所欲。然则我何欲何恶？我欲福禄而恶祸祟①。然则率天下之百姓以从事于不义，则我乃为天下之所不欲也。我为天下之所不欲，天示为我所不欲，则是我率天下之百姓，以从事于祸祟中也。然则何以知天之欲义而恶不义？曰："天下有义则生，无义则死；有义则富，无义则贫；有义则治，无义则乱。"然则天欲其生而恶其死，欲其富而恶其贫，欲其治而恶其乱。此我所以知天欲义而恶不义也。

【译文】

既然这样，那么上天爱好什么、憎恶什么呢？上天爱好义而憎恶不义。既然如此，那么率领天下的百姓，用以去做合乎义的事，这就是我们在做上天所希望的事了。我们做上天所希望的事，那么上天就会做我们所希望的事。那么我们又希望什么、憎恶什么呢？我们希望得到福禄而讨厌祸患。如果率领天下的百姓去做不义的事，我们就是做上天所不希望的。我们做了上天所不希望的事，上天就会做我们所不希望的事。如果我们不做上天所希望的事，而做上天不喜欢的事，那么就是我们率领天下的百姓，陷身于祸患灾殃中去了。那么怎么知道上天喜爱义而憎恶不义呢？回答说："天下之事，有符合义的就生存，不符合义的就灭亡；符合义的就富有，不符合义的就贫穷；符合义的就治理，不符合义的就混乱。"但是从本质上说，上天希望人们生存，而不愿看到人们死亡，希望人民富有而不愿看到他们贫穷，希望天下安定而不愿看到社会动乱，因此我知道上天喜欢义而憎恶不义。

【原文】

曰：且夫义者，政也①。无从下之政上，必从上之政下。是故庶人竭力从事，未得次己而为政②，有士政之；士竭力从事，未得次己而为政，有将军、大夫政之；将军、大夫竭力从事，未得次己而为政，有三公、诸侯政之；三公、诸侯竭力听治，未得次己而为政，有天子政之；天子未得次己而为政，有天政之。天子为政于三公、诸侯、士、庶人，天下之士君子固明知；天之为政于天子，天下百姓未得之明知也。

【注释】

①政：通"正"，正义。

②次：通"恣"，恣意。

【译文】

所以说：义是正义的意思。不能够从下到上地推行正义，必然是从上到下地推行正义。所以老百姓竭力做事，不要擅自主张，有士去匡正他们；士竭力做事，不得擅自去做，有将军、大夫匡正他们；将军、大夫竭力做事，不得擅自主张，有三公、诸侯去匡正他们；三公、诸侯竭力听政治国，不得擅自主张，有天子匡正他们；天子不得擅自主张，有上天匡正他。天子向三公、诸侯、士、庶人施政，天下的士大夫君子们固然明白地知道；上天向天子施政，天下的百姓却未能清楚地知道。

【原文】

故昔三代圣王禹、汤、文、武，欲以天之为政于天子，明说天下之百姓，故莫不犗牛羊，豢犬彘，洁为粢盛酒醴，以祭祀上帝鬼神，而求祈福于天。我未尝闻天下之所求祈福于天子者也，我所以知天之为政于天子者也。

故天子者，天下之穷贵也，天下之穷富也。故于富且贵者①，当天意而不可不顺。顺天意者，兼相爱，交相利，必得赏；反天意者，别相恶，交相贼，必得罚。然则是谁顺天意而得赏者？谁反天意而得罚者？子墨子言曰："昔三代圣王禹、汤、文、武，此顺天意而得赏也；昔三代之暴王桀、纣、幽、厉，此反天意而得罚者也。"然则禹、汤、文、武，其得赏何以也？子墨子言曰："其事上尊天，中事鬼神，下爱人。故天意曰：'此之我所爱，

【注释】

①于："欲"字之误。

②业：当为"叶"。

③贱：为"贼"字之误。

④殁：通"没"。

兼而爱之；我所利，兼而利之。爱人者此为博焉，利人者此为厚焉。'故使贵为天子，富有天下，业万世子孙^②，传称其善，方施天下，至今称之，谓之圣王。"然则桀、纣、幽、厉，得其罚何以也？子墨子言曰："其事上诟天，中诟鬼，下贼人，故天意曰：'此之我所爱，别而恶之；我所利，交而贼之。恶人者此为之博也；贼人者^③，此为之厚也。'故使不得终其寿，不殁其世^④，至今毁之，谓之暴王。"

【译文】

  所以从前三代的圣君禹、汤、周文王、周武王，想把上天向天子施政的事明白地告诉天下的百姓，所以大家都豢养牛羊、猪狗，预备洁净的酒醴粢盛，用来祭祀上天鬼神而向上天求福。我从没有听说过上天向天子祈求福报的。所以我知道上天是管制天子的。

  所以说天子是天下极高贵的人、天下极富有的人。所以想要富贵的人，对天意就不可不顺从。顺从天意，相亲相爱，互惠互利，就一定会得到赏赐；违反天意的人，互相仇恨，相互残害，一定会得到惩罚。那么顺从天意而得到赏赐的人是谁呢？违反天意而得到惩罚的人是谁呢？墨子说道："从前三代圣王——禹、汤、文王、武王，这些是顺从天意而得到赏赐的；从前三代的暴王——桀、纣、幽王、厉王，这些是违反天意而得到惩罚的。"既然如此，那么禹、汤、文王、武王为什么得到赏赐呢？墨子说："他们所做的事，对上尊敬上天，在中敬奉鬼神，在下爱护人民。所以上天说：'这就是对我所爱的，他们兼而爱之；对我所利的，他们兼而利之。爱护人民的以此为最广泛了；有利于人民的以此为最重要了。'所以上天使他们贵为天子，富有天下，使后代子孙得利，相传而称颂他们的美德，教化普遍施行于天下，到现在还受人民称道，称他们为圣王。"既然如此，那么桀、纣、幽王、厉王得到惩罚又是什么原因呢？墨子说道："他们所做的事，对上辱骂上天，在中辱骂鬼神，在下残害人民。所以上天说：'这是对我所爱的，他们分别憎恶之，对我所利的，他们交相残害之。憎恨人民的以此为最广泛了；残害人民的以此为最严重了。'所以上天使他们不得寿终正寝，一世而亡而不能使子孙继业。人们到现在还在咒骂他们，称他们为暴君。"

【原文】

然则何以知天之爱天下之百姓？以其兼而明之。何以知其兼而明之？以其兼而有之。何以知其兼而有之①？以其兼而食焉。何以知其兼而食焉？四海之内，粒食之民②，莫不犓牛羊、豢犬彘，洁为粢盛酒醴，以祭祀于上帝鬼神。天有邑人，何用弗爱也③？且吾言杀一不辜者，必有一不祥④。杀无辜者谁也？则人也。予之不祥者谁也？则天也。若以天为不爱天下之百姓，则何故以人与人相杀，而天予之不祥？此我所以知天之爱天下之百姓也。

【注释】

①有：抚养。

②粒食之民：指吃五谷的人。

③用：因为，由于。

④不祥：指灾祸。

【译文】

那么怎么知道上天爱护天下的老百姓的？因为它能普遍地明察百姓。怎么知道上天能普遍地明察百姓呢？因为他能养育全部的人类。怎么知道他能养育全部的人类呢？因为他能供给食物。怎么知道他能供给食物呢？因为四海之内，凡是吃五谷杂粮的人，没有人不喂养牛羊、猪狗，做好洁净的粢盛酒醴，用来祭祀上天和鬼神。上天拥有自己的臣民，怎么会不爱护他们呢？而且我认为杀害一个无辜的人，必然会有一件不祥的事情发生。杀害无辜的是谁呢？是人。那么给予不祥的是谁呢？是上天啊。如果说上天不爱天下的百姓，那么为什么人和人相互残杀，而上天会给他们不祥呢？这是我之知道上天爱护天下百姓的缘故。

【原文】

顺天意者，义政也；反天意者，力政也。然义政将奈何哉？子墨子言曰："处大国不攻小国，处大家不篡小家，强者不劫弱，贵者不傲贱，多诈者不欺愚。此必上利于天，中利于鬼，下利于人。三利无所不利，故举天下美名加之，谓之圣王。力政者则与此异，言非此，行反此，犹倖驰也①。处大国攻小国，处大家篡小家，强

【注释】

①倖：为"偝"字之误，通"背"。

者劫弱，贵者傲贱，多诈欺愚。此上不利于天，中不利于鬼，下不利于人。三不利无所利，故举天下恶名加之，谓之暴王。"

【译文】

顺从天意的，就是仁政；违反天意的，就是暴政。那么仁政应怎么做呢？墨子说："处于大国地位的不攻打小国，处于大家族地位的不掠夺小家族，强者不强迫弱者，高贵者不傲视贫贱者，狡诈者不欺压愚笨者。这样一定是上有利于天神，中有利于鬼神，下有利于人民。有这三利，就无所不利。所以将天下最好的名声加给他们，称他们为圣王。然而暴力政治与此不同：他们的言论不是这样，行动跟这个相反，犹如背道而驰。处于大国地位的攻伐小国，处于大家族地位的掠夺小家族，强者强迫弱者，高贵者傲视贫贱者，狡诈者欺压愚笨者，这上不利于天神，中不利于鬼神，下不利于人民。有了这三个不利，那就不论什么全都不利了。所以将天下最坏的名声加给他们，称他们为暴王。"

【原文】

子墨子言曰："我有天志，譬若轮人之有规[1]，匠人之有矩。轮、匠执其规、矩，以度天下之方圆，曰：'中者是也，不中者非也。'今天下之士君子之书，不可胜载，言语不可尽计[2]，上说诸侯，下说列士[3]，其于仁义，则大相远也。何以知之？曰：我得天下之明法以度之。"

【译文】

墨子说："我所知道的上天的意志，就好像制车轮的有了圆规，木匠有了方尺。车轮师傅和木匠手握圆规、方尺，用以量度天下的方圆，说：'符合规矩的就是正确的，不符合规矩的就是错误的。'当今天下士君子们著的书，多得用车都拉不完，他们的话也多得无法计算。上说诸侯，下说有志于功业的人，然而一说到仁义，则大相径庭。怎么知道呢？回答说：我是用天下的严明法纪来衡量的。"

天志（中）

【原文】

子墨子言曰："今天下之君子之欲为仁义者，则不可不考察义之所从出。"既曰不可以不考察义之所欲出^①，然则义何从出？子墨子曰："义不从愚且贱者出，必自贵且知者出。"何以知义之不从愚且贱者出，而必自贵且知者出也？曰：义者，善政也。何以知义之为善政也？曰：天下有义则治，无义则乱，是以知义之为善政也。夫愚且贱者，不得为政乎贵且知者；贵且知者，然后得为政乎愚且贱者。此吾所以知义之不从愚且贱者出，而必自贵且知者出也。然则孰为贵？孰为知？曰：天为贵，天为知，而已矣。然则义果自天出矣。

【注释】

①欲：当为"从"。

【译文】

墨子说："现在天下的君子如果想实行仁义的话，那么就不能不研究义是从哪里产生的。"既然说不能不研究义是从哪里产生的，那么义到底是从什么地方产生的呢？墨子说："义不是从愚蠢而卑贱的人中产生，而是从高贵而聪明的人中产生。"怎么知道义不是从愚蠢而卑贱的人中产生，而是从高贵而聪明的人中产生呢？回答说：所谓义，就是善政。怎么知道义就是善政呢？回答说：天下有义则治理，无义则混乱，所以知道义就是善政。愚蠢而卑贱的人，不能向高贵而聪明的人施政；只有高贵而聪明的人，这样才可能向愚蠢而卑贱的人施政。这就是我知道义不从愚蠢而卑贱的人中产生，而从高贵而聪明的人中产生的原因。既然如此，那么谁是高贵的？谁是聪明的？回答说：天是高贵的，天是聪明的，如此而已。那么，义确实是由天产生出来的了。

【原文】

今天下之人曰："当若天子之贵诸侯，诸侯之贵大夫，儒明

【注释】

①儒：当为"礛"，即

"确",确然。

②驯：通"训"，训释天之明道。

③明哲维天，临君下土：天是明哲的，临照着下界的天子。

④慎：通"顺"。

知之①。然吾未知天之贵且知于天子也。"子墨子曰："吾所以知天贵且知于天子者，有矣。曰：天子为善，天能赏之；天子为暴，天能罚之；天子有疾病祸祟，必斋戒沐浴，洁为酒醴粢盛，以祭祀天鬼，则天能除去之。然吾未知天之祈福于天子也，此吾所以知天之贵且知于天子者。且吾所以知天下之贵且知于天子者，不止此而已矣，又以先王之书驯天明不解之道也知之②。曰：'明哲维天，临君下土③。'则此语天之贵且知于天子。不知亦有贵、知夫天者乎？曰：'天为贵、天为知而已矣。然则义果自天出矣。'"是故子墨子曰："今天下之君子，中实将欲尊道利民，本察仁义之本，天之意不可不慎也④。"

【译文】

　　现今天下的百姓都说："从道理上说天子比诸侯尊贵，诸侯比大夫尊贵，这道理明明白白。但是我还不知道上天比天子还高贵而且聪明。"墨子说："我知道上天比天子还高贵而且聪明的理由是：天子为善政，上天能够赏赐他；天子行暴政，上天能惩罚他；天子有疾病灾祸，必定斋戒沐浴，准备洁净的酒醴粢盛，用来祭祀上天鬼神，那么上天就能帮他除去疾病灾祸。可是我并没有听说上天向天子祈求赐福的，这就是我知道上天比天子高贵而且聪明的理由。还不仅是这样，又由古代先王传下来的训解说上天高明而不易解说的道理中可以知道。说是：'明哲的上天，高高在上，君临下土。'这就是说上天比天子更高贵更聪明。不知道还有没有比上天更高贵而且聪明的呢？回答说：'只有上天是最高贵，上天是最聪明的，既然如此，那么义确实是从上天那里产生的。'"所以墨子说："现今天下的君子们，如果确实想要遵循圣王之道，造福人民，考察仁义的根本，那么对于上天的意志就不能不遵循。"

【注释】

①强：勤。

②聘：聘问，古代指代

【原文】

　　既以天之意以为不可不慎已，然则天之将何欲何憎？子墨子曰："天之意，不欲大国之攻小国也，大家之乱小家也。强之去弱，强之暴寡，诈之谋愚，贵之傲贱，此天之所不欲也。不止此而已，欲人之有力相营，有道相教，有财相分也。又欲上之强听治也[1]，下之强从事也。"上强听治，则国家治矣；下强从事，则财用足矣。若国家治，财用足，则内有以洁为酒醴粢盛，以祭祀天鬼；外有以为环璧珠玉，以聘挠四邻[2]，诸侯之冤不兴矣[3]，边境兵甲不作矣。内有以食饥息劳，持养其万民，则君臣上下惠忠，父子兄弟慈孝。故唯毋明乎顺天之意，奉而光施之天下[4]，则刑政治，万民和，国家富，财用足，百姓皆得暖衣饱食，便宁无忧[5]。是故子墨子曰："今天下之君子，中实将欲遵道利民，本考察仁义之本，天之意不可不慎也。"

表本国政府访问友邦。

挠：疑为"接"字之误，交接。

[3] 冤：通"怨"。

[4] 光：通"广"。

[5] 便：宁。

【译文】

既然不能不遵循上天的意志，那么上天希望的是什么，憎恶的是什么呢？墨子说："上天的意志是，不希望大国攻打小国，大家族侵扰小家族。强大的欺凌弱小的，人多的欺负人少的，狡诈的算计愚笨的，高贵的傲视卑贱的，这些都是上天所不愿看到的。不仅如此，上天还希望人们有力量就相互帮助，有学问道德就相互传授，有财物就大家共享。还希望在上位的要勤于政事，在下位的要努力从事工作。"居上位的努力听政治理，那么国家就治理好了，居下位的努力从事工作，那么财用就足够了。假若国家和家族都治理好了，财用也充足了，那么在内有能力洁净地准备酒醴粢盛，用以祭祀上天和鬼神；对外有环璧珠玉，用以聘问交接四方邻国。诸侯间的仇怨不再发生了，边境上的甲兵不会产生了。在内有能力让饥者得食、劳者得息，保养万民，那么君臣上下就相互施惠效忠，父子兄弟之间慈爱孝顺。所以明白上天之意，奉行而施之于天下，那么刑政就会治理，万民就会和谐，财用就会充足。百姓都得到暖衣饱食，安宁无忧。所以墨子说："现在天下的君子，如果心中确实想遵循圣道、造福人民，那么就要认真研究仁义这个根本问题，而对上天的意志就不可不认真对待。"

【注释】

①辟：通"譬"，好比。

②已：通"以"。

③辟：通"避"。

④孰：通"熟"。

⑤遂：顺利地成长。

【原文】

　　且夫天子之有天下也，辟之无以异乎国君、诸侯之有四境之内也①。今国君、诸侯之有四境之内也，夫岂欲其臣国、万民之相为不利哉？今若处大国则攻小国，处大家则攻小家，欲以此求赏誉，终不可得，诛罚必至矣。夫天之有天下也，将无已异此②。今若处大国则攻小国，处大都则伐小都，欲以此求福禄于天，福禄终不得，而祸祟必至矣。然有所不为天之所欲，而为天之所不欲，则夫天亦且不为人之所欲，而为人之所不欲矣。人之所不欲者，何也？曰：疾病祸祟也。若已不为天之所欲，而为天之所不欲，是率天下之万民以从事乎祸祟之中也。故古者圣王明知天鬼之所福，而辟天鬼之所憎③，以求兴天下之利，而除天下之害。是以天之为寒热也节，四时调，阴阳雨露也时；五谷孰④，六畜遂⑤，疾灾、戾疫、凶饥则不至。是故子墨子曰："今天下之君子，中实将欲遵道利民，本察仁义之本，天意不可不慎也。"

【译文】

　　天子拥有整个天下，就好像国君、诸侯拥有自己的国境一样没有分别。现在国君、诸侯拥有自己的国土，难道希望他的臣国、民众互相做出不利的事吗？现在若是处于大国地位的攻打小国，处于大家族地位的攻打小家族，想要以此来求取赏赐和赞誉，终究是不可能得到的，诛戮惩罚则必然会降临。而上天之拥有天下，将跟这个情形没有分别。现在若是处在大国地位的就攻打小国，处在大都地位的就攻打小都，想要以此来向上天求得福禄，福禄终究是得不到的，而祸殃则必然降临。既然这样，如果人不做上天所希望的事，而做上天所不希望的事，那么上天也将不做人所希望的事，而做人所不希望的事。人所不希望的是什么呢？是疾病和灾祸。如果自己不做上天所希望的，而做上天所不希望的，这是率领天下的百姓，陷入灾祸之中。所以古时的圣王非常清楚做什么事上天、鬼神才能降福，而避免做上天、鬼神所憎恶的事，以追求兴天下之利，去除天下之害。所以上天安排寒热合节，四时调顺，阴阳雨露合乎时令，五谷按时成熟，六畜成长，而疾病、灾祸、瘟疫、凶饥不降临。所以墨子说道："现在天下的君子，如果内心确实希望遵循圣道、利于人民，考察仁义的根本，对天意是不可不顺从的！"

【原文】

且夫天下盖有不仁不祥者①，曰：当若子之不事父，弟之不事兄，臣之不事君也，故天下之君子，与谓之不祥者。今夫天兼天下而爱之，撽遂万物以利之②，若豪之末，非天之所为也③，而民得而利之，则可谓否矣④。然独无报夫天，而不知其为不仁不祥也。此吾所谓君子明细而不明大也。

【译文】

而且天下原来有不仁不善的人，就是：儿子不孝顺父亲，弟弟不事奉兄长，臣子不事奉君上，所以天下的君子们，就说他们是不善的人。现在的上天，包容天下的百姓都兼而爱之，养育天下的万物以有益人民，哪怕像毫毛一样的东西，难道不都是上天给予的吗？人民从中得到的好处，可以说是非常厚重的了。但是这些人一点也不报答上苍，而不知道这就是不仁和不善。这就是我所说的君子明白小的道理而不明白大的道理。

【原文】

且吾所以知天之爱民之厚者，有矣。曰：以磨为日月星辰①，以昭道之；制为四时春秋冬夏，以纪纲之；雷降雪霜雨露，以长遂五谷丝麻，使民得而财利之；列为山川溪谷，播赋百事，以临司民之善否；为王公侯伯使之赏贤而罚暴，贼金木鸟兽②，从事乎五谷丝麻，以为民衣食之财，自古及今，未尝不有此也。今有于此，欢若爱其子，竭力单务以利之，其子长，而无报子求父③，故天下之君子，与谓之不仁不祥④。今夫天，兼天下而爱之，撽遂万物以利之，若毫之末，非天之所为，而民得而利之，则可谓否矣。然独无报夫天，而不知其为不仁不祥也。此吾所谓君子明细而不明大也。

【注释】

① 盖：大概。

② 撽（qiào）：当为"邀"，"邀"通"交"。遂：育。

③ 非：前脱"莫"字。

④ 否：为"厚"字之误。

【注释】

① 磨：为"磿"字之误，分别。

② 贼：为"赋"字之误，赋敛。

③ 子求：为"于其"之误。

④ 与：通"举"。

【译文】

　　而且我之所以知道上天厚爱人民，是有根据的，上天分离出日、月、星、辰，用以照明天下；制定春、夏、秋、冬四季，用作纲纪常度；降下霜、雪、雨、露，用以长成五谷和丝麻，使老百姓得以供给财用；又分列为山、川、溪谷，广布各种事业；以监察百姓的善恶，分别设立王、公、侯、伯，使他们奖赏贤良而惩罚暴徒，征收金、木、鸟、兽，从事五谷、丝、麻的掌管工作，以此作为百姓的衣食之财，从古至今，没有不是如此的。现在这里有一个人，喜欢疼爱他的儿子，尽心尽力使儿子有利。他的儿子长大后，却对父亲不报答，所以天下的君子都说他是不仁而又不善的人。现今的上天，包容天下的百姓都兼而爱之，养育天下的万物以有益人民，哪怕像毫毛一样的东西，难道不是上天给予的吗？人民从中得到的好处，可以说是非常厚重的了。但是这些人一点也不报答上苍，而不知道这就是不仁和不善。这就是我所说的君子明白小的道理而不明白大的道理。

【原文】

　　且吾所以知天爱民之厚者，不止此而足矣。曰杀不辜者，天予不祥。不辜者谁也[1]**？曰人也。予之不祥者谁也？曰天也。若天不爱民之厚，夫胡说人杀不辜而天予之不祥哉？此吾之所以知天之爱民之厚也。且吾所以知天之爱民之厚者，不止此而已矣。曰爱人利人，顺天之意，得天之赏者有之**[2]**；憎人贼人，反天之意，得天之罚者亦有矣。**

【译文】

　　而且我之所以知道上天深深地爱着人类的根据，理由不仅这个就足够了。对杀戮无辜的人，上天会降给他不祥。杀无辜的是谁呢？是人。降给他不祥的是谁呢？是上天。如果上天不厚爱于人，那为什么有人杀害无辜而上天就会降给他不祥呢？这就是我知道上天是深深地爱着百姓的原因。我之所以知道上天厚爱百姓，理由不仅这个罢了。说爱人、利人的，顺从上天的旨意，从而得到上天赏赐的人，是存在的；憎恶人、残害人，违反上天的旨意，从而受到上天惩罚的人，也是存在的。

【原文】

夫爱人、利人，顺天之意，得天之赏者，谁也？曰：若昔三代圣王尧、舜、禹、汤、文、武者是也。尧、舜、禹、汤、文、武，焉所从事？曰：从事"兼"，不从事"别"。兼者，处大国不攻小国，处大家不乱小家，强不劫弱，众不暴寡，诈不谋愚，贵不傲贱。观其事，上利乎天，中利乎鬼，下利乎人。三利无所不利，是谓天德。聚敛天下之美名而加之焉，曰："此仁也，义也。爱人、利人，顺天之意，得天之赏者也。"不止此而已，书于竹帛，镂之金石，琢之盘盂，传遗后世子孙，曰："将何以为①？将以识夫爱人、利人②，顺天之意，得天之赏者也。"《皇矣》道之曰："帝谓文王，予怀明德③，不大声以色④，不长夏以革，不识不知，顺帝之则。"帝善其顺法则也，故举殷以赏之，使贵为天子，富有天下，名誉至今不息。故夫爱人、利人，顺天之意，得天之赏者，既可得留而已⑤。

【注释】

①何以为：有什么用。

②识（zhì）：标记。

③怀：怀念，想念。

④大声以色：虚张声势。

⑤留：为"智"字之误，即"知"。

【译文】

爱护人、有利于人的，顺从上天的旨意，而得到上天赏赐的人是谁呢？回答说：从前三代的圣王尧、舜、禹、汤、文王、武王就是。尧、舜、禹、汤、文王、武王又实行些什么呢？回答说：实行互相爱护，不实行"互相残害"。所谓"兼"，即处在大国地位不攻打小国，处在大家族地位不侵扰小家族，强大的不欺凌弱小的，人多的不侵暴人少的，狡诈的不算计愚笨的，高贵的不傲视卑贱的。观察他们的行事，在上有利于上天，在中有利于鬼神，在下有利于人民。三者有利，则无所不利，这就是上天的恩德。人们把天下的美名聚集起来加到他们身上，说："这是仁，是义。是爱护人、有利于人的，顺从上天的旨意，因而得到上天的赏赐的人。"非如此而已，又把他们的事迹写在竹帛之上，雕刻在金属器具之上，留传给后世子孙。这是为什么呢？将用以使人记住爱护人、有利于人的，顺从上天的旨意，会得到上天的赏赐。《皇矣》上面说："天帝告诉文王，我思念有光明之德的人，他不虚张声势，不因为做了诸夏之长就变更了先王的法则。不逞能弄巧自作聪明，而是遵循上帝的法则。"上天赞赏文王顺从法则，所以把殷商的天下赏赐给他，使他贵为天子，富有天下，名声至今流传不息。所以爱护人、有利于人的，顺从上天的旨意，从而得到上天赏赐的，已经可以知道了。

①天贼：指有祸害于天。

②祇（qí）：地神。

③无廖僇务：当作"无戮其务"。

④葆：保全。

【原文】

夫憎人、贼人，反天之意，得天之罚者，谁也？曰：若昔者三代暴王桀、纣、幽、厉者是也。桀、纣、幽、厉，焉所从事？曰：从事别，不从事兼。别者，处大国则攻小国，处大家则乱小家，强劫弱，众暴寡，诈谋愚，贵傲贱；观其事，上不利乎天，中不利乎鬼，下不利乎人。三不利无所利，是谓天贼①。聚敛天下之丑名而加之焉，曰："此非仁也、非义也，憎人、贼人，反天之意，得天之罚者也。"不止此而已，又书其事于竹帛，镂之金石，琢之盘盂，传遗后世子孙，曰：将何以为？将以识夫憎人、贼人，反天之意，得天之罚者也。《太誓》之道之曰："纣越厥夷居，不肯事上帝，弃厥先神祇不祀②，乃曰：'吾有命。'无廖僇务天下③，天亦纵弃纣而不葆④。"察天以纵弃纣而不葆者，反天之意也。故夫憎人、贼人，反天之意，得天之罚者，既可得而知也。

【译文】

那憎恶人、残害人的，违反上天的旨意，从而得到上天惩罚的，又是谁呢？回答说：从前三代的暴君桀、纣、幽王、厉王就是。桀、纣、幽王、厉王做了些什么呢？回答说：他们推行互相残害，不推行互相爱护。所谓别，即处于大国地位的攻打小国，处于大家族地位的侵扰小家族，强大的劫掠弱小的，人多的侵暴人少的，狡诈的算计愚笨的，高贵的傲视卑贱的。观察他们的行为，在上不利于天，在中不利于鬼神，在下不利于人类，三者不利就无所得利，这就是"天贼"。人们集中天下的丑名都加到他们头上，说："这是不仁、不义，是憎恶人、残害人，违反上天的旨意，要受到上天惩罚的人。"不止如此，又将这些事迹写在竹帛之上，雕刻在金属器具之上，留传给后世的子孙，为什么这样做呢？将使人们记住憎恶人、残害人，违反上天的旨意，从而得到上天惩罚的人。《太誓》上面说："纣傲慢不恭，不肯奉事上天，遗弃他的祖先与天地神祇不祭祀，竟说：'我有天命。'不努力从事政务，上天也抛弃纣而不去保佑他。"体察上天抛弃纣而不去保佑他的原因，是他违反了天意。所以憎恶人、残害人的，违反上天的旨意从而受到上天惩罚的人，已经可以知道了。

【原文】

是故子墨子之有天之，辟人无以异乎轮人之有规，匠人之有矩也。今夫轮人操其规，将以量度天下之圜与不圜也，曰："中吾规者，谓之圜；不中吾规者，谓之不圜[1]。"是以圜与不圜，皆可得而知也。此其故何？则圜法明也[2]。匠人亦操其矩，将以量度天下之方与不方也，曰："中吾矩者，谓之方，不中吾矩者，谓之不方。"是以方与不方，皆可得而知之。此其故何？则方法明也。故子墨子之有天之意也，上将以度天下之王公大人为刑政也，下将以量天下之万民为文学、出言谈也。观其行，顺天之意，谓之善意行；反天之意，谓之不善意行。观其言谈，顺天之意，谓之善言谈；反天之意，谓之不善言谈。观其刑政，顺天之意，谓之善刑政；反天之意，谓之不善刑政。故置此以为法，立此以为仪[3]，将以量度天下之王公大人、卿、大夫之仁与不仁，譬之犹分墨白也。是故子墨子曰："今天下之王公大人、士君子，中实将欲遵道利民，本察仁义之本，天之意不可不顺也。顺天之意者，义之法也。"

【译文】

所以墨子认为有天志，就像制车轮的师傅有圆规、木匠有方尺一样没有区别。现在做车轮的师傅拿着他的圆规，将用以量度天下的圆与不圆，说："符合我圆规的，就是圆；不符合我圆规

【注释】

①圜：通"圆"。

②圜法明：圆的标准明确。

③仪：准则、法度。

的，就是不圆。"因此圆和不圆，都是可以知道的。这是什么缘故呢？这是因为关于圆的法则是明明白白的。木匠拿着他的方尺，将以量度天下的方与不方，说："符合我方尺的就是方，不符合我方尺的，就是不方。"因此方与不方，都是可以知道的。这其中是什么缘故呢？是因为确定方的规则十分明确。所以墨子认为上天有意志，上用以量度天下的王公大人施行政事，下用以量度天下的民众发布文学与言谈。观察他们的行为，顺从上天旨意的，就是好的言行；违反上天旨意的，就是不善的言行。考察他们的言论，顺从上天旨意的，就是好的言论，违反上天旨意的，就是不好的言论。观察他们的刑政，顺从上天旨意的，就是好的刑政；违反上天旨意的，就是不好的刑政。所以设置这个天志作为法则，建立这个天志作为标准，将以此去量度天下的王公大人、卿、大夫的仁跟不仁，这就好像分别黑白一样容易。所以墨子说："现在天下的王公大人、士大夫、君子们，如果内心确实想要遵循天道，造福民众，考察仁义的根本，对上天的旨意不能不顺从啊。顺从上天旨意的，这就是仁义的标准。"

天志（下）

【原文】

子墨子言曰："天下之所以乱者，其说将何哉¹？则是天下士君子，皆明于小而不明于大也。"何以知其明于小不明于大也？以其不明于天之意也。何以知其不明于天之意也？以处人之家者知之。今人处若家得罪，将犹有异家所以避逃之者。然且父以戒子，兄以戒弟，曰："戒之！慎之！处人之家，不戒不慎之，而有处人之国者乎？"今人处若国得罪，将犹有异国所以避逃之者矣；然且父以戒子，兄以戒弟，曰："戒之！慎之！处人之国者，不可不戒慎也。"今人皆处天下而事天，得罪于天，将无所以避逃之者矣。然而莫知以相极戒也²，吾以此知大物则不知者也³。

【注释】

①说：解释。

②极：即"儆"，通"警"。

③大物：大事。

【译文】

墨子说道："天下之所以发生动乱，它的原因该怎么说呢？这就是天下的士大夫、君子们，都是只明白小道理而不明白大道理。"怎么知道他们只明白小道理而对于大道理不明白呢？凭他们不明白上天的旨意就可知道。怎么知道他们对于上天的旨意不明白呢？从他们处理家族的情况可以知道。假如现在有人在家族中犯了罪，他还有别的家族可以逃避，然而父亲以此告诫儿子，兄长以此告诫弟弟，说："警戒呀！谨慎哪！居住在自己人家里，不警戒，不谨慎，却能有居住在别人的国家里的吗？"现今居住在这个国家中犯了罪，将还有别国的处所可以逃避，然而父亲以此告诫儿子，兄长以此告诫弟弟，说："警戒呀！谨慎哪！居住在别人的国度里，不可不警戒、谨慎哪！"现今的人都居住在天下而侍奉上天，如果得罪了上天，将没有地方可以逃避了。然而没有人知道以此互相警戒，我因此知道他们对于大道理不明白。

【原文】

是故子墨子言曰："戒之慎之，必为天之所欲，而去天之所

【注释】

①正：正道。

②正：领导，管理。

③次：即"恣"，恣意。

恶。"曰天之所欲者，何也？所恶者，何也？天欲义而恶其不义者也。何以知其然也？曰：义者，正也①。何以知义之为正也？天下有义则治，无义则乱，我以此知义之为正也。然而正者，无自下正上者②，必自上正下。是故庶人不得次己而为正③，有士正之；士不得次己而为正，有大夫正之；大夫不得次己而为正，有诸侯正之；诸侯不得次己而为正，有三公正之；三公不得次己而为正，有天子正之；天子不得次己而为政，有天正之。今天下之士君子，皆明于天子之正天下也，而不明于天之正天子也。

【译文】

　　所以墨子说道："警戒呀！谨慎哪！一定要做上天所希望的，而要去掉上天所厌恶的。"上天所希望的是什么呢？所厌恶的是什么呢？上天希望义而厌恶不义。怎能得到么知道是这样呢？因为义即是正。怎么知道义就是正呢？天下有义就能得到治理，没有义就混乱，我因此知道义就是正。然而所谓正，没有下级匡正上级的，必须上级来匡正下属。所以庶民百姓不得擅自肆意去从政，有士来匡正他们；士不得肆意去做，有大夫来匡正他们；大夫不得肆意去做，有诸侯去匡正他们；诸侯不得肆意去做，有三公来匡正他们；三公不得肆意去做，有天子匡正他们；天子不得肆意去做，有上天匡正他们。现在天下的士大夫、君子们对于天子匡正天下都很明白，对于上天匡正天子却不明白。

【注释】

①中：合理。

②犓豢（chúhuàn）：喂养，饲养。

【原文】

　　是故古者圣人明以此说人，曰："天子有善，天能赏之；天子有过，天能罚之。"天子赏罚不当，听狱不中①，天下疾病祸福，霜露不时，天子必且犓豢其牛羊犬猪②，洁为粢盛酒醴，以祷祠祈福于天，我未尝闻天之祷祈福于天子也。吾以此知天之重且贵于天子也。

【译文】

　　所以古代的圣人明白地将此道理告诉人们，说："天子有优点，上天能奖赏他；天子有过失，上天能惩罚他。"如果天子赏罚不当，刑罚不公，天就会降下疾病灾祸，霜露失时。这时天子必须喂养牛羊猪狗，洁净地置备粢盛酒醴，用来祭祀上天并向上天祈求降福。但我从来就不曾听说过上天向天子祷告和求福的。我由此知道上天比天子高贵、庄重。

【原文】

是故义者，不自愚且贱者出，必自贵且知者出。曰：谁为贵？谁为知。然则义果自天出也。今天下之士君子之欲为义者，则不可不顺天之意矣！曰：顺天之意何若？曰：兼爱天下之人。何以知兼爱天下之人也？以兼而食之也。何以知其兼而食之也？自古及今，无有远灵孤夷之国[1]，皆犆豢其牛羊犬彘，洁为粢盛酒醴，以敬祭祀上帝、山川、鬼神，以此知兼而食之也。苟兼而食焉，必兼而爱之。譬之若楚、越之君：今是楚王食于楚之四境之内，故爱楚之人；越王食于越之四境之内，故爱越之人。今天兼天下而食焉，我以此知其兼爱天下之人也。

【译文】

所以义不从愚蠢而卑贱的人中产生，必定从高贵而聪明的人中产生。那么谁是高贵的？上天是高贵的。谁是聪明的？上天是聪明的。既然如此，那么义果真是从上天产生出来的了。现今天下的士大夫、君子们如果希望行义，那么就不可不顺从上天的旨意。问：顺从天意应怎样做呢？回答说：上天会兼爱天下的人。怎么知道上天是兼爱天下的人呢？因为上天对人民的祭祀全都享用。怎么知道上天对人民的祭祀全部享用呢？自古及今，没有一个远方孤僻的国家，不喂养它的牛羊狗猪，洁净地整备酒醴粢盛，用以祭祀山川、上天、鬼神，由此知道上天对人民的祭祀全部享用。假如兼而食之，必定会兼而爱之，就好像楚国、越国的君主一样。现在楚王在楚国四境之内享用食物，所以爱楚国的人。越王在越国四境之内享用食物，所以爱越国的人。现在上天对天下兼而享用，我因此知道它兼爱天下的人。

【原文】

且天之爱百姓也，不尽物而止矣[1]。今天下之国，粒食之民，杀

②中实：内心确实。

③抎（yǔn）：坠落。

④赍：当为"者"。

一不辜者，必有一不祥。曰："谁杀不辜？"曰："人也。""孰子之不辜？"曰："天也。"若天之中实不爱此民也②，何故而人有杀不辜、而天予之不祥哉？且天之爱百姓厚矣，天之爱百姓别矣，既可得而知也。何以知天之爱百姓也？吾以贤者之必赏善罚暴也。何以知贤者之必赏善罚暴也？吾以昔者三代之圣王知之。故昔也三代之圣王，尧、舜、禹、汤、文、武之兼爱之天下也。从而利之，移其百姓之意焉，率以敬上帝、山川、鬼神。天以为从其所爱而爱之，从其所利而利之，于是加其赏焉，使之处上位，立为天子以法也，名之曰圣人。以此知其赏善之证。是故昔也三代之暴王，桀、纣、幽、厉之兼恶天下也，从而贼之，移其百姓之意焉，率以诟侮上帝、山川、鬼神。天以为不从其所爱而恶之，不从其所利而贼之，于是加其罚焉。使之父子离散，国家灭亡，抎失社稷③，忧以及其身。是以天下之庶民，属而毁之。业万世子孙继嗣毁之赍不之废也④，名之曰失王。以此知其罚暴之证。今天下之士君子欲为义者，则不可不顺天之意矣。

【译文】

　　而且上天爱护百姓，不止这个方面罢了会。现在天下所有的国家，凡是吃米粮的人民，杀了无辜的人，必定会得到一种不祥，杀无辜的是谁呢？回答说："是人。"给他不祥的是谁呢？"是上天。"假若上天内心确实不爱护这些百姓，那为什么在人杀了无辜者之后，上天要降给他不祥呢？并且上天是很厚爱护百姓的，上天爱护百姓是很普遍的，这已经可以知道了。怎么知道上天爱护百姓呢？我从贤者必定要赏善罚暴得知。怎么知道贤者必然赏善罚暴呢？我是从从前三代圣王的事迹中知道的。从前三代的圣王尧、舜、禹、汤、文王、武王兼爱天下，从而有利于人民，使百姓的心思潜移默化，率领百姓用以敬奉上天、山川、鬼神。上天因为他们爱自己所爱的人，利自己所利的人，于是加重他们的赏赐，使他们居于上位，立为天子，子孙万代继业，以此成为法度标准，称他们为圣人。因为这些而知道这是上天赏赐善良的明证。从前三代的暴君，如桀、纣、幽王、厉王等，对天下人全都憎恶，残害他们，强奸民意，率领他们侮慢上天、山川、鬼神，上天因为他们不跟从自己的所爱而憎恶他们，不跟从自己的所利而是残害他们，于是对他们加以惩罚，使他们父子离散，国家灭亡，丧失社稷，而且忧及他们自身。而天下的百姓也都诋毁他们，到了子孙万世以后，仍然受人们的唾骂，称他们为暴君，这就是上天惩罚暴君的明证。现今天下的士大夫、君子们，若要行事合乎义，就不可不顺从上天的旨意。

【原文】

曰：顺天之意者，兼也；反天之意者，别也。兼之为道也，义正；别之为道也，力正①。曰："义正者，何若？"曰：大不攻小也，强不侮弱也，众不贼寡也，诈不欺愚也，贵不傲贱也，富不骄贫也，壮不夺老也。是以天下之庶国②，莫以水火、毒药、兵刃以相害也。若事上利天③，中利鬼，下利人，三利而无所不利，是谓天德。故凡从事此者，圣知也，仁义也，忠惠也，慈孝也，是故聚敛天下之善名而加之。是其故何也？则顺天之意也。曰："力正者，何若？"曰：大则攻小也，强则侮弱也，众则贼寡也，诈则欺愚也，贵则傲贱也，富则骄贫也，壮则夺老也。是以天下之庶国，方以水火、毒药、兵刃以相贼害也④。若事上不利天，中不利鬼，下不利人，三不利而无所利，是谓之贼。故凡从事此者，寇乱也，盗贼也，不仁不义，不忠不惠，不慈不孝，是故聚敛天下之恶名而加之。是其故何也？则反天之意也。

【注释】

① 力正：暴政。正，通"政"。

② 庶国：指众多的国家。

③ 若事：其事。若，其。

④ 方：并。

【译文】

顺从上天的旨意，就是"兼"；违反上天的旨意，就是"别"。"兼"的道理，就是义政；"别"的道理，就是暴政。如果问道："义政是什么样呢？"回答是：大国不攻打小国，强国不欺侮弱国，势众的不残害人少的，狡诈的不欺骗愚笨的，高贵的不傲视卑贱的，富足的不傲慢贫困的，年壮的不掠夺年老的。所以天下众多的国家，不以水火、毒药、兵器相互杀害。这种事在上利于天，在中利于鬼，在下利于人。三者有利，就无所不利，就是上天的恩德。所以凡这样做事的，就是圣智、仁义、忠惠、慈孝，所以集中天下的好名声加到他身上。这是什么缘故呢？就是顺从天意"。问道："暴政是什么样呢？"回答是："大国攻打小国，强国欺侮弱国，势众的残害人少的，狡诈的欺骗愚笨的，高贵的傲视卑贱的，富裕的傲慢贫困的，年壮的掠夺年老的，所以天下众国，一齐拿着水火、毒药、兵器来相互残害。这种事在上不利于天，在中不利于鬼，在下不利于人，三者不利就无所得利，所以称之为（天）贼。凡这样做事的，就是寇乱、盗贼、不仁义、不忠不惠、不慈不孝，所以集中天下的恶名加在他们头上。这是什么缘故呢？就是违反了上天的旨意。"

【注释】

①御：当为"抑"，埋。

②格：击，打。

③拔：为"杀"字之误。

④操：为"累"字之误。

⑤绁：为"总"字之误。

⑥飨（xiǎng）：当为"享"，献。

⑦有：通"又"。

【原文】

故子墨子置立天之以为仪法，若轮人之有规，匠人之有矩也。今轮人以规，匠人以矩，以此知方圆之别矣。是故子墨子置立天之，以为仪法，吾以此知天下之士君子之去义远也！何以知天下之士君子之去义远也？今知氏，大国之君宽者然曰："吾处大国而不攻小国，吾何以为大哉？"是以差论蚤牙之士，比列其舟车之卒，以攻伐无罪之国，入其沟境，刈其禾稼，斩其树木，残其城郭，以御其沟池①，焚烧其祖庙，攘杀其牺牷。民之格者②，则剄拔之③，不格者，则系操而归④。丈夫以为仆圉、胥靡，妇人以为舂酋。则夫好攻伐之君，不知此为不仁义，以告四邻诸侯曰："吾攻国覆军，杀将若干人矣。"其邻国之君，亦不知此为不仁义也，有具其皮币，发其绁处⑤，使人飨贺焉⑥。则夫好攻伐之君，有重不知此为不仁不义也⑦，有书之竹帛，藏之府库。为人后子者，必且欲顺其先君之行，曰："何不当发吾府库，视吾先君之法义？"必不曰文武之为正者，若此矣，曰"吾攻国覆军、杀将若干人矣"。则夫好攻伐之君，不知此为不仁不义也。其邻国之君，不知此为不仁不义也。是以攻伐世世而不已者。此吾所谓大物则不知也。

【译文】

所以墨子设立天志，作为法度标准，就像做车轮的师傅有圆规，木匠有方尺一样，现在做车轮的师傅使用圆规，木匠使用方尺，就知道方与圆的区别。所以墨子设立天志作为法度标准，我因此而知道天下的士君子离义还很远。怎么知道天下的士君子离义还很远呢？现在大国的君主这么说："我们处于大国地位而不攻打小国，我们怎能成为大国呢？"因此差遣他们的爪牙，排列他们的舟车队伍，用以攻伐无罪的国家。进入他们的国境，割掉他们的庄稼，砍伐他们的树木，毁坏他们的城郭，以及填没他们的沟池，焚烧他们的祖庙，屠杀他们的牲口。人民抵抗的，就杀掉；不抵抗的就捆缚回去，男人用作奴仆、马夫，女人用作舂米、掌酒的家奴。那些喜好攻伐的君主，不知道这是不仁不义，还以此通告四邻的国君说："我攻下别国，覆灭他们的军队，杀了将领多少人。"他邻国的君主，也不知道这是不仁不义，又准备皮币，拿出仓库的积藏派人去犒劳庆赏。那些喜好攻伐的君主又绝对不知道这是不仁不义，又把它写在简帛上，藏在府库中。作为后世的子孙，必定将要顺从他们先君的志行，说道："为什么不打开我们的府库，看看我们先君留下的法则呢？"（那上面）必定不会写着"文王、武王的政绩像这样"，而必定写着"我攻下敌国，覆灭他们的军队，杀了将领若干人"。那些喜好攻伐的君主不知道这是不仁不义；他的邻国君主，也不知道这是不仁不义，因此攻伐代代不止。这就是我所说的（士大夫、君子们）对于大事全不明白的缘故。

【原文】

所谓小物则知之者[1]，何若？今有人于此，入人之场园，取人之桃李瓜姜者，上得且罚之，众闻则非之。是何也？曰：不与其劳[2]，获其实，已非其有所取之故。而况有逾于人之墙垣，格人之子女者乎！与角人之府库[3]，窃人之金玉蚤絫者乎[4]！与逾人之栏牢，窃人之牛马者乎！而况有杀一不辜人乎！今王公大人之为政也，自杀一不辜人者，逾人之墙垣，抯格人之子女者，与角人之府库，窃人之金玉蚤絫者，与逾人之栏牢、窃人之牛马者，与入人之场园、窃人之桃李瓜姜者，今王公大人之加罚此也，虽古之尧、舜、禹、汤、文、武之为政，亦无以异此矣。

【注释】

①小物：小事情。

②与：参与。

③角：穿。

④蚤：为"布"字之误。

【译文】

　　从所谓小事就知道的，又怎么讲呢？比如现今这里有一个人，他进入别人的果园、菜圃，偷窃人家的桃子、李子、瓜菜和生姜，别人抓住了将会惩罚他，大众听到了就指责他。这是什么原因呢？是他不参与种植之劳，却获得了果实，取到了不属于自己的东西的缘故。何况还有翻越别人的围墙，去抢掠别人子女的呢！还有挖穿人家的府库，偷窃人家的金玉布帛的呢！还有翻越人家的牛栏马圈，盗取人家牛马的呢！何况还有杀掉一个无罪的人呢！当今的王公大人执掌政权，对于杀掉一个无罪的人，翻越人家的围墙抢掠别人子女的，到与挖穿别人的府库而偷取人家的金玉布帛的，翻越别人的牛栏马牢而盗取牛马的，进入人家的果园菜圃而偷取桃李瓜果的，现在的王公大人对这些都要加倍惩罚，即使古代的圣王如尧、舜、禹、汤、文王、武王等治政，也不会与此不同。

【注释】

①凌：通"陵"，侵犯。

②赉(fén)："紊"之假借字，乱。我：为"义"字之误。

③蚤越：当为"斧钺"。

④为：通"谓"。

【原文】

　　今天下之诸侯，将犹皆侵凌攻伐兼并①，此为杀一不辜人者，数千万矣！此为逾人之墙垣，格人之子女者，与角人府库，窃人金玉蚤絭者，数千万矣！逾人之栏牢，窃人之牛马者，与入人之场园，窃人之桃李瓜姜者，数千万矣！而自曰："义也！"故子墨子言曰："是赉我者②，则岂有以异是赉黑白、甘苦之辩者哉！今有人于此，少而示之黑，谓之黑；多示之黑，谓白。必曰：'吾目乱，不知黑白之别。'今有人于此，能少尝之甘，谓甘；多尝，谓苦。必曰：'吾口乱，不知其甘苦之味。'今王公大人之政也，或杀人，其国家禁之。此蚤越有能多杀其邻国之人③，因以为文义④。此岂有异临赉黑白、甘苦之别者哉？"

【译文】

　　现在天下的诸侯，大概还全都在相互侵犯、攻伐、兼并，这与杀死一个无辜的人相比，（罪过）已是几千万倍了。这与翻越别人的围墙而抓取别人的子女相比，与挖穿人家的府库而窃取金玉布帛相比，（罪过）也已是数千万倍了。与翻越别人的牛栏马圈而偷窃别人的牛马相比，与进入人家的果场菜园而窃取人家的桃、李瓜姜相比，（罪过）已是数千万倍了！然而他们自己说：
"这是义呀！" 所以墨子说道："这是混乱义的说法。那么难
道跟混淆黑白、甜苦的区别有什么不同呢！假如现在这里有一个
人，给他少许黑色，他说是黑的，多给他黑色，他却说是白色的，
结果他必然会说：'我的眼睛昏乱，不知道黑白的分别。'假如现
在这里有一个人，给他少许甜味，他说是甜的；给他多多尝些甜
味，他说是苦的。结果他必然会说：'我的口味乱了，我不知道甜
和苦的味道。'现在的王公大人施政，若有人杀人，他的国家必
然禁止。如果有人拿兵器多多杀掉邻国的人，却说这是义。这与
混淆黑白、甘苦的做法有什么区别吗？"

【原文】

　　故子墨子置天之以为仪法。非独子墨子以天之志为法也，于
先王之书《大夏》之道之然："帝谓文王，予怀明德，毋大声以
色，毋长夏以革，不识不知，顺帝之则。"此诰文王之以天志为
法也[1]，而顺帝之则也。且今天下之士君子，中实将欲为仁义，求
为上士，上欲中圣王之道，下欲中国家百姓之利者，当天之志而
不可不察也。天之志者，义之经也[2]。

【注释】

[1] 诰: 为"语"字之误。
[2] 经: 原则。

【译文】

　　所以墨子设立天志，作为法度标准。不仅墨子以天志为法
度，就是先王的书《大夏》（即《诗·大雅》）中也这样说过：
"上天对文王说：我思念有光明德行的人，他不大显露声色，也
不崇尚侈大与变革，不逞能弄巧自作聪明，而是顺从天帝的法
则。"这是告诫周文王以天志为法度，顺从天帝的法则。所以当
今天下的士大夫、君子们，如果内心确实希望实行仁义，追求做
上层人士，在上希望符合圣王之道，在下希望符合国家百姓的利
益，对天志就不可不详考察。上天的意志，就是"义"的原则。

明鬼（下）

【原文】

　　子墨子言曰："逮至昔三代圣王既没，天下失义，诸侯力正。是以存夫为人君臣上下者之不惠忠也，父子弟兄之不慈孝弟长贞良也，正长之不强于听治[1]，贱人之不强于从事也[2]。民之为淫暴寇乱盗贼，以兵刃、毒药、水火，退无罪人乎道路率径[3]，夺人车马、衣裘以自利者并作，由此始，是以天下乱。此其故何以然也？则皆以疑惑鬼神之有与无之别，不明乎鬼神之能赏贤而罚暴也。今若使天下之人，偕若信鬼神之能赏贤而罚暴也[4]，则夫天下岂乱哉？"

【译文】

　　墨子说："自从从前三代圣王去世以后，天下就没有了仁义，诸侯实行的是暴力政治。所以存在于君臣之间的是君不施恩，臣不尽忠，存在于父子兄弟之间的则是父不慈爱子不孝顺，兄长与弟弟不能和睦相处，行政长官不努力于听政治国，平民不努力从事于工作。人们做出了淫暴、寇乱、盗贼的事，拿着兵器、毒药、水、火在大小道路上阻遏无罪的人，夺取人家的车马、衣裘作为己有。这些事一并产生，从此开始，天下大乱。是什么原因导致了这种情况呢？这是因为对鬼神有与无的分辨疑惑不解，对鬼神能够赏贤、罚暴不明白。现在如果能让普天下的人民都确信鬼神能够赏贤罚暴，那么天下哪里还会乱呢？"

【原文】

　　今执无鬼者曰[1]："鬼神者，固无有。"旦暮以为教诲乎天下，疑天下之众，使天下之众皆疑惑乎鬼神有无之别，是以天下乱。是故子墨子曰："今天下之王公大人、士君子，实将欲求兴天下之利，除天下之害，故当鬼神之有与无之别[2]，以为将不可以不明察此者也。

【译文】

　　而现今主张无神论的人说："鬼神这东西，本来就不存在。"从早到晚都用这些话来说教天下，使天下人民疑惑，让天下的民众都对鬼神有无的分辨疑惑不解，所以天下就大乱。所以墨子说："现今天下的王公大人、士大夫、君子们，如果想真心实意地兴天下之利，除天下之害，那么对于鬼神的有与无的分辨，就不能不作认真的研究和考察了。"

【原文】

　　既以鬼神有无之别，以为不可不察已①。然则吾为明察此，其说将奈何而可？子墨子曰：是与天下之所以察知有与无之道者，必以众之耳目之实知有与亡为仪者也。请或闻之见之②，则必以为有；莫闻莫见，则必以为无。若是，何不尝入一乡一里而问之？自古以及今，生民以来者，亦有尝见鬼神之物，闻鬼神之声，则鬼神何谓无乎？若莫闻莫见，则鬼神可谓有乎？

【注释】

①已：通"矣"。

②请：当为"诚"。

或：通"或"。

【译文】

　　既然认识到鬼神的有和没有的分别，就不可以不明白地加以考察。既然这样，那么我为了彻底弄清楚这件事，应该怎么说才好呢？墨子说："要和天下的人一同弄清鬼神的有无这件事，都应该用大众的耳目亲闻亲见的事实为根据。如果确实有人听见了、见到了，那么必定认为鬼神是存在的，如果没有人听到或看到，那么必定认为鬼神是不存在的。假若这样，为什么不进入一乡一里去询问呢？从古至今有人民以来，也有人曾见到过鬼神的形状，听到过鬼神的声音，那么怎么怎么能说没有鬼神？假若没有谁听到、没有谁看到，那么怎能说有鬼神呢？"

【原文】

　　今执无鬼者言曰："夫天下之为闻见鬼神之物者，不可胜

【注释】

①其：通"期"，

到……时，等到。

②田：通"畋"，打猎。

③弢（tāo）：弓袋。

④憯（cǎn）：通"惨"，急速。遄："速"之籀文，疾。

计也。亦孰为闻见鬼神有、无之物哉？"子墨子言曰："若以众之所同见，与众之所同闻，则若昔者杜伯是也。周宣王杀其臣杜伯而不辜，杜伯曰：'吾君杀我而不辜，若以死者为无知，则止矣；若死而有知，不出三年，必使吾君知之。'其三年①，周宣王合诸侯而田于圃②，田车数百乘，从数千人，满野。日中，杜伯乘白马素车，朱衣冠，执朱弓，挟朱矢，追周宣王，射之车上，中心折脊，殪车中，伏弢而死③。当是之时，周人从者莫不见，远者莫不闻，著在周之《春秋》。为君者以教其臣，为父者以警其子，曰："戒之！慎之！凡杀不辜者，其得不祥，鬼神之诛，若此之憯遄也④！"以若书之说观之，则鬼神之有，岂可疑哉？

【译文】

现今主张无鬼神论的人说："天下听说过鬼神的人多得无法计算，但是谁是真的见过鬼神的人呢？"墨子说道："如果要举出大家都看到，而且大家都听到的关于鬼神的事，那么像从前杜伯的例子就是这样。周宣王杀了他的臣子杜伯，而杜伯没有罪。杜伯说：'我的君主要杀我，而我没有罪，假若认为死者无知，那么就罢了，假若死而有知，那么不出三年，我必定让我的君上知道后果。'杜伯死后第三年，周宣王会合诸侯在圃地打猎，猎车数百辆，随从数千人，人群布满山野。那时正当中午，只见杜伯乘坐白马素车，穿着红衣，拿着红弓，追赶周宣王，在车上射箭，射中周宣王的心脏，使他折断了脊骨，倒伏在弓袋之上死了。当这个时候，周围跟从的人没有不看见的，远处的人没有人不听到的，后来把这件事还记载在周朝的《春秋》上。做君上的以此教导臣下，做父亲的以此警戒儿子，说：'一定要警惕呀！谨慎哪！凡是杀害无罪的人，他必得到不祥后果。鬼神的惩罚，是如此的惨痛快速。'按这本书的说法来看，鬼神的存在，难道还有什么疑　问吗？

【原文】

"非唯若书之说为然也，昔者郑穆公①，当昼日中处乎庙，有神入门而左，鸟身，素服三绝[2]，面状正方。郑穆公见之，乃恐惧，奔。神曰："无惧！帝享女明德，使予锡女寿十年有九[3]，使若国家蕃昌，子孙茂，毋失郑。"穆公再拜稽首[4]，曰："敢问神名？"曰："予为句芒[5]。"若以郑穆公之所身见为仪，则鬼神之有，岂可疑哉？

【译文】

　　"不仅书上说的是这样，从前秦穆公，白天中午在庙堂里看到一个神进入大门向左拐，那个神人面鸟身，穿着素服、头戴着黑色的帽子，脸是正方形的。秦穆公见了，于是很恐惧地逃走。神说：'不要害怕！上天因你明德有道而保佑你，派我来给你增添阳寿十九年，使你的国家繁荣昌盛，子孙兴旺，不失去秦国。'穆公拜两拜，稽首行礼，问道：'请问尊神大名。'神回答说：'我是句芒。'如果以秦穆公的亲身所见为依据，那么鬼神的存在，难道还有疑问吗？

【原文】

　　"非唯若书之说为然也，昔者燕简公杀其臣庄子仪而不辜，庄子仪曰：'吾君王杀我而不辜。死人毋知亦已，死人有知，不出三年，必使吾君知之。'期年[1]，燕将驰祖[2]。燕之有祖，当齐之社稷，宋之有桑林，楚之有云梦也，此男女之所属而观也。日中，燕简公方将驰于祖涂[3]，庄子仪荷朱杖而击之[4]，殪之车上。当是时，燕人从者莫不见，远者莫不闻，著在燕之《春秋》。诸侯传而语之曰：'凡杀不辜者，其得不祥，鬼神之诛，若此其憯遫也！'以若书之说观之，则鬼神之有，岂可疑哉？

【译文】

　　"不止这本书所说的是这样，从前燕简公杀了他的臣下庄子仪，而庄子仪没有罪过。庄子仪说：'我的君上杀我，我并没有罪。如果死人无知，也就罢了。如果死者有知，不出三年，必定使我的君上知道后果。'过了一年，燕人将驰往沮泽祭祀。燕国有沮泽，就像齐国有社稷、宋国有桑林、楚国有云梦泽一样，都是男女聚会和游览的地方。正午时分，燕简公正在驰往沮泽途中，只见庄子仪肩扛红木杖打他，把他杀死在车上。发生这件事的时候，燕国跟随简公的没有人没看见的，远处的人没有不听说这件事的，这记载在燕国的《春秋》上。诸侯相互转告说：'凡是杀了无罪的人，他定得不祥。鬼神的惩罚，是如此的惨痛快速。'按这本书所说的来看，那么鬼神的存在，难道还有疑问吗？

【注释】

①祏：为"祏（shí）"之误。

②袜：即"祝"。揖：为"楫"字之误。

③女：通"汝"。

④荷缒：疑为"葆缒"之误，即"襁褓"。

⑤槀（gǎo）：通"敲"。

【原文】

"非唯若书之说为然也，昔者宋文君鲍之时，有臣曰袜观辜①，固尝从事于石，袜子杖揖出②，与言曰：'观辜！是何珪璧之不满度量？酒醴粢盛之不净洁也？牺牲之不全肥？春秋冬夏选失时？岂女为之与③？意鲍为之与？'观辜曰：'鲍幼弱，在荷缒之中④，鲍何与识焉？官臣观辜特为之。'袜子举揖而槀之⑤，殪之坛上。当是时，宋人从者莫不见，远者莫不闻，著在宋之《春秋》。诸侯传而语之曰：'诸不敬慎祭祀者，鬼神之诛至，若此其憯遫也！'以若书之说观之，鬼神之有，岂可疑哉？

【译文】

"不只是这部书上这样说，从前宋文君鲍在位之时，有个臣子叫袜观辜，曾在祠庙从事祭祀，有一次他到神祠里去，厉神附在祝史的身上，对他说："观辜，为什么圭璧达不到礼制要求的规格？为什么酒醴粢盛不洁净？为什么用作牺牲的牛羊不纯色不肥壮？春秋冬夏的祭献不按时？这是你干的呢，还是鲍干的呢？"观辜说：'鲍还幼小，在襁褓之中，鲍怎么会知道呢？这是负责祭祀的臣观辜独自做的。'祝史举起木杖打他，把他打死在祭坛上。发生这件事的时候，宋人跟随的没有看不见的，远处的人没有不听说的，这件事被记载在宋国的《春秋》上。诸侯相互传告说：'凡是不恭敬谨慎地祭祀的人，鬼神的惩罚，是如此的惨痛快速。'按这部书的说法来看，那么鬼神的存在，难道还有什么可怀疑的吗？

【原文】

"非唯若书之说为然也，昔者齐庄君之臣，有所谓王里国、中里徼者，此二子者，讼三年而狱不断。齐君由谦杀之①，恐不辜；犹谦释之，恐失有罪。乃使之人共一羊②，盟齐之神社。二子许诺。于是泄洫③，撱羊而漉其血。读王里国之辞，既已终矣；读中里徼之辞，未半也，羊起而触之，折其脚，祧神之而槀之，殪之盟所。当是时，齐人从者莫不见，远者莫不闻，著在齐之《春秋》。诸侯传而语之曰：'请品先不以其请者④，鬼神之诛至，若此其憯遫也！'以若书之说观之，鬼神之有，岂可疑哉？是故子墨子言曰：'虽有深溪、博林、幽涧无人之所，施行不可以不董⑤，见有鬼神视之。'

【注释】

①由：为"欲"之假借字。谦：通"兼"。

②之：为"二"字之误。

③泄（chù）：通"掘"，穿。洫（xù）：穴。

④请品先：为"诸诅矢"之误。"矢"通"誓"。后一个"请"为"情"字之假借字。

⑤董：为"董"字之误，"董"通"谨"。

【译文】

"不只是这部书上这样说，从前齐庄王的时候，有两个大臣，分别叫王里国、中里徼。这两人打了三年的官司，案件还审理不清。齐君想把他们两个都杀掉，又担心杀了无罪者；想都释放他们，又担心放过了有罪者。于是让两个人共同带着一头羊到齐国社稷神坛前发誓，二人都答应了。在神前挖了一个坑，把羊杀掉，把羊血洒在地上。王里国的誓词读完以后，读中里徼的誓词，读了不到一半，那死羊就跳起来触他，把他的脚折断了，祧神上来敲他，把他杀死在发誓的地方。当时，齐国跟从的没人没看见、远处的人没人没听说这件事的，人们把这件事记载在齐国的《春秋》中。诸侯传告说：'所有发誓而言不由衷的，鬼神的惩罚，是如此的惨痛快速。'按这部书的说法来看，那么鬼神的存在，难道还有什么可怀疑的吗？所以墨子说：'即使在深山老林、幽闲无人的地方，所作所为也不能不谨慎，因为鬼神就在身边监视着你呢。'"

【原文】

今执无鬼者曰："夫众人耳目之请，岂足以断疑哉？奈何其欲为高君子于天下，而有复信众之耳目之请哉！"子墨子曰：

【注释】

①中人：指智力中等的人。

"若以众之耳目之请，以为不足信也，不以断疑。不识若昔者三代圣王尧、舜、禹、汤、文、武者，足以为法乎？"故于此乎自中人以上皆曰①："若昔者三代圣王，足以为法矣。"若苟昔者三代圣王足以为法，然则姑尝上观圣王之事。昔者武王之攻殷诛纣也，使诸侯分其祭，曰："使亲者受内祀，疏者受外祀。"故武王必以鬼神为有，是故攻殷伐纣，使诸侯分其祭；若鬼神无有，则武王何祭分哉？

【译文】

　　现在持无神论的人说："一般人所耳闻目见的情况，难道就可以决断疑问吗？哪有像作为天下高级人才反而相信一般人耳闻目见的东西的呢？"墨子说："如果认为一般人所耳闻目见的实情不足以相信，不能以此断定疑惑，那么，就不能不审知从前三代圣王尧、舜、禹、汤、周文王、周武王，是否足以作为法则？"所以对于这个问题自中等资质以上的都会说："从前三代的圣王，足够可以作为法则了。"假若从前三代的圣王足以作为法则，那么姑且试着回顾一下圣王的行事：从前周武王攻伐殷商诛杀纣王，使诸侯分掌众神的祭祀，说："同姓诸侯祭祀祖庙，异姓诸侯祭祀本国的山川。"所以说武王认为鬼神是存在的，所以攻殷伐纣，使诸侯分主祭祀。如果鬼神不存在，那么武王又何必让诸侯分开祭祀呢？

【原文】

　　非唯武王之事为然也，故圣王其赏也必于祖，其傮也必于社①。赏于祖者何也？告分之均也；傮于社者何也？告听之中也。非惟若书之说为然也，且惟昔者虞、夏、商、周三代之圣王，其始建国营都，必择国之正坛，置以为宗庙；必择木之修茂者，立以为蒇位②；必择国之父兄慈孝贞良者，以为祝宗；必择六畜之胜腯肥倅毛，以为牺牲；珪璧琮璜，称财为度；必择五谷之芳黄，以为酒醴粢盛，故酒醴粢盛与岁上下也③。故古圣王治天下也，故必先鬼神而后人者，此也。故曰：官府选效必先④，祭器、祭服毕藏于府，祝宗有司毕立于朝，牺牲不与昔聚群。故古者圣王之为政若此。

【译文】

　　不仅武王时的事是这样，古代圣王进行赏赐，一定在祖庙；实行刑戮，则一定在社坛。在祖庙行赏是为什么呢？是告诉祖先行赏公平；在社坛行戮是为什么呢？是告诉社坛处理的公允。不仅这一记载说的是这样，而且从前夏、商、周三代的圣王，他们建立国家营建都城的时候，必定要选择国内正中地带，建立宗庙；还必定选择树木高大茂盛的地方，立为丛社；必定要选择国内父兄辈慈祥、孝顺、正直、善良的人，充作祭祀的太祝和宗伯；必定要选择六畜中肥壮、纯色的，作为祭祀品；摆设圭、璧、琮、璜等玉器，也要求合乎要求和礼仪制度；还要选择五谷中气香色黄的，用作供祭的酒醴粢盛，因而酒醴粢盛随年成好坏而增减。所以古代的圣王治理天下，一定是先鬼神后人民。所以说：官府置备供具，必定以祭品、祭服为先，把这些东西在府库中储备足，太祝、太宗等官吏都于朝廷就位，选为祭品的牲畜不跟昔日的畜群关在一起。古代的圣王就是如此施政的。

【原文】

　　古者圣王必以鬼神为①，其务鬼神厚矣。又恐后世子孙不能知也，故书之竹帛，传遗后世子孙。咸恐其腐蠹绝灭②，后世子孙不得而记，故琢之盘盂、镂之金石以重之。有恐后世子孙不能敬若以取羊③，故先王之书，圣人一尺之帛，一篇之书，语数鬼神之有也，重有重之④。此其故何？则圣王务之。今执无鬼者曰："鬼神者，固无有。"则此反圣王之务。反圣王之务，则非所以为君子之道也。

【注释】

①为：后疑脱"有"字。

②咸：为"或"字之误。

③著（jūn）：威，为"若"字之误。羊：即"祥"。

④有：通"又"。

【译文】

　　古代圣王必定认为鬼神是存在的，所以他们的祭祀相当丰厚。又恐怕后世子孙不能知道这点，所以把它写在竹简帛书上，流传给后世子孙。或者担心它们被腐蚀、被虫咬而灭绝，使后世子孙不能记住，所以又把它雕琢在盘盂上，镂刻在金石上，以示重视。又担心后世子孙不能敬顺以取得吉祥，所以先王的书籍、圣人的言语，即使是在一尺的帛书上、一篇简书上，都反复述说鬼神的存在，反复申明要敬重鬼神。这是什么缘故？是因为圣王要勉力事奉鬼神。现在主张没有鬼神的人说："鬼神，本来就不存在。"那么这就是违背圣王的要务。违反圣王的要务，就不是君子所行的道了。

【注释】

①陟（zhì）：登，上。

②穆穆：勤勉不倦的样子。

【原文】

今执无鬼者之言曰："先王之书，慎无一尺之帛，一篇之书，语数鬼神之有，重有重之，亦何书之有哉？"子墨子曰："《周书·大雅》有之，《大雅》曰：'文王在上，于昭于天。周虽旧邦，其命维新。有周不显，帝命不时。文王陟降①，在帝左右。穆穆文王②，令问不已。'若鬼神无有，则文王既死，彼岂能在帝之左右哉？此吾所以知《周书》之鬼也。"

【译文】

现今主张没有鬼神的人说："先王的书籍、圣人的言语，即使是一尺的帛书、一篇简书上，都多次提到鬼神的存在，反复申明，那么这究竟是一些什么书呢？"墨子说："《周书·大雅》就写有这个。《大雅》说：'文王高居上位，功德昭著于天，周朝虽是诸侯旧邦，但它接受天命才刚开始，周朝的德业很显著，上天的授命很及时。文王去世后，常在上天的身边，庄严的文王，美名传扬不止。'如果鬼神不存在，那么文王已死，他怎么能在上天的左右呢？这就是我所知道的《周书》中写的鬼神。"

【注释】

①贞：通"征"。

②矧（shěn）：况且。佳：即"惟"。

【原文】

且《周书》独鬼而《商书》不鬼，则未足以为法也。然则姑尝上观乎《商书》，曰："呜呼！古者有夏，方未有祸之时，百兽贞虫①，允及飞鸟，莫不比方。矧佳人面②，胡敢异心？山川鬼神，亦莫敢不宁，若能共允^③，佳天下之合，下土之葆。"察山川、鬼神之所以莫敢不宁者，以佐谋禹也。此吾所以知《商书》之鬼也。

③共：恭。允：信。

【译文】

而且《周书》独独记载有鬼神，《商书》却没有记载鬼神，那么还不足以此作为法则。既然如此，那么姑且试着回顾一下《商书》。《商书》上说："啊！古代的夏朝，正当没有灾祸的时候，各种野兽爬虫，以及各种飞鸟，都不敢不行正道。更何况是人类，怎么敢怀有异心？山川、鬼神，也无不安宁，若能恭敬诚信，则天下和合，确保国土。"考察山川、鬼神无不安宁的原因，是山川鬼神在帮助大禹。因此我知道《商书》中记载有鬼神。

【原文】

且《商书》独鬼而《夏书》不鬼，则未足以为法也。然则姑尝上观乎《夏书》，《禹誓》曰："大战于甘，王乃命左右六人，下听誓于中军。曰：'有扈氏威侮五行^①，怠弃三正^②，天用剿绝其命。'有曰：'日中，今予与有扈氏争一日之命。且^③！尔卿、大夫、庶人，予非尔田野葆士之欲也^④，予共行天之罚也。左不共于左^⑤，右不共于右，若不共命；御非尔马之政，若不共命。是以赏于祖，而僇于社。"赏于祖者何也？言分命之均也；僇于社者何也？言听狱之事也。故古圣王必以鬼神为赏贤而罚暴，是故赏必于祖，而僇必于社。此吾所以知《夏书》之鬼也。故尚者《夏书》^⑥，其次商、周之书，语数鬼神之有也，重有重之。此其故何也？则圣王务之。以若书之说观之，则鬼神之有，岂可疑哉！

【注释】

① 五行：即仁、义、礼、智、信。

② 三正：天、地、人之正道。

③ 且：通"徂"，往。

④ 葆士：当作"宝玉"。

⑤ 共：当作"攻"。

⑥ 尚：即"上"。

【译文】

如果只是商代的书籍记载有鬼神，而《夏书》没有记载，那么还不足以用来作为法则，既然如此，那么姑且让我们来看看《夏书》的记载吧。《禹誓》说："在甘这个地方举行大战，夏王于是命令左右六人，下到中军去听宣誓。夏王说：'有扈氏轻慢蔑视五行，怠惰废弃三正，上天因而断绝他的大命。'又说：'到正午的时候，我们要和有扈氏决一死战。前进吧！卿、大夫和平民百姓。我不是想要有扈氏的田地和宝玉，我是躬行上天的惩罚。如果车左不努力攻击敌人的车左，如果车右不努力攻击敌人的车右，那就是你们不执行上天的命令。所以要在祖先神位前行赏，在社庙神主前行罚。'"在祖庙行赏是为什么呢？是告诉祖先分配天命的公平。在社庙行罚是为什么呢？是说治狱的合理。所以古时圣王必定认为鬼神是赏贤和罚暴的，所以行赏必在祖庙而行罚必在社庙。这就是我所知道的《夏书》中的鬼。所以最远的《夏书》，其次的《商书》、《周书》，都多次说到鬼神的存在，并且反复申明。这又是什么缘故呢？是因为圣王很重视鬼神。按这些书上的说法来看，那么鬼神的存在，难道还有什么可怀疑的吗？

【原文】

于古曰："吉日丁卯，周代祝社方，岁于社者考①，以延年寿。"若无鬼神，彼岂有所延年寿哉？是故子墨子曰："尝若鬼神之能赏贤如罚暴也②。盖本施之国家，施之万民，实所以治国家、利万民之道也。"若以为不然，是以吏治官府之不洁廉，男女之为无别者，鬼神见之；民之为淫暴寇乱盗贼，以兵刃、毒药、水火，退无罪人乎道路，夺人车马、衣裘以自利者，有鬼神见之。是以吏治官府不敢不洁廉，见善不敢不赏，见暴不敢不罚。民之为淫暴寇乱盗贼，以兵刃、毒药、水火，退无罪人乎道路，夺车马、衣裘以自利者，由此止，是以莫放幽间，拟乎鬼神之明显，明有一人畏上诛罚，是以天下治。

【译文】

在古时有记载说："在丁卯吉日，派大臣代表国君祭祀社神、四方神，岁末的时候祭祀祖先，用以延年益寿。"如果没有鬼神，他们何来延年益寿之说？所以墨子说："应该相信鬼神能够赏贤和罚暴。这本应施之于国家和万民，实在是治理国家、造福万民的大道。"假如认为不是这样，那些政府官吏不清廉、男女混合杂乱、没有分别，鬼神都会看得见；百姓成为淫暴、寇乱、盗贼，拿着兵器、毒药、水、火在道路上遏制住无罪的人，夺取人家的车马、衣裘以此自利，有鬼神看得见。因此官吏治理官府不敢不廉洁，看到好的不敢不奖赏，看到坏的不敢不加以惩罚。而百姓成为淫暴、寇乱、盗贼，拿着兵器、毒药、水、火在道路遏制住无罪的人，抢夺人家的车马，衣裘以此自利的就会从此停止，这样一来，别说是幽闲的山野，所有地方的人民都不会有一人不畏惧于上天对恶行的惩罚，因此天下就治理了。

【原文】

　　故鬼神之明，不可为幽间广泽，山林深谷，鬼神之明必知之。鬼神之罚，不可为富贵众强，勇力强武，坚甲利兵，鬼神之罚必胜之。若以为不然，昔者夏王桀，贵为天子，富有天下，上诟天侮鬼，下殃傲天下之万民[1]，祥上帝伐[2]，元山帝行[3]。故于此乎天乃使汤至明罚焉。汤以车九两，鸟陈雁行，汤乘大赞，犯遂下众，人之蟜遂[4]，王乎禽推哆、大戏[5]。故昔夏王桀，贵为天子，富有天下，有勇力之人推哆、大戏，生列兕虎[6]，指画杀人。人民之众兆亿，侯盈厥泽陵，然不能以此圉鬼神之诛[7]。此吾所谓鬼神之罚，不可为富贵众强、勇力强武、坚甲利兵者，此也。

【译文】

　　因此鬼神的明察，不论是大泽幽静的地方，还是深山老林，鬼神是必定能够看得见的。鬼神的惩罚，不可能凭借富贵、人多势大、勇猛顽强、坚甲利兵，因为鬼神要惩罚你就一定能胜过你。假若认为不是这样，那么请看从前的夏桀，他贵为天子，富有天下，对上咒骂天帝、侮辱鬼神，对下祸害残杀天下的万民，残害上帝之功，抗拒上天之道。所以在此时上天就使商汤对他致以明罚。汤用战车九辆，布下鸟阵、雁行的阵势。汤登上大赞这个地方，挥师进攻、追逐夏的军队，进入都郊隧道，汤王于是擒获了推哆、大戏。从前的夏王桀，贵为天子，富有天下，拥有勇力的将领推哆、大戏，他们能活生生地把兕、虎撕裂，指画之间，就能杀死人。他的民众多得能布满山陵水泽，却不能以此抵御鬼神的诛罚。这就是我所说的对鬼神的惩罚，人不可能凭借富贵、人多势大、勇猛顽强、坚甲和锐利武器的道理就在这里。

【原文】

　　且不唯此为然，昔者殷王纣，贵为天子，富有天下，上诟天侮鬼，下殃傲天下之万民，播弃黎老，贼诛孩子，楚毒无罪①，刳剔孕妇，庶旧鳏寡②，号咷无告也。故于此乎天乃使武王至明罚焉。武王以择车百两，虎贲之卒四百人③，先庶国节窥戎，与殷人战乎牧之野。王乎禽费中、恶来。众畔百走④，武王逐奔入宫，万年梓株折纣⑤，而系之赤环，载之白旗，以为天下诸侯僇。故昔者殷王纣，贵为天子，富有天下，有勇力之人费中、恶来、崇侯虎，指寡杀人。人民之众兆亿，侯盈厥泽陵，然不能以此圉鬼神之诛。此吾所谓鬼神之罚，不可为富贵众强、勇力强武、坚甲利兵者，此也。且《禽艾》之道之曰："得玑无小⑥，灭宗无大。"则此言鬼神之所赏，无小必赏之；鬼神之所罚，无大必罚之。

【译文】

　　并且不止夏桀是这样，从前的殷王纣，贵为天子，富有天下，但他对上咒骂上天、侮辱鬼神，对下殃害残杀天下万民，抛弃父老，屠杀孩童，用炮烙之刑处罚无罪之人，剖割孕妇之胎，百姓中那些孤单的人虽然号啕大哭却无处申诉。所以在这个时候，上天就使周武王向商纣致以明罚。武王用精选的战车一百辆，虎贲勇士四百人，自己率先走在各受符节的诸侯前头前往观察战事。在牧野这个地方与殷商军队开战，武王于是擒获了费中、恶来，殷军大队叛逃败走。武王追逐他们奔入殷宫，用万年梓株折断了纣王头，把他的头系在赤环上，以白旗载着，以此为天下诸侯杀戮他。从前的殷王纣贵为天子，富有天下，又有勇力的将领费中、恶来、崇侯虎，在举手之间即可杀人。他的民众多得布满水泽山林，然而不能凭此抵御鬼神的诛罚。这就是我所说的鬼神的惩罚，不能凭借富贵、人多势大、勇猛顽强、坚甲和锐利武器的道理就在这里。并且《禽艾》上说过："得到吉祥的，不在地位微小；得到灭族的，不在地位显赫。"这说的是鬼神所应赏赐的，不论地位多么卑微也必定要赏赐他；鬼神所要惩罚的，不论地位多么尊崇也必定要惩罚他。

【原文】

今执无鬼者曰："意不忠亲之利[1]，而害为孝子乎？"子墨子曰："古之今之为鬼，非他也，有天鬼，亦有山水鬼神者，亦有人死而为鬼者。"今有子先其父死，弟先其兄死者矣。意虽使然，然而天下之陈物[2]，曰："先生者先死。"若是，则先死者非父则母，非兄而姒也[3]。今洁为酒醴粢盛，以敬慎祭祀，若使鬼神请有，是得其父母姒兄而饮食之也，岂非厚利哉！若使鬼神请亡，是乃费其所为酒醴粢盛之财耳；自夫费之[4]，非特注之污壑而弃之也[5]，内者宗族，外者乡里，皆得如具饮食之；虽使鬼神请亡，此犹可以合欢聚众，取亲于乡里。

【译文】

现今主张无鬼神论的人说："我担心这样做会影响对父母的忠诚和孝道，这不是有碍于做孝子吗？"墨子说："古往今来的鬼神，不是别的，有天鬼天神，也有山水的鬼神，也有人死后所变的鬼神。"现在有儿子比他父亲先死、弟弟比兄长先死的情况。即使如此，按天下常理来说，总是说："先出生的会先死。"假如如此，那么先死的不是父亲就是母亲、不是哥哥就是姐姐。现在把祭祀的甜酒和盛在祭器中的黍稷弄得很洁净，用以恭敬谨慎地祭祀。假使鬼神确实存在，这样他的父母、兄姐得到饮食，难道不是最大的益处吗？假使鬼神确实没有，这不过是浪费他制作甜酒和盛在祭器中黍稷的一点资财罢了。而且这种浪费，也并不是倾倒在脏水沟去丢掉，而是还可以用来邀请宗族乡亲欢聚一堂，增进亲情。

【原文】

今执无鬼者言曰："鬼神者，固请无有，是以不共其酒醴、粢盛、牺牲之财[1]。吾非乃今爱其酒醴、粢盛、牺牲之财乎？其所

③交：求取。

④弟兄：当为"兄姒"。

得者，臣将何哉？"此上逆圣王之书，内逆民人孝子之行②，而为上士于天下，此非所以为上士之道也。是故子墨子曰："今吾为祭祀也，非直注之污壑而弃之也，上以交鬼之福③，下以合欢聚众，取亲乎乡里。若神有，则是得吾父母弟兄而食之也④。则此岂非天下利事也哉！"是故子墨子曰："今天下之王公大人、士君子，中实将欲求兴天下之利，除天下之害，当若鬼神之有也，将不可不尊明也，圣王之道也。"

【译文】

现今主张无鬼神论的人说道："鬼神，本来就不存在，因此不必供给那些祭祀用的甜酒、黍稷、牛羊等财物。如今我们岂是爱惜那些财物呢？（而在于）祭祀能得到什么呢？"这种说法对上违背了圣王之书，对下违背了民众孝子的言行，而想成为天下的高尚人士，这样做绝不是做上层人士的正道。因此墨子说："现在我们去祭祀，并不是（把食物）倒在沟里丢掉，而是对上以邀鬼神之福，对下让宗族乡亲欢聚一堂，增进亲情。假若鬼神存在，那就是将我们的父母兄弟请来共食，这岂不是天下最大的好事吗？"因此墨子说："现在天下的王公大人、士大夫君子们，如果内心确实想要追求兴起天下的大利，除去天下的公害，那么在对待鬼神的存在这个问题上，就不能不明确地表示尊重，这就是圣王的正道啊。"

非乐^①（上）

【原文】

子墨子言曰：仁之事者^②，必务求兴天下之利，除天下之害，将以为法乎天下。利人乎即为，不利人乎即止。"且夫仁者之为天下度也，非为其目之所美，耳之所乐，口之所甘，身体之所安，以此亏夺民衣食之财^③，仁者弗为也。是故子墨子之所以非乐者，非以大钟、鸣鼓、琴瑟、竽笙之声，以为不乐也；非以刻镂、华文章之色^④，以为不美也；非以犓豢煎炙之味，以为不甘也；非以高台、厚榭、邃野之居^⑤，以为不安也。虽身知其安也，口知其甘也，目知其美也，耳知其乐也，然上考之，不中圣王之事；下度之，不中万民之利。是故子墨子曰："为乐，非也！"

【注释】

①非乐：反对从事音乐活动。

②仁之事者：当为"仁者之事"。

③亏：毁坏，损害。

④华：当为"衍"字。

⑤邃野：即深居。野，通"宇"。

【译文】

墨子说："仁者要办的事，务必在追求兴天下之利，除天下之害，将以此作为天下的准则。有利于人的，就做；不利于人的，就不做。"而且仁者是为整个天下考虑的，不是为了能见到美丽的东西，听到悦耳的声音，尝到美味，身体感到安适。让这些来掠取民众的衣食财物，仁者是不做的。所以墨子否定音乐，不是说大钟、响鼓、琴瑟、竽笙的声音不美妙，也不是说雕刻艺术、纹饰的色彩不漂亮，更不是以为豢养的牛羊猪的肉煎炙后的味道不香美，也不是以为居住在高台、厚榭、深远之屋中不安适。虽然身体知道安适，口里知道香甜，眼睛知道美丽，耳朵知道快乐，然而向上考察，不符合圣王的事迹；向下考察，不符合万民的利益。因此墨子说："设置音乐，是不对的呀！"

【原文】

今王公大人，虽无造为乐器，以为事乎国家，非直掊潦水、折壤坦而为之也^①，将必厚措敛乎万民^②，以为大钟、鸣鼓、琴

【注释】

①直：仅，只是。潦水：积水。折、坦：疑

为"拆"、"垣"。

②措敛：同"籍敛"，即税收。

③许：所。

④赍(jī)：送物给人。

⑤戚恨：伤心怨恨。

⑥反中：反而符合。

瑟、竽笙之声。古者圣王亦尝厚措敛乎万民，以为舟车。既以成矣，曰："吾将恶许用之③？"曰："舟用之水，车用之陆，君子息其足焉，小人休其肩背焉。"故万民出财赍而予之④，不敢以为戚恨者⑤，何也？以其反中民之利也。然则乐器反中民之利⑥，亦若此，即我弗敢非也；然则当用乐器，譬之若圣王之为舟车也，即我弗敢非也。

【译文】

现今的王公大人，制造乐器像是为了国事，但不只是像掊取路上的积水、拆毁土墙那么容易，而必是向万民征取很多钱财，以此制作大钟、响鼓、琴瑟、竽笙的乐器。古代的圣王，也曾向万民措办聚敛钱财，制造船只和车辆，制成之后，说："我将在何处使用这些工具呢？"他们自己又说："船使用在水里，车使用在地上，君子可以使他的双脚休息，小人可以使他的肩和背休息。"所以万民都拿出钱财来供奉给圣王，不敢以此为忧戚怨恨的原因，为什么呢？因为它符合百姓的利益。然而乐器要是这样也符合民众的利益，那我就不敢反对了。

【原文】

民有三患：饥者不得食，寒者不得衣，劳者不得息。三者，民之巨患也。然即当为之撞巨钟、击鸣鼓、弹琴瑟、吹竽笙而扬干戚①，民衣食之财，将安可得乎？即我以为未必然也。意舍此②，今有大国即攻小国，有大家即伐小家，强劫弱，众暴寡，诈欺愚，贵傲贱，寇乱盗贼并兴，不可禁止也，然即当为之撞巨钟、击鸣鼓、弹琴瑟、吹竽笙而扬干戚，天下之乱也，将安可得而治与？即我未必然也。是故子墨子曰："姑尝厚措敛乎万民，以为大钟、鸣鼓、琴瑟、竽笙之声。以求兴天下之利，除天下之害，而无补也。"是故子墨子曰："为乐，非也！"

【注释】

①然即：然则。当：通"尝"，试。扬：举。干：盾。戚：似斧形兵器。

②意舍此：或者撇开这一点。意，通"抑"。

【译文】

老百姓有三种忧患：饥饿的人得不到食物，寒冷的人得不到衣服，劳累的人得不到休息。这三件事，是百姓的最大忧患。既然这样，那么假如他们去撞击巨钟，敲打鸣鼓，弹奏琴瑟，吹竽笙，舞动干戚，民众的衣食财物能得到吗？我认为不可能的。姑且不谈这件事，现在有大国攻击小国，大家族攻伐小家族，强壮的掳掠弱小的，人多的欺负人少的，奸诈的欺骗愚笨的，高贵的傲视低贱的，外寇内乱盗贼四起，不能禁止。既然这样，那么假如他们去撞击巨钟，敲打鸣鼓，弹奏琴瑟，吹竽笙，舞动干戚，天下的纷乱才会得到治理吗？我以为这是不可能的。所以墨子说："姑且向万民征敛很多钱财，制作大钟、鸣鼓、琴瑟、竽笙之声，用以追求天下的大利，除去天下的公害，这是于事无补的。"因此墨子说："设置音乐，是不对的！"

【原文】

今王公大人唯毋处高台厚榭之上而视之，钟犹是延鼎也①，弗撞击，将何乐得焉哉！其说将必撞击之。唯毋撞击②，将必不使老与迟者③。老与迟者，耳目不聪明，股肱不毕强，声不和调，明不转朴④。将必使当年，因其耳目之聪明⑤，股肱之毕强，声之和调，眉之转朴⑥。使丈夫为之，废丈夫耕稼树艺之时；使妇人为之，废妇人纺绩织纴之事。今王公大人，唯毋为乐，亏夺民衣食之财，以拊乐如此多也⑦。是故子墨子曰："为乐，非也！"

【注释】

① 延鼎：覆倒之鼎。

② 唯毋：发语词。

③ 迟：小孩子。

④ 朴：疑为"行"。

⑤ 因：依靠，凭借。

⑥ 眉：通"明"。

⑦ 拊（fǔ）：拍，敲。

【译文】

现在的王公大人站在高台厚榭上看去，大钟犹如倒扣着的鼎一样，不去撞击，将会有什么乐趣呢？这就是说必定要撞击它。如果要敲钟，将不会使用老人和反应迟钝的人去做。老人与反应迟钝的人，耳不聪，目不明，四肢不强壮，声音不和谐，眼神不灵敏。必将使用壮年人，因为他们耳聪目明，四肢强壮，声音调和，眼神敏捷。如果使男人撞钟，就要浪费男人耕田、种菜、植树的时间；如果让妇女撞钟，就要荒废妇女纺纱、绩麻、织布等事情。现在的王公大人，设置音乐活动，掠夺民众的衣食财物，而所击打的乐器是如此之多呀。因此墨子说："设置音乐，是不对的！"

【注释】

①铺然：安静地。铺，"肃"之繁文。

【原文】

今大钟、鸣鼓、琴瑟、竽笙之声，既已具矣，大人铺然奏而独听之①，将何乐得焉哉？其说将必与贱人，不与君子，与君子听之，废君子听治；与贱人听之，废贱人之从事。今王公大人唯毋为乐，亏夺民之衣食之财，以拊乐如此多也。是故子墨子曰："为乐，非也！"

【译文】

现在的大钟、响鼓、琴瑟、竽笙的乐器等已备齐了，大人们独自安静地听着奏乐，将会得到什么乐趣呢？他们说将一定与别人一起听奏，不是与君子们听，就是与百姓听。与君子们一起听音乐，就荒废了君子们听狱治理国事；与百姓一起听音乐，就会荒废百姓的各种劳作。现在的王公大人从事音乐活动，掠夺民众的衣食财物，大规模地敲击乐器。所以墨子说："设置音乐，是不对的！"

【注释】

①万：舞名。

②掌：通"常"。

【原文】

昔者齐康公兴乐《万》①，万人不可衣短褐，不可食糠糟，曰："食饮不美，面目颜色，不足视也；衣服不美，身体从容丑赢不足观也。是以食必粱肉，衣必文绣。此掌不从事乎衣食之财②，而掌食乎人者也。"是故子墨子曰："今王公大人唯毋为乐，亏夺民衣食之财，以拊乐如此多也。"是故子墨子曰："为乐，非也！"

【译文】

从前齐康公创作了《万》这支乐曲，跳《万》舞的人不能穿粗布短衣，不能吃糟糠。说："吃得不好，面目色泽就不值得看了；衣服不美，身形动作也不值得看了。所以必须吃好饭和肉，必须穿绣有花纹的衣裳。"这些人常常不从事生产衣食财物，而靠别人养活。所以墨子说："现在的王公大人从事音乐活动，掠夺民众的衣食财物，大规模地敲击乐器。"所以墨子说："设置音乐，是不对的！"

【原文】

今人固与禽兽、麋鹿、蜚鸟、贞虫异者也[1]。今之禽兽、麋鹿、蜚鸟、贞虫，因其羽毛，以为衣裘；因其蹄蚤，以为绔屦[2]；因其水草，以为饮食。故唯使雄不耕稼树艺，雌亦不纺绩织纴，衣食之财，固已具矣。今人与此异者也，赖其力者生，不赖其力者不生。君子不强听治，即刑政乱；贱人不强从事，即财用不足。今天下之士君子以吾言不然。然即姑尝数天下分事，而观乐之害。王公大人蚤朝晏退，听狱治政，此其分事也。士君子竭股肱之力，亶其思虑之智，内治官府，外收敛关市、山林、泽梁之利，以实仓廪府库，此其分事也。农夫蚤出暮入，耕稼树艺，多聚菽粟，此其分事也。妇人夙兴夜寐，纺绩织纴，多治麻丝葛绪[3]，綑布缲[4]，此其分事也。今唯毋在乎王公大人，说乐而听之，即必不能蚤朝晏退，听狱治政，是故国家乱而社稷危矣！今唯毋在乎士君子，说乐而听之，即必不能竭股肱之力，亶其思虑之智，内治官府，外收敛关市、山林、泽梁之利，以实仓廪府库，是故仓廪府库不实。今唯毋在乎农夫，说乐而听之，即必不能蚤出暮入，耕稼树艺，多聚菽粟，是故菽粟不足。今唯毋在乎妇人，说乐而听之，即不必能夙兴夜寐[5]，纺绩织纴，多治麻丝葛绪，綑布缲，是故布缲不兴。曰：孰为大人之听治、而废国家之从事？曰乐也。是故子墨子曰："为乐，非也！"

【注释】

①蜚：通"飞"。贞虫：爬虫。贞，通"征"。

②蚤：即"爪"。绔：即"裤子"。

③绪：纻（zhù），芒麻。

④綑（kǔn）：织。缲（shān）：绢帛。

⑤不必：当为"必不"。

【译文】

现在的人本来跟禽兽、麋鹿、飞鸟、爬虫不同。现在的禽兽、麋鹿、飞鸟、爬虫，凭借它们的羽毛作为保暖的衣裳，凭借它们的蹄爪，作为裤子和鞋子，凭借大地的水、草作为饮食。所以，即使雄的不耕田、种菜、植树，雌的不纺纱、绩麻、织布，衣食财物本就具备了。现代的人跟这些动物不同：他们得依赖自己的力量才能生存，不依赖自己的力量就不能生存。君子不努力听狱治国、刑罚政令就要混乱；百姓不努力生产，财用就会不足。现在天下的士大夫、君子们认为我的话不对，那么姑且列数天下分内的事，来察看音乐的害处。王公大人早晨上朝，晚上退朝，听狱治国，这是他们的分内事。士大夫君子们竭尽全身的力气，用尽智力思考，对内治理官府，对外去集市、山林、河桥征收赋税，充实仓廪府库，这是他们的分内事。农夫早出晚归，耕田、种菜、植树，多多收获豆子和粮食，这是他们的分内事。妇女们早起晚睡，纺纱、绩麻、织布，多多料理麻、丝、葛、苎麻，织成布匹，这是她们的分内事。现在的王公大人喜欢音乐而去听它，则必不能早上朝，晚退朝，听狱治国，那样国家就会混乱，社稷就会危亡。现在的士大夫、君子们喜欢音乐而去听它，则必不能竭尽全身的力气，用尽智力思考，对内治理官府，对外去集市、山林、河桥征收赋税，充实仓廪府库。那么仓廪府库就不会充实。现在的农夫喜欢音乐而去听它，则必不能早出晚归，耕田、植树、种菜，不能多收获豆子和粮食，那么豆子和粮食就会不够。现在的妇女喜欢音乐而去听它，则必不能早起晚睡，纺纱、绩麻、织布，多多料理麻、丝、葛、苎麻，织成布匹，那么布匹就不多。有人问：什么荒废了大人们的听狱治国和国家的生产呢？回答说：是音乐。所以墨子说："设置音乐，是不对的！"

【注释】

①《官刑》：传为汤所制定的律令。

②卫：通"束"，小把，小捆。

③否：通"倍"。

④黄：即"簧"，大竹。

⑤殃（xiáng）：通"祥"。

⑥苊：当为"筅"。

⑦翼翼：盛大。

⑧用：因此。弗式：不以为常规。

⑨戒：当作"式"。

【原文】

何以知其然也？曰：先王之书汤之《官刑》有之①。曰："其恒舞于宫，是谓巫风。"其刑：君子出丝二卫②，小人否③，似二伯。《黄经》乃言曰："呜呼！舞佯佯，黄言孔章④，上帝弗常，九有以亡。上帝不顺，降之百殃⑤，其家必坏丧。"察九有之所以亡者，徒从饰乐也。于《武观》曰："启乃淫溢康乐，野于饮食，将将铭苊磬以力⑥，湛浊于酒，渝食于野，《万》舞翼翼⑦，章闻于大，天用弗式⑧。"故上者，天鬼弗戒⑨，下者，万民弗利。是故子墨子曰："今天下士君子请将欲求兴天下之利，除天下之害，当在乐之为物，将不可不禁而止也。"

【译文】

凭什么知道是这样呢？答道：先王的书籍，商汤所作的刑书中有这些记载。上面写道："经常在宫中跳舞作乐，这叫做巫风。"那种惩罚是：君子们要交出两大束丝，小人加倍，用两束帛。《黄经》记载说："啊呀！洋洋而舞，乐声响亮。上天不保佑，九州将灭亡。上天不答应，降下各种祸殃，他的家族必然要破亡。"考察九州之所以灭亡，只是因为设置音乐啊。《武观》中这样记载道："夏启尽情作乐，在外大肆吃喝玩乐，《万》舞的场面十分浩大，音乐声一直传到了天上，上天认为这不是正常的法则。"所以说在上的，上天、鬼神不保佑，在下的百姓没有得到好处。因此墨子说："现今天下的士大夫、君子们，如果真的希望要为天下人谋利，除去天下的公害，那么对于音乐这样的事物就不能不禁止。"

非命（上）

【注释】

①欲：希望。

②有命：即命定思想。

③命：疑当为"力"。

④诅：通"阻"。

【原文】

子墨子言曰："古者王公大人为政国家者，皆欲国家之富，人民之众，刑政之治。然而不得富而得贫，不得众而得寡，不得治而得乱，则是本失其所欲①，得其所恶，是故何也？"子墨子言曰："执有命者以杂于民间者众②。"执有命者之言曰："命富则富，命贫则贫；命众则众，命寡则寡；命治则治，命乱则乱；命寿则寿，命夭则夭；命虽强劲³，何益哉？"以上说王公大人，下以诅百姓之从事⁴，故执有命者不仁。故当执有命者之言，不可不明辨。

【译文】

墨子说过："古代的王公大人在国内施政，都希望国家富裕，人民众多，刑法政事治理。然而事与愿违，国家没有富裕反而更加贫困了，人口没有增多反而减少了，政治没有治理反而更加混乱了，那么，这是从根本上失去了他所希望的，得到了他所憎恶的，这是什么原因呢？"墨子说："这是主张命中注定一切的人在人民之中还太多的缘故。"主张有命论的人说："命里富裕就会富裕，命里贫困就会贫困，命里子女多的就会子女多；命里子女少的就会子女少，命里治理得好就会治理得好；命里混乱就会混乱；命里长寿就会长寿，命里夭折就会夭折。即使很强大很有力量、势力，又有什么用呢？"用这话对上游说王公大人，则干扰政事；对下散布，则影响人民的努力生产。所以主张有命论的人不是仁义的。所以对主张有命论的人的话，不能不深入地剖析。

【注释】

①钧：制陶用的转轮。

②表：这里指原则。

【原文】

然则明辨此之说，将奈何哉？子墨子言曰："必立仪。"言而毋仪，譬犹运钧之上而立朝夕者也①，是非利害之辨，不可得而明知也。故言必有三表^②。何谓三表？子墨子言曰：有本之者，有原之者^③，有用之者。于何本之？上本之于古者圣王之事；于何原之？下原察百姓耳目之实；于何用之？废以为刑政^④，观其中国家百姓人民之利。此所谓言有三表也。

③原：推断、考察。

④废：通"发"，实施。

【译文】

　　既然这样，那么要明白察辨这种说法，将会是怎样去做的呢？墨子说道："必须树立一个准则。"说话没有标准，好比在陶轮的上面，放立一个测量时间的仪器，就不可能弄明白是与非、利与害了。所以言论有三条标准，哪三条标准呢？墨子说："这三个标准就是要有理论根据，要有现实情况，要经过实践的检验。"什么叫有理论根据呢？要向上溯源于古时圣王事迹。什么叫有现实情况呢？要向下考察百姓的日常事实。如何实践呢？把它用作刑法政令，从中看看是否符合国家百姓人民的利益。这就是言论有三条标准的说法。

【原文】

　　然而今天下之士君子，或以命为有，盖尝尚观于圣王之事^①？古者桀之所乱，汤受而治之；纣之所乱，武王受而治之^②。此世未易，民未渝^③，在于桀、纣，则天下乱；在于汤、武，则天下治。岂可谓有命哉！

【注释】

①盖：通"盍"，何不之意。

②受：接受。

③渝：变。

【译文】

　　然而现在天下的士大夫、君子们，有人认为命运是存在的。为什么不朝上看看圣王的事迹呢？古时候，夏桀把国家搞乱，商汤接受（天志）并治理天下；商纣把国家搞乱，周武王接受（天志）而治理天下。这里社会没有改变，人民没有变化，在于夏桀、商纣时，天下混乱；而商汤、周武王时，天下却得到治理，这又怎么能说是命中注定呢？

【注释】

①伤：损害。

②整设：整顿，整治。

③师徒：兵士。

④盐："鹽"字之误，意为闲暇、空暇。

⑤五者：疑为"三者"。

⑥错：通"措"，放弃。

【原文】

　　然而今天下之士君子，或以命为有，盖尝尚观于先王之书？先王之书，所以出国家、布施百姓者，宪也。先王之宪亦尝有曰："福不可请，而祸不可讳，敬无益、暴无伤者乎①？"所以听狱制罪者，刑也。先王之刑亦尝有曰："福不可请，祸不可讳，敬无益、暴无伤者乎？"所以整设师旅②、进退师徒者③，誓也。先王之誓亦尝有曰："福不可请，祸不可讳，敬无益、暴无伤者乎？"是故子墨子言曰：吾当未盐数④，天下之良书，不可尽计数，大方论数，而五者是也⑤。今虽毋求执有命者之言，不必得，不亦可错乎⑥？

【译文】

　　然而现今天下的士大夫、君子们，有人认为命运是存在的。为何不向上看看先代君王的书籍呢？先王的书籍中，用来治理国家、颁布给百姓的，是宪法。先王的宪法也曾说过"福不能请求，祸不能避免；恭敬没有好处，凶暴没有坏处"这样的话吗？所用来整治军队、指挥官兵的，是刑法。先王的刑法里也曾说过"福不能请求，祸不能避免；恭敬没有好处，凶暴没有坏处"这样的话吗？所以设置整顿军队、指挥士卒进退的，是誓言。先王的誓言也曾说过"福不能请求，祸不能避免；恭敬没有好处，凶暴没有坏处"这样的话吗？因此墨子说：我还无暇来统计，天下的好书，不可能统计完，大概说来，上述三类就是这样记载的。现在研究主张有命论的人的话，其言必无根据，不是可以放弃吗？

【注释】

①谇：读为"悴"，忧愁之意。

②移："利"字之误，得利。

【原文】

　　今用执有命者之言，是覆天下之义。覆天下之义者，是立命者也，百姓之谇也①。说百姓之谇者，是灭天下之人也。然则所为欲义在上者，何也？曰：义人在上，天下必治，上帝、山川、鬼神，必有干主，万民被其大利。何以知之？子墨子曰："古者汤封于亳，绝长继短，方地百里，与其百姓兼相爱，交相利，移则分^②，率其百姓以上尊天事鬼。是以天鬼富之，诸侯与之，百姓亲之，贤士归之，未殁其世而王天下，政诸侯。

【译文】

　　现在如果要采用主张有命论的人的话，这是颠覆天下的道义。颠覆天下道义的人，就是那些确立有命论的人，成为百姓的忧患。把百姓所伤心的事看做乐事，是毁灭天下的人。既然这样，那么所要希望主持道义的人在上位，是为什么呢？回答说：主持道义的人在上位，天下必定能得到治理。上天、山川、鬼神就有了主事的人，万民都能得到他的好处。怎么知道的呢？墨子说："古时候商汤被封于亳地，断长接短，土地方圆百里。汤与百姓相互爱戴，相互谋利益，多余的就分给别人。率领他的百姓，向上尊奉天帝鬼神。所以，天帝鬼神使他富裕，诸侯亲附他，百姓亲近他，贤士归附他，没死时就已成为天下的君王，治理诸侯。"

【原文】

　　昔者文王封于岐周，绝长继短，方地百里，与其百姓兼相爱，交相利则^①。是以近者安其政，远者归其德。闻文王者，皆起而趋之；罢不肖、股肱不利者^②，处而愿之^③，曰："奈何乎使文王之地及我，吾则吾利^④，岂不亦犹文王之民也哉！"是以天鬼富之，诸侯与之，百姓亲之，贤士归之。未殁其世而王天下，政诸侯。乡者言曰："义人在上，天下必治，上帝、山川、鬼神，必有干主，万民被其大利。"吾用此知之。

【注释】

①则：当为"利则分"之漏。

②罢：通"疲"，懈怠懒散。

③处而愿之：聚于一处盼望着。

④吾：当为"圉"，边境。

【译文】

　　古时候周文王受封于岐周，断长接短，方圆百里之地，与他的百姓相互爱戴、相互谋利益，多余的就分给别人。所以近处的人安心于他的政事，远处的人向往他的德行。听说过文王的人，都出发投奔他。疲惫无力、四肢不便的人，聚在一起倾慕他，说："怎样才能使文王的领地伸到我们这里，我们也得到好处，岂不是也和文王的国民一样了吗？"所以上天、鬼神使他富裕，诸侯亲附他，百姓亲近他，贤士归附他，没死时就已成为天下的君王，治理诸侯。前文所说："讲道义的人在上位，天下必定能得到治理。上天、山川、鬼神就有了主事的人，万民都能得到他的好处。"我因此知道是这个道理。

【原文】

　　是故古之圣王，发宪出令，设以为赏罚以劝贤。是以入则孝慈于亲戚，出则弟长于乡里[1]，坐处有度[2]，出入有节，男女有辨。是故使治官府，则不盗窃；守城，则不崩叛；君有难则死，出亡则送。此上之所赏，而百姓之所誉也。执有命者之言曰："上之所赏，命固且赏，非贤故赏也；上之所罚，命固且罚，不暴故罚也。"是故入则不慈孝于亲戚，出则不弟长于乡里，坐处不度，出入无节，男女无辨。是故治官府，则盗窃；守城，则崩叛；君有难则不死，出亡则不送。此上之所罚，百姓之所非毁也。执有命者言曰："上之所罚，命固且罚，不暴故罚也；上之所赏，命固且赏，非贤故赏也。"以此为君则不义，为臣则不忠，为父则不慈，为子则不孝，为兄则不良，为弟则不弟。而强执此者，此特凶言之所自生[3]，而暴人之道也。

【译文】

　　因此古代的圣王，颁布宪法和律令，设立赏罚制度以鼓励贤人。因此贤人在家对双亲孝顺慈爱，在外能尊敬乡里的长辈。举止有节度，出入有规矩，男女之间有礼有节。因此使他们治理官府，则没有盗窃，使他们守城，则没有叛乱。君主有难，则可以殉职，君主逃亡，则会护送。这些人都是上司所赞赏、百姓所称誉的。主张有命论的人说："上司所赞赏，是命里本来就该赞赏，并不是因为贤良才赞赏的；上司所惩罚，是命里本来就该惩罚的，不是因为凶暴才惩罚的。"所以暴徒在家对双亲不孝顺慈爱，在外对乡里长辈不尊敬。举止没有节度，出入没有规矩，男女之间不遵守应有的礼节。因此他们治理官府，则有盗窃，使他们守城，则会叛乱。君主有难，而不殉职，君主逃亡，则不会护送。这些人都是上司所惩罚、百姓所毁谤的。主张有命论的人说："上司所惩罚是命里本来就该惩罚，不是因为他凶暴才惩罚的；上司所赞赏，是命里本来该赞赏，不是因为贤良才赞赏的。"以这些话来做国君则不义，做臣下则不忠，做父亲则不慈爱，做儿子则不孝顺，做兄长则不良，做弟弟则不敬重兄长。若顽固地主张这种观点，则简直是坏话的根源，是凶暴人的道理。

【原文】

　　然则何以知命之为暴人之道？昔上世之穷民，贪于饮食，惰于从事，是以衣食之财不足，而饥寒冻馁之忧至。不知曰："我罢不肖，从事不疾。"必曰："我命固且贫。"昔上世暴王，不忍其耳目之淫、心涂之辟①，不顺其亲戚，遂以亡失国家，倾覆社稷；不知曰："我罢不肖，为政不善，必曰吾命固失之"。于《仲虺之告》曰②："我闻于夏人矫天命，布命于下，帝伐之恶，龚丧厥师③。"此言汤之所以非桀之执有命也。于《泰誓》曰④："纣夷处⑤，不肯事上帝鬼神，祸厥先神禔不祀⑥，乃曰：'吾民有命。'无廖排漏⑦，天亦纵弃之而弗葆。"此言武王所以非纣执有命也。

【注释】

①涂：当为"途"。心途，即心计。辟：通"僻"。

②《仲虺之告》：《尚书》篇名。

③龚：通"用"，于是。

④《泰誓》：《尚书》篇名。

⑤处：当为"虐"。

⑥禔（tí）："祇"字之误。

⑦排漏：疑作"兵备"。

【译文】

　　既然这样，那么怎么知道命运论是暴徒的道理呢？古代的穷苦百姓，对饮食贪婪，而懒于劳动，因此衣食财物不足，而饥寒冻饿的忧患就来了。他们却不知道说："自己疲惫无力，劳动不快。"而一定要说："我命里本来就要贫穷。"古代的暴君，不能忍住耳目的贪婪、心里的邪僻，不顺从他的双亲，以至于国家灭亡，社稷绝灭。不知道应该说："我疲惫无力，管理不善。"而一定要说："我命里本来要亡国。"《仲虺之告》中说："我听说夏朝的人委托天命，对下面的人传播天命说：上天讨伐罪恶，因而消灭了他的军队。"这是说汤反对桀主张"有命"。《泰誓》中说："纣的夷灭之法非常酷虐，不肯事奉上帝鬼神，毁坏他的先人的神位、地祇而不祭祀。并说：'我有天命！'不努力从事他的政务，上天也就抛弃了他而不予保佑。"这是说周武王之反对商纣王主张有命论的原因。

【原文】

今用执有命者之言，则上不听治，下不从事。上不听治，则刑政乱；下不从事，则财用不足；上无以供粢盛酒醴祭祀上帝鬼神，下无以降绥天下贤可之士①，外无以应待诸侯之宾客，内无以食饥衣寒，将养老弱。故命上不利于天，中不利于鬼，下不利于人。而强执此者，此特凶言之所自生，而暴人之道也！是故子墨子言曰："今天下之士君子，忠实欲天下之富而恶其贫②，欲天下之治而恶其乱，执有命者之言，不可不非。此天下之大害也。"

【译文】

现在要采用有命论的人的话，则在上位的人不听狱治国，下面的人不劳作。在上位的人不听狱治国则法律政事就要混乱，下面的人不劳作则财物日用不足。对上没有粢、酒来供奉上天鬼神；没有东西可以安抚天下贤人、士子；对外没有东西可以接待诸侯的宾客，对内则不能给饥饿的人食物，给寒冷的人衣服，养活老的和体弱的人。所以说有命论是上不利于上天，中不利于鬼神，下不利于人民。却要强行主张这个有命论，这简直是坏话的根源、暴徒的道理了。所以墨子说："现在天下的士大夫、君子们，内心确实希望天下富裕而讨厌贫困，希望天下得到治理而厌恶混乱，对于主张有命论的人的话，就不能不反对了。这是天下的大害啊！"

非命（中）

【原文】

子墨子言曰："凡出言谈、由文学之为道也[1]，则不可而不先立义法[2]。若言而无义，譬犹立朝夕于员钧之上也，则虽有巧工，必不能得正焉。然今天下之情伪，未可得而识也。故使言有三法。"三法者何也？有本之者，有原之者，有用之者。于其本之也[3]？考之天鬼之志，圣王之事；于其原之也？征以先王之书；用之奈何？发而为刑。此言之三法也。

【译文】

墨子说："凡是发表言论，又或是创作文学作品的时候，就是不能不先树立一个法则标准。如果言论没有标准，就好像把测时仪器放在转动的钧轮上。即使工匠技艺高超，也必定不能得到正确的时间了。可是现在天下的事复杂得很，真假很难弄清楚，所以言论有三种法则。"哪三种法则呢？"有考察其本原的，有审度其事情的因由的，有运用于实践的。"如何考察其本原？要向上溯源于古时圣王事迹。如何推究呢？要向下考察百姓的日常事实。如何实践呢？把它用作刑法政令，从中看看是否符合国家百姓人民的利益。这就是言论有三条标准的说法。

【原文】

今天下之士君子或以命为亡[1]。我所以知命之有与亡者，以众人耳目之情，知有与亡。有闻之，有见之，谓之有；莫之闻，莫之见，谓之亡。然胡不尝考之百姓之情？自古以及今、生民以来者[2]，亦尝见命之物、闻命之声者乎？则未尝有也。若以百姓为愚不肖，耳目之情，不足因而为法[3]；然则胡不尝考之诸侯之传言流语乎？自古以及今，生民以来者，亦尝有闻命之声、见命之体者乎？则未尝有也。

【译文】

现在天下的士大夫、君子们，有的认为命运是存在的，有的认为命运是不存在的。我之所以知道命运的有与无，是由众人所见所闻的实情才知道的。有人听到过它，有人见到过它，才叫"有"，没人听过，没人见过，就叫"没有"。然而为什么不试着用百姓的实际来考察呢？自古到今，自有人类以来，有谁见过命运的形体、听到命运的声音吗？那是不曾有过的。如果认为百姓愚蠢无能，所见所闻的实情不能当成准则，那么为什么不试着用诸侯所流传的话来考察呢？自古到今，自有人类以来，有曾听过命运的声音、见过命运的形体的人吗？那是不曾有过的。

【注释】

①举：推选，举用。

②沮：制止。

③渝：更换，改变。

【原文】

然胡不尝考之圣王之事？古之圣王，举孝子而劝之事亲[1]，尊贤良而劝之为善，发宪布令以教诲，明赏罚以劝沮[2]。若此，则乱者可使治，而危者可使安矣。若以为不然，昔者桀之所乱，汤治之；纣之所乱，武王治之。此世不渝而民不改[3]，上变政而民易教，其在汤、武则治，其在桀、纣则乱。安危治乱，在上之发政也，则岂可谓有命哉！夫曰有命云者，亦不然矣。

【译文】

那么为什么不试着考察圣王之事呢？古时圣王，举拔孝子，鼓励他事奉双亲；尊重贤良，鼓励他做善事，颁发宪令以教诲人民，赏罚严明而用以奖善惩恶。这样，就可以治理混乱，使危险转为安宁。如果认为不是这样，那么古时候，夏桀所治乱的社会，商汤却安定了；商纣王所治乱的社会，周武王却安定了。这个世界不变，人民不变，君王改变了政令，人民就容易教导了。在商汤、周武王时就得到治理，在夏桀、商纣王时则变得混乱。国家的安危治乱，在于领导人的政治导向，怎么可以说是由命运决定的呢？所以有人说世界上有命运啊，根本就不是那么回事。

【原文】

今夫有命者言曰：“我非作之后世也，自昔三代有若言以传流矣。今故先生对之¹？”曰：“夫有命者，不志昔也三代之圣、善人与？意亡昔三代之暴、不肖人也”何以知之？初之列士桀大夫²，慎言知行³，此上有以规谏其君长，下有以教顺其百姓。故上得其君长之赏，下得其百姓之誉。列士桀大夫声闻不废，流传至今，而天下皆曰其力也，必不能曰我见命焉。

【注释】

①故：当作“胡”。对：即“怼”，愤恨。

②桀：通“杰”。

③知：当作“疾”。

【译文】

现在主张有命论的人说：“有命运这件事不是我在后世才说的，自古时三代就有这种话流传了。先生为什么反对它呢？”答道：“主张有命论的人，不知是从前三代的声望、善人呢？还是三代的暴君、不肖之徒？”怎么知道的呢？古时候有功之士和杰出的大夫，说话谨慎，行动敏捷，对上能规劝进谏君长，对下能教导百姓。所以上能得到君长的奖赏，下能得到百姓的赞誉。有功之士和杰出的大夫声名不会废止，流传到今天。天下人都说：“是他们的努力啊！”必定不会说是他们的命运。

【原文】

是故昔者三代之暴王，不缪其耳目之淫¹，不慎其心志之辟，外之驱骋田猎毕弋，内沉于酒乐，而不顾其国家百姓之政，繁为无用，暴逆百姓，使下不亲其上。是故国为虚厉²，身在刑僇之中³，不肯曰我罢不肖，我为刑政不善，必曰我命故且亡⁴。虽昔也三代之穷民，亦由此也。内之不能善事其亲戚⁵，外之不能善事其君长，恶恭俭而好简易，贪饮食而惰从事，衣食之财不足，使身至有饥寒冻馁之忧，必不能曰我罢不肖，我从事不疾⁶，必曰我命固且穷。虽昔也三代之伪民，亦犹此也，繁饰有命，以教众愚朴人久矣。

【注释】

①缪：通“纠”。淫：过分，无节制。

②厉：即绝灭后代。

③僇：通“戮”，杀。

④故：通“固”，本来。

⑤善事：好好侍奉。亲戚：指父母。

⑥疾：快，急速。

【译文】

因此古代的凶暴君王，不改正他们过多的声色享受，不谨慎他们内心的邪僻，在外则驱车打猎射鸟，在内则沉湎酒色，不过问国家和百姓的政事，大量从事无用的事，对百姓凶暴，使下位的人不敬重在上位的人。所以国家空虚，人民亡种，自己也受到刑戮的惩罚。一定不会说："我疲懒无能，我没做好刑法政事。"必然要说："我命中本来就要灭亡。"即使是古时三代的贫穷人，都是这样说。对内不能好好地对待双亲，在外不能好好地对待君长。厌恶恭敬勤俭而喜好简慢轻率，贪于饮食而懒于劳作。衣食财物不足，致使有饥寒冻馁的忧患。必不会说："我疲懒无能，不能勤快地劳作。"而一定会说："我命里本来就穷。"即使是三代虚伪的人，也都这样说。粉饰有命论的主张，来教诲愚钝的百姓很久了。

【注释】

①用：当作"厥"，丧灭意。

②居：疑为"虐"。

③不：疑作"百"。

④且：通"徂"，往、去的意思。

⑤造：成。

⑥天：当为"执"。

【原文】

圣王之患此也，故书之竹帛，琢之金石镂之余石。于先王之书《仲虺之告》曰："我闻有夏人矫天命，布命于下，帝式是恶，用阙师①。"此语夏王桀之执有命也，汤与仲虺共非之。先王之书《太誓》之言然，曰："纣夷之居②，而不肯事上帝，弃阙其先神而不祀也。曰：'我民有命'。毋僇其务，天不亦弃纵而不葆。"此言纣之执有命也，武王以《太誓》非之。有于《三代》、《不国》有之③，曰："女毋崇天之有命也。"命《三》、《不国》亦言命之无也。于召公之《执令》亦然，且④："政哉！无天命，唯予二人，而无造言⑤，不自降天之哉得之。"在于商、夏之诗书曰："命者，暴王作之。"且今天下之士君子，将欲辨是非利害之故，当天有命者⑥，不可不疾非也。执有命者，此天下之厚害也，是故子墨子非之也。

【译文】

圣王担忧这个问题，所以把它写在木帛竹简上，刻在金石上。在先王的书《仲虺之告》中说："我听说夏代的人假借天命，布告天下，所以上帝痛恨他，就让他失去了他的国人。"这是说夏朝的君王桀主张"有天命"，商汤与仲虺共同批驳他。先王的书《太誓》也这样说，道："商纣王很暴虐，不肯事奉上帝，抛弃他的先人的神灵而不祭祀。说：'我有命！'不努力从事政事，上天也抛弃了他而不去保佑。"这是说商纣王主张"有命"，武王作《太誓》反驳他。在《三代》、《不国》史书上也有这样的话，说："你们不要崇奉天是有命的。"《三代》、《不国》也都说没有命。召公的《执令》也是如此："去吧！努力忠诚于王事。不要相信天命。只有我们两人决定天下大事。不要制造谣言。不是降自上天，而是我们自己努力的结果。"在夏商时代的诗、书中说："命运之说是暴君们造出来的鬼话。"现在天下的士大夫、君子们，想要辨明是非利害的原因，对于主张有命论的人，不可能不去极力反对。主张有命论的人，是天下的大害，所以墨子坚定地反对他们。

非命（下）

【原文】

　　子墨子言曰："凡出言谈，则不可而不先立仪而言。若不先立仪而言，譬之犹运钧之上而立朝夕焉也，我以为虽有朝夕之辩①，必将终未可得而从定也。是故言有三法。"何谓三法？曰："有考之者，有原之者，有用之者。"恶乎考之？考先圣大王之事；恶乎原之？察众之耳目之请②，恶乎用之？发而为政乎国家，察万民而观之。此谓三法也。"

【译文】

　　墨子说："凡是发表言论，撰写论著，不能不事先确定原则。若不先确定原则，就好像把测时仪器放在运转的陶轮上。我认为虽然也有早晚不同的概念，而实际上终究无法确定是早是晚。所以发表言谈进行著述有三个大的原则。"什么是三个大原则？"有考察其本原的，有审度其因由的，有运用于实践的。"如何考察其本原？要向上溯源于古时圣王事迹。如何推究呢？要向下考察百姓的日常事实。如何实践呢？把它用作刑法政令，从中看看国家百姓人民的利益。这就是所谓的三大原则。

【原文】

　　故昔者三代圣王禹、汤、文、武，方为政乎天下之时，曰："必务举孝子而劝之事亲，尊贤良之人而教之为善。"是故出政施教①，赏善罚暴。且以为若此，则天下之乱也，将属可得而治也；社稷之危也，将属可得而定也。若以为不然，昔桀之所乱，汤治之；纣之所乱，武王治之。当此之时，世不渝而民不易，上变政而民改俗。存乎桀、纣而天下乱，存乎汤、武而天下治。天下之治也，汤、武之力也；天下之乱也，桀、纣之罪也。若以此观之，夫安危治乱，存乎上之为政也，则夫岂可谓有命哉？故昔者禹、汤、文、武，方为政乎天下之时，曰："必使饥者得食，寒者得衣，劳者得息，乱者得治。"遂得光誉令问于天下[2]，夫岂可以为命哉？故以为其力也。今贤良之人，尊贤而好功道术[3]，故上得其王公大人之赏，下得其万民之誉，遂得光誉令问于天下。亦岂以为其命哉？又以为力也。

【译文】

所以从前三代的圣王禹、汤、文、武，正当在天下施政时，说道：必须举荐孝子而鼓励人民孝顺父母双亲，尊重贤良，教导人们做善事。因此发布政令，施行教化，奖赏善良，惩罚凶暴。且认为这样，那么天下的混乱，将可以得到治理；社稷的危险，将可得到安宁。如果认为不是这样，从前夏桀所乱的天下，商汤治理了它；商纣王所乱的天下，周武王治理了它。那个时候，世界、人民都没有改变，君王改变了政务，而老百姓改变了风俗。在夏桀、商纣时代则天下混乱，在商汤、周武王时代则天下治理。天下得到治理是商汤、周武王的功劳；天下的混乱是夏桀、商纣王的罪过。假如以此来看，所谓安危、治理、混乱，在于君上的施政；那么，难道可以说是有命运的吗？所以从前的禹、汤、文王、武王，正当在天下执政时，说：必须使饥饿的人能获得粮食，寒冷的人能得到衣服，劳作的人能够休息，混乱的得到治理。于是他们获得了天下人的赞誉和好评。这难道可以认为命运吗？本来是因为他们依靠了自己的力量啊！现今贤良的人，尊重贤人，喜好治国的道理方法，所以在上得到王公大人的奖赏，在下得到万民的称誉，这就得到天下人的称誉好评。怎能认为他们的命运呢？也是因为他们的努力啊！

【原文】

然今夫有命者，不识昔也三代之圣善人与？意亡昔三代之暴不肖人与？若以说观之，则必非昔三代圣善人也，必暴不肖人也。

然今以命为有者，昔三代暴王桀、纣、幽、厉贵为天子，富有天下。于此乎不而矫其耳目之欲[1]，而从其心意之辟[2]，外之

【注释】

①矫：当为"骄"，放纵。

②意：通"志"。辟：邪僻。

③逆：抵触，违背。

④宗庙：这里指国家。

⑤又：当作"必"。

驱骋田猎毕弋，内湛于酒乐，而不顾其国家百姓之政。繁为无用，暴逆百姓③，遂失其宗庙④。其言不曰："吾罢不肖，吾听治不强。"必曰："吾命固将失之"。虽昔也三代罢不肖之民，亦犹此也。不能善事亲戚、君长，甚恶恭俭而好简易，贪饮食而惰从事，衣食之财不足，是以身有陷乎饥寒冻馁之忧。其言不曰："吾罢不肖，吾从事不强。"又曰"吾命固将穷"⑤。昔三代伪民亦犹此也。

【译文】

　　然而现今主张有命论的人，不知道是根据从前三代的圣王、善人呢，还是从前三代的暴君和不肖之徒呢？假如按他们的论说来考察，那么一定不是根据从前三代的圣王、善人，一定是根据暴君和不肖之徒。

　　然而现在有人认为命运存在，那么看看从前三代暴君桀、纣、幽王、厉王，贵为天子，富有天下，于是不能矫正他们耳目的欲念，而放纵他们内心的邪僻。在外驱车打猎射鸟，在内则沉湎于饮酒作乐，而不顾及他们国家的政事；过多地做无用的事，残暴地对待百姓，于是丧失了他们的国家。他们不这样说："我疲沓无能，我听狱治国不努力。"而一定会说："我命里本来就要失国的。"即使是三代疲沓无能的百姓，也是这样。不能好好地对待双亲君长，非常厌恶恭敬俭朴而喜好简慢粗陋，贪婪于饮食而懒惰于劳作，因而穿衣吃饭的资财不充足，因此自身有饥寒冻馁的忧患。但他们不这样说："我疲沓无能，我从事劳作不努力。"而说："我命里本来就穷。"从前三代的虚伪的人也是这样。

【注释】

①术：通"述"。

②允：诚实。惟：于。

③防：当为"放"，放纵。

④增：此处当为"憎"。

【原文】

　　昔者暴王作之，穷人术之①，此皆疑众迟朴，先圣王之患之也，固在前矣，是以书之竹帛，镂之金石，琢之盘盂，传遗后世子孙。曰："何书焉存？"禹之《总德》有之，曰："允不著惟天②，民不而葆。既防凶心③，天加之咎。不慎厥德，天命焉葆？"《仲虺之告》曰："我闻有夏人矫天命于下，帝式是增④，用爽厥师。"彼用无为有，故谓矫；若有而谓有，夫岂为矫哉？昔者桀执有命而行，汤为《仲虺之告》以非之。《太誓》之言也，于去发曰[5]："恶乎君子[6]！天有显德，其行甚章。为鉴不远，在彼殷王。谓人有命，谓敬不可行，谓祭无益，谓暴无伤。上帝不常，九有以亡；上帝不顺，祝降其丧。惟我有周，受之大帝[7]。"昔纣执有命而行，武王为《太誓》去发以非之。曰：子胡不尚考之乎商、周、虞、夏之记？从卜简之篇以尚，皆无之。将何若者也？

⑤于去发：当为"太子发"。

⑥丕平：发语词。

⑦帝：当作"商"。

【译文】

　　从前暴君编造这些话，穷人复述这些话。这些都是迷惑百姓、愚弄朴实的人，先代圣王为此感到忧虑，在前世就有了，因此写在竹帛上，刻在金石上，雕在盘盂上，流传给后世子孙。说：在哪些书保存有这些话呢？夏禹的《总德》上有记载，说："诚信不到达上天，上天就不会保佑他的子民。既然放纵自己凶恶的心志，上天就会降下灾祸的。不谨慎而丧失了德，天命怎会保佑呢？"《仲虺之告》说："我听说夏人假造天命颁布于世，上天痛恨他，因此使他丧失了军队。"他用不存在的东西作为存在的东西，所以叫伪造；假若是存在的而说存在，那怎么能说是伪造呢？从前夏桀主张有命论行事，商汤作《仲虺之告》以反对他。《太誓》上记载太子发说："君子！上天保佑明德之人，他们的品行特别显著。可以作为镜子借鉴的不远，殷王就是。他说人有命运，说恭敬不可行；说祭祀无益，说暴徒无害。上天不保佑，天下九州都灭亡了。上天不顺心，给他降下灭亡的灾难。只有我周朝，接受了商的天下。"从前商纣主张有命运而行事，周武王作《太誓》、《去发》反驳他。说，你为什么不向上考察商、周、虞、夏时代的史料，从卜简以上的篇幅，都没有命运的内容。将怎么样呢？

【原文】

　　是故子墨子曰："今天下之君子之为文学、出言谈也，非将勤劳其喉舌，而利其唇呡也[1]，中实将欲其国家邑里万民刑政者

【注释】

①呡：通"吻"，口边。

②分：名分，职分。

也。"今也王公大人之所以蚤朝晏退，听狱治政，终朝均分而不敢怠倦者②，何也？曰：彼以为强必治，不强必乱；强必宁，不强必危。故不敢怠倦。今也卿大夫之所以竭股肱之力，殚其思虑之知，内治官府，外敛关市、山林、泽梁之利，以实官府而不敢怠倦者，何也？曰：彼以为强必贵，不强必贱；强必荣，不强必辱。故不敢怠倦。今也农夫之所以蚤出暮入，强乎耕稼树艺，多聚菽粟而不敢怠倦者，何也？曰：彼以为强必富，不强必贫；强必饱，不强必饥。故不敢怠倦。今也妇人之所以夙兴夜寐，强乎纺绩织纴，多治麻统葛绪③，捆布縿，而不敢怠倦者，何也？曰：彼以为强必富，不强必贫；强必暖，不强必寒。故不敢怠倦。

【译文】

　　因此墨子说："现今天下的君子们写文章、发表谈话，并不是想要使其喉舌勤劳，使其嘴唇利索，内心确实将要为他自己的国家、乡里、百姓和刑法政务打算。"现今的王公大人要早上朝，晚退朝，听狱治政，整日分配职事而不敢倦怠，是为什么呢？答道：他们认为努力必能治理，不努力就要混乱；努力必能安宁，不努力就要危险，所以不敢倦怠。现今的卿大夫用尽全身的力气，竭尽全部智慧，对内治理官府，对外征收关市、山林、泽梁的税，以充实官府，而不敢倦怠，是为什么呢？答道：他们以为努力必能高贵，不努力就会低贱；努力必能荣耀，不努力就会屈辱，所以不敢倦怠。现在的农夫早出晚归，努力从事耕种、植树、种菜，多聚豆子和粟，而不敢倦怠，为什么呢？答道：他们以为努力必能富裕，不努力就会贫穷；努力必能吃饱，不努力就要饥饿，所以不敢倦怠。现在的妇人早起夜睡，努力纺纱、绩麻、织布，多多料理麻、丝、葛、苎麻，而不敢倦怠，为什么呢？答道：她们以为努力必能富裕，不努力就会贫穷；努力必能温暖，不努力就会寒冷，所以不敢倦怠。

【原文】

　　今虽毋在乎王公大人①，蕡若信有命而致行之②，则必怠乎听狱治政矣，卿大夫必怠乎治官府矣，农夫必怠乎耕稼树艺矣，妇人必怠乎纺绩织纴矣。王公大人怠乎听狱治政，卿大夫怠乎治官府，则我以为天下必乱矣；农夫怠乎耕稼树艺，妇人怠乎纺绩织纴，则我以为天下衣食之财，将必不足矣。若以为政乎天下，上以事天鬼，天鬼不使³；下以持养百姓，百姓不利，必离散，不可得用也。是以入守则不固，出诛则不胜。故虽昔者三代暴王桀、纣、幽、厉之所以共抎其国家⁴，倾覆其社稷者，此也。

②黄：当作"实"。
③使：当为"从"。
④共：当为"失"。抎：抛弃，坠落。

【译文】

　　现在的王公大人若确信有命运，并如此去做，则必懒于听狱治政，卿大夫必懒于治理官府，农夫必懒于耕田、植树、种菜，妇人必懒于纺纱、绩麻、织布。王公大人懒于听狱治国，卿大夫懒于治理官府，则我认为天下一定会混乱，农夫懒于耕田、植树、种菜，妇人懒于纺纱、绩麻、织布，则我认为天下衣食财物，将必定会不充足。如果以此来治理天下，向上事奉上天、鬼神，则上天、鬼神必不依从；对下以此来养育百姓，百姓没有得到利益，必定要离开不能被使用。这样在城内守卫则不牢固，出去诛讨就不会胜利。所以从前三代暴君、桀、纣、幽、厉之所以使他们的国家灭亡，倾覆他们的社稷，就在这里啊。

【原文】

　　是故子墨子言曰："今天下之士君子，中实将欲求兴天下之利、除天下之害，当若有命者之言，不可不强非也¹。曰：'命者，暴王所作，穷人所术，非仁者之言也。'"今之为仁义者，将不可不察而强非者，此也。

【注释】

①强：尽力，竭力。

【译文】

　　所以墨子说："现在天下的士大夫、君子们，内心确实希望兴天下之利，除天下之害，面对有命论者的话，不可能不努力去反对它。就是说：命运，是暴君所捏造的，穷人所传播的，不是仁人的话。"现今作为仁义的人，将不可不考察而努力去反对的原因，就在这里呀。

非儒（下）

【原文】

儒者曰："亲亲有术①，尊贤有等。"言亲疏尊卑之异也。其礼曰：丧，父母，三年；妻、后子，三年；伯父、叔父、弟兄、庶子，其②；戚族人，五月。若以亲疏为岁月之数，则亲者多而疏者少矣，是妻、后子与父同也。若以尊卑为岁月数，则是尊其妻、子与父母同，而亲伯父、宗兄而卑子也③。逆孰大焉？其亲死，列尸弗敛，登堂窥井，挑鼠穴，探涤器，而求其人矣④，以为实在，则赣愚甚矣。如其亡也必求焉⑤，伪亦大矣！

【译文】

儒家的人说："爱亲人应有差别，尊敬贤人也应该有差别。"这是说亲疏、尊卑的差异。他们的仪礼说：服丧的日期，如果父母去世，要服丧三年；如果妻子和长子去世，要服丧三年；如果伯父、叔父、弟兄、庶子去世，要服丧一年；如果外姓亲戚去世，要服丧五个月。如果以亲、疏来作为服丧的年月，那么亲近的多而疏远的少，这样，妻子、长子与父亲相同。如果以尊卑来作为服丧的年月，那么，是把妻子、儿子看做与父母一样尊贵，而把伯父、宗兄和庶子看成一样的，有如此大逆不道的吗？他们的父母死了，陈列起尸体而不装殓。（招魂时）升上屋顶，窥探水井，挑开鼠穴，洗涤器具，去寻求死去的人，认为还确实存在，那么是愚蠢到了极点。如果认为不存在，却一定要求寻求死去的人，那么虚假也就太大了。

【原文】

取妻身迎①，祇褍为仆②，秉辔授绥，如仰严亲；昏礼威仪，如承祭祀。颠覆上下，悖逆父母，下则妻、子③，妻、子上侵事亲。若此，可谓孝乎？儒者："迎妻，妻之奉祭祀；子将守宗庙。故重之。"应之曰："此诬言也！其宗兄守其先宗庙数十年，死，丧之其；兄弟之妻奉其先之祭祀，弗散[4]；则丧妻、子三年，必非以守、奉祭祀也。"夫忧妻、子以大负累[5]，有曰："所以重亲也。"为欲厚所至私，轻所至重，岂非大奸也哉？

【译文】

娶妻要亲身迎娶，穿着黑色下摆的衣裳，为她驾车，新郎手里拿着缰绳，把引绳递给新妇，就好像敬奉父亲一样。婚礼仪式隆重，宛如承受着祭祀大礼。颠倒了上下关系，悖逆了父母礼节，父母下降到妻子、儿子的地位。妻子、儿子对上侵扰了侍奉双亲，如果这样，可以叫孝顺吗？儒家的人说："迎娶妻子，妻子要供奉祭祀，儿子要保守宗庙，所以敬重他们。"答道："这是谎话！他的宗兄守护他先人宗庙几十年，死了，为他服一年丧；兄弟的妻子供奉他祖先的祭祀，不为她服丧，而为妻子、长子服三年丧，那一定不是因为守奉祭祀的原因。"优待妻子、长子而服三年丧，有的说道："这是为了看重父母双亲。"这是想厚待自己所偏爱的人，却轻视自己重要的人，这难道不是大骗子吗？

【原文】

有强执有命以说议曰："寿夭贫富，安危治乱，固有天命，不可损益[1]。穷达、赏罚、幸否有极[2]，人之知力，不能为焉！"群吏信之，则怠于分职[3]；庶人信之，则怠于从事。吏不治则乱，农事缓则贫，贫且乱，政之本[4]，而儒者以为道教[5]，是贼天下之人者也。

【注释】

①损：减少。益：增加。

②否（pǐ）：不幸。

③分职：分内之职。

④"政之本"前脱一"倍"字。倍，通"背"。

⑤道：引导。

【译文】

（儒者）又顽固地坚持有命论以辩说道："长寿、夭折、贫穷、富有、安定、危险、治理、混乱，本来就有天命，不能减损也不能增加。穷困、显达、奖赏、惩罚、幸运、倒霉都有定数，人的知识和力量是无所作为的！"众官吏听信了这些话，则对于自己分内的职责懈怠，普通人相信了这些话，则会对于从事劳作懈怠。官吏不治理就要混乱，农事迟缓就要贫困。既贫困又混乱，就违背了治政的目的，儒家的人却以此作为教导，这是残害天下的人啊。

【注释】

①谩：欺骗。

②缓：舒。浩居：同"傲倨"，傲慢。

③倍：通"背"。傲：通"遨"，游戏。

④人气：当作"乞人"。乞丐。

⑤贲彘（fénzhì）：阉割过的公猪。贲，通"獖"。

⑥本句当作："因人之家以为尊，恃人之野以为翠。"翠，肥。

【原文】

　　且夫繁饰礼乐以淫人，久丧伪哀以谩亲①，立命缓贫而高浩居②，倍本弃事而安怠傲③。贪于饮食，惰于作务，陷于饥寒，危于冻馁，无以违之。是若人气④，羵鼠藏，而羝羊视，贲彘起⑤。君子笑之，怒曰："散人焉知良儒！"夫夏乞麦禾，五谷既收，大丧是随，子姓皆从，得厌饮食。毕治数丧，足以至矣。因人之家翠以为，恃人之野以为尊⑥，富人有丧，乃大说喜，曰："此衣食之端也！"

【译文】

　　再说制定繁缛的礼乐去迷惑人，久久服丧虚假地哀伤去欺骗死去的双亲。立志安于贫困却极端倨傲自大以傲世。背弃本业而安于懈怠傲慢。对于饮食很贪婪，对于劳作很懒惰，陷于饥寒，有冻馁的危险，却没有办法避免。这些人似人中的乞丐，像偷藏食物的田鼠，像觅草而食的公羊，像跃起而食的阉猪。君子们嘲笑他们，他们却说："庸人怎能知道良儒呢！"他们夏天向人们乞讨麦子和稻子，五谷收齐了，跟着就有人大办丧事。他们的子孙都跟着前往，吃饱喝足。办完了几次丧事，就足够了。借助别人的家丧来养肥自己，依仗别人的田野所获来妄自尊大。当富人家有丧事时，就非常喜欢，说："这是穿衣吃饭的根源啊！"

【注释】

①服古言：当作"古言服"，指说古言穿古服。

②循而不作：只依循前人的东西而不去创

【原文】

　　儒者曰："君子必服古言①，然后仁。"应之曰："所谓古之言服者，皆尝新矣，而古人言之服之，则非君子也？然则必服非君子之服，言非君子之言，而后仁乎？"又曰："君子循而不作②。"应之曰："古者羿作弓，伃作甲，奚仲作车，巧垂作舟；然则今之鲍、函、车、匠，皆君子也，而羿、伃、奚仲、巧垂，皆小人邪？且其所循，人必或作之；然则其所循，皆小人道也。"

新。

【译文】

儒家的人说："君子必须说古代的话，穿古代的衣服，然后才能成仁。"答道："所谓古代的话、古代的衣服，都曾经在当时是新的。古人却说他们那时的新话，穿那时的新衣，难道就不是君子吗？既然这样，那么必须仿照穿不是君子所穿的衣服，说不是君子所说的话，而后才为仁吗？"儒家的人又说："君子只遵循前人做的而不创新。"回答他说："古时的后羿制造了弯弓，季仔制造了铠甲，奚仲制作了车子，巧垂制作了船只。既然这样，那么今天的皮鞋匠、软甲工、车工、木匠，就都是君子，而后羿、季仔、奚仲、巧垂，就都是小人吗？"

【原文】

又曰："君子胜不逐奔，掩函弗射^①，施则助之胥车。"应之曰："若皆仁人也，则无说而相与；仁人以其取舍是非之理相告，无故从有故也，弗知从有知也，无辞必服，见善必迁，何故相与？若两暴交争，其胜者欲不逐奔，掩函弗射，施则助之胥车，虽尽能^②，犹且不得为君子也，意暴残之国也^③。圣将为世除害，兴师诛罚，胜将因用儒术令士卒曰：'毋逐奔，掩函勿射，施则助之胥车。'暴乱之人也得活，天下害不除，是为群残父母而深贱世也^④，不义莫大矣！"

【注释】

① 函：陷阱。

② 虽尽能：即使都这样做了。

③ 意：通"抑"，也许。

④ 群：大。

【译文】

儒家的人又说："君子打了胜仗不追赶逃跑的敌人，对掩藏铠甲的敌人不射杀，见敌车驶入了岔路则帮助他推车。"回答他说："如果双方都是仁人，那么就不会相敌，仁人以他取舍是非之理相告，没道理的跟有道理的走，不知道的跟知道的走。说不出理由的必定会折服，看到善的必定会依从。有什么理由要互相敌对呢？如果两方面都是暴虐者在相互争斗，打了胜仗不追赶逃跑的敌人，对掩藏铠甲的敌人不射杀，见敌车驶入了岔路则帮助他推车。即使这些都做了，也不能做君子，也许还是残暴的国人。圣（王）将为世上除害，发动民众诛伐暴虐，如果战胜了，将凭借儒术命令士卒说：'不要追赶逃跑的敌人，看见敌人掩藏铠甲不射杀，见敌车驶入了岔路帮助他推车。'那么暴乱之人得到活命，天下的害不能除掉，这是作为君主父母的还在深重地残害着社会，不义没有比这更大的了！"

【原文】

又曰："君子若钟，击之则鸣，弗击不鸣。"应之曰："夫仁人，事上竭忠，事亲得孝，务善则美，有过则谏，此为人臣之道也。今击之则鸣，弗击不鸣，隐知豫力①，恬漠待问而后对②，虽有君亲之大利，弗问不言。若将有大寇乱，盗贼将作，若机辟将发也，他人不知，己独知之，虽其君、亲皆在，不问不言。是夫大乱之贼也。以是为人臣不忠，为子不孝，事兄不弟，交遇人不贞良。夫执后不言，之朝，物见利使己，虽恐后言。君若言而未有利焉，则高拱下视，会噎为深③，曰：'唯其未之学也。'用谁急，遗行远矣。"

【译文】

儒家的人又说："君子像钟一样，敲打它就响，不敲它就不响。"回答说："那些仁人，事奉君上竭尽忠诚，事奉双亲务必孝顺，得到好的就称美，有了过错就谏阻，这才是做人臣的道理。现在若敲打才响，不敲打就不响，隐藏自己的智谋，懒于用力，安静冷淡地等待君亲发问，然后才作回答。即使有关君主、双亲的大利，不问他也就不说。如果将发生大寇乱，盗贼将发生，就像一种安置好的机关将引发一样，别人不知这事，自己独自知道，即使是他的君主、双亲都在，不问他他就不说，这实际是大乱的祸根。以这种态度作人臣就不忠诚，作儿子就不孝顺，事奉兄长就不恭顺，待人就不正直善良。遇事，持后退不言的态度。到朝廷上，看到有利自己的东西，唯恐说得比别人迟。如果说了而没有利益，那么就高高地拱手向下瞧着，隐藏之深好像哽噎一样，还说："这个我还没有学习过呢。"君上虽然急需重用他们，但他们遗弃君上已经走得很远了。

【原文】

夫一道术学业仁义者①，皆大以治人，小以任官；远施周偏②，近以修身；不义不处，非理不行；务兴天下之利，曲直周旋，利则止③，此君子之道也。以所闻孔某之行，则本与此相反谬也。

【注释】

①一：统一。学业：指学术和事业。

②远施周偏：当为"远用遍施"。偏，通"遍"。

③利则止：当为"不利则止"。

【译文】

凡道术学业都统一于仁义，都是大可以治理人民，小可以任用官职，远的可以周遍施于天下，近的可以修身养性。不义的就不居住，无理的就不实行。务必兴天下之利，曲直与之周旋，没有利的就停止，这是君子之道。而我所听说的有关孔子的行为，则本来就跟这个相反。

【原文】

齐景公问晏子曰："孔子为人何如？"晏子不对。公又复问，不对。景公曰："以孔某语寡人者众矣，俱以贤人也。今寡人问之，而子不对，何也？"晏子对曰："婴不肖，不足以知贤人。虽然，婴闻所谓贤人者，入人之国，必务合其君臣之亲，而弭其上下之怨。孔某之荆，知白公之谋，而奉之以石乞，君身几灭，而白公僇①。婴闻贤人得上不虚，得下不危，言听于君必利人，教行下必于上②，是以言明而易知也，行明而易从也。行义可明乎民，谋虑可通乎君臣。今孔某深虑同谋以奉贼③，劳思尽知以行邪，劝下乱上，教臣杀君，非贤人之行也。入人之国，而与人之贼，非义之类也。知人不忠，趣之为乱，非仁义之也④。逃人而后谋，避人而后言，行义不可明于民，谋虑不可通于君臣，婴不知孔某之有异于白公也，是以不对。"景公曰："呜乎！贶寡人者众矣⑤，非夫子，则吾终身不知孔某之与白公同也。"

【注释】

①僇：通"戮"，杀。

②此句当作"教行于下必利上"。

③同：疑为"周"字之误。

④此句疑作"非仁义之类也"。

⑤贶（kuàng）：赐，赏赐，这里指进言。

【译文】

齐景公问晏子说："孔子为人怎样？"晏子不回答。齐景公又问一次，还是不回答。景公说："对我说孔子的人很多，都以为贤人。现在我问你，你不回答，是什么原因呢？"晏子答道："晏婴不肖，不足以认识贤人。即使这样，晏婴听说所谓贤人，进入人家的国境，一定要努力增进他们君臣之间的感情，平息他们上下之间的怨恨。孔子到了楚国，已经知道了白公的阴谋，而把石乞献给他。国君几乎身亡，而白公被杀。晏婴听说贤人得到国君的任用，不虚有其名位；得到下民信任，不会带来危险。对君王说的话必然是对人民有利，教导下民必对君上有利。行义可以让民众知道，考虑计策可在君臣之间沟通。现今孔子精心计划和叛贼同谋，竭尽心智以行不正当的事，鼓励下面的人反抗上面，教导臣子杀国君，不是贤人的行为啊。进入别人的国境，却帮助别人的叛贼，这就不符合义。知道别人不忠诚，却促成他叛乱，这就不是仁义的行为啊。逃避人群而后策划，躲避人群而后才言说，行义不可让民众知晓，谋划不可以在君臣之间沟通。臣晏婴不知道孔子和白公的不同之处，因此没有回答。"景公说："哎呀！向我赐教的人很多啊，（然而）如果不是您，则我终身都不知道孔子和白公是一类人啊。"

【注释】

①宗：通"崇"，崇尚。循：当作"遂"。
②机服：即"异服"。
③当年：壮年。
④遇：通"愚"。
⑤期：当作"示"。
⑥言：为"亿"之省误。术：通"率"。

【原文】

孔某之齐，见景公，景公说，欲封之以尼溪，以告晏子。晏子曰："不可。夫儒，浩居而自顺者也，不可以教下；好乐而淫人，不可使亲治；立命而怠事，不可使守职；宗丧循哀①，不可使慈民；机服勉容②，不可使导众。孔某盛容修饰以蛊世，弦歌鼓舞以聚徒，繁登降之礼以示仪，务趋翔之节以观众；博学不可使议世，劳思不可以补民；絫寿不能尽其学，当年不能行其礼③，积财不能赡其乐。繁饰邪术以营世君；盛为声乐以淫遇民④。其道不可以期世⑤，其学不可以导众。今君封之，以利齐俗，非所以导国先众。"公曰："善。"于是厚其礼，留其封，敬见而不问其道。孔某乃恚怒于景公与晏子，乃树鸱夷子皮于田常之门，告南郭惠子以所欲为。归于鲁，有顷，间齐将伐鲁，告子贡曰："赐乎！举大事于今之时矣！"乃遣子贡之齐，因南郭惠子以见田常，劝之伐吴，以教高、国、鲍、晏，使毋得害田常之乱。劝越伐吴，三年之内，齐、吴破国之难，伏尸以言术数⑥，孔某之诛也。

【译文】

孔子到齐国，拜见景公。景公高兴，想把尼溪这个地方封给他，因此告诉晏子。晏子说："不可以。那些儒者，是傲慢而自作主张的人，不可以教导下民；喜欢音乐而混乱人民，不可以让他们去亲自治理政事；认命而懒于做事，不可以派他们去担任官职；办丧事哀伤不止，不可以使他们慈爱百姓；奇装异服而作出庄敬的表情，不可以使他们引导民众。孔子修饰盛装打扮那华丽的面容用以惑乱世人，弦歌鼓舞，用以召集弟子，把登堂、退下的礼节弄得很复杂，用以显示礼仪，勉力于从事趋走、盘旋的礼节，用以让众人观看。虽然博学，但不可以使他议论时世，劳尽心思，但不可以此有补于民生，长寿的人几辈子也学不完他们的学问，壮年人也无法行他们繁多的礼节，积累的财产也不能供给他音乐的花费。过多地装饰他们的邪说，来迷惑当世的国君；大张旗鼓地设置音乐，来惑乱愚笨的民众。他们的道术不可公布于世，他们的学问不可以教导民众。现在君王封孔子以求对齐国风俗有利，不是引导民众的方法。"景公说："好。"于是赠孔子厚礼，而不给封地，恭敬地接见他而不问他的道术。孔子于是对景公和晏子很愤怒。便把范蠡推荐给田常，孔子告诉南郭惠子后回到鲁国去了。过了一段时间，齐国将要讨伐鲁国，告诉子贡说："端木赐，现在是办大事的时候了！"于是派子贡到齐国，通过南郭惠子见到田常，劝他讨伐吴国；以教高、国、鲍、晏四姓，使之不要妨碍田常叛乱；又劝越国伐吴国。三年之内，齐国和吴国都遭受了灭国的灾难，死去的人数大约上亿，这是孔子的罪呀。

【原文】

孔某为鲁司寇，舍公家而奉季孙，季孙相鲁君而走，季氏与邑人争门关，决植①。孔某穷于蔡、陈之间，藜羹不糁②。十日，子路为享豚，孔某不问肉之所由来而食；号人衣以酤酒③，孔某不问酒之所由来而饮。哀公迎孔某，席不端弗坐，割不正弗食。子路进，请曰："何其与陈、蔡反也？"孔某曰："来，吾语女：曩与女为苟生，今与女为苟义。"夫饥约④，则不辞妄取以活身；赢鲍，则伪行以自饰。污邪诈伪，孰大于此？

【译文】

孔子做了鲁国的司寇，放弃国家利益而去侍奉季孙氏。季孙氏为鲁君之相而逃亡，他逃到城门跟邑人争门关，孔子举起城门放季孙逃走。孔子被穷困在陈国、蔡国之间，用藜叶做的羹中不见米粒。第十天，子路蒸了一只小猪，孔子不问肉的来源就吃了；又剥下别人的衣服去买酒，孔子也不问酒的来源就喝。后来鲁哀公迎接孔子，席摆得不正他不坐，割下来的肉不正他不吃。子路走上前来问道："（您）为何与在陈、蔡那时的态度相反呢？"孔某说："来！我告诉你：从前我和你苟且偷生，现在我和你急于取义。"在饥饿困逼时，就不惜妄取以求活命，在饱食有余时，就用虚伪的行为来粉饰自己。污邪诈伪之行，还有比这大的吗？

【原文】

孔某与其门弟子闲坐，曰："夫舜见瞽叟孰然[1]，此时天下圾乎[2]？周公旦非其人也邪？何为舍其家室而托寓也[3]？"孔某所行，心术所至也。其徒属弟子皆效孔某：子贡、季路，辅孔悝乱乎卫，阳货乱乎齐，佛肸以中牟叛，漆雕刑残，莫大焉。夫为弟子后生，其师必修其言，法其行，力不足、知弗及而后已[4]。今孔某之行如此，儒士则可以疑矣！

【译文】

孔子和他的弟子闲坐，说："舜见了瞽叟，局促不安的样子，这时天下危险吗？周公旦也不是仁义之人吧，否则为何舍弃他的家室而寄居在外呢？"孔子的所行，都出于他的心术。他的朋辈和弟子都效法孔子。子贡、季路辅佐孔悝在卫国作乱；阳货在齐作乱；佛肸以中牟反叛；漆雕开刑杀。残暴没有比这些人之所为更大的了。凡是做弟子后生的，他的老师必须使自己的语言完美，使自己的行为成为法则，一直到自己力量不足、智慧不及才停止。现在孔子的行为是这个样子，那么儒士们就可以凭借这些怀疑他了。

耕　柱

【原文】

子墨子怒耕柱子①。耕柱子曰："我毋俞于人乎②？"子墨子曰："我将上大行③，驾骥与羊④，子将谁驱？"耕柱子曰："将驱骥也。"子墨子曰："何故驱骥也？"耕柱子曰："骥足以责。"子墨子曰："我亦以子为足以责。"

【注释】

①怒：责备。耕柱：墨子的弟子。

②俞：通"愈"，胜过。

③大：当为"太"。

④羊：疑为"牛"之误。

【译文】

墨子对耕柱子很生气。耕柱子说："我难道没有胜过别人的地方吗？"墨子问道："我将要上太行山去，驾车的有良马和牛，你将驱赶哪一种呢？"耕柱子说："我将驱赶骏马。"墨子问道："为什么驱赶骏马呢？"耕柱子回答道："良马足以担当重任。"墨子说道："我也认为你足以担当重任。"

【原文】

巫马子谓子墨子曰①："鬼神孰与圣人明智？"子墨子曰："鬼神之明智于圣人，犹聪耳明目之与聋瞽也。昔者夏后开使蜚廉折金于山川②，而陶铸之于昆吾；是使翁难雉乙卜于白若之龟③，曰：'鼎成三足而方，不炊而自烹，不举而自臧④，不迁而自行。以祭于昆吾之虚⑤，上乡⑥！'乙又言兆之由曰：'飨矣！逢逢白云⑦，一南一北，一西一东，九鼎既成，迁于三国。'夏后氏失之，殷人受之；殷人失之，周人受之。夏后殷周之相受也，数百岁矣。使圣人聚其良臣，与其桀相而谋⑧，岂能智数百岁之后哉⑨？而鬼神智之。是故曰，鬼神之明智于圣人也，犹聪耳明目之与聋瞽也。"

【注释】

①巫马子：疑为孔子弟子巫马期。

②夏后开：即夏启，汉代人避景帝（刘启）讳而改。折金：采金，指开发金属矿藏。

③白：当为"百"。

④臧：通"藏"。

⑤虚：通"墟"。

⑥上乡：即"尚飨"，祭祀之辞。

⑦逢逢：同"蓬蓬"。

【译文】

巫马子问墨子："鬼神与圣人相比，哪个更明智呢？"墨子

⑧桀：通"杰"。

⑨智：通"知"。

答道："鬼神比圣人明智，就好像耳聪目明的人比聋人、盲人明智一样。从前夏启命令蜚廉在山上开发金属矿藏，在昆吾铸了鼎，于是叫卜人翁难乙用百灵的龟占卜，卜辞是这么说的：'鼎铸成了，三足而方，不用生火它自己会煮熟，不用抬走自己会隐藏，不用迁移它自己会行走。用它在昆吾之墟祭祀，请鬼神享用。'翁难乙又念了卦兆，说：'鬼神已经享用了。蓬蓬白云，一会儿南北，一会儿西东。九鼎已经铸成功了，将要三代相传。'后来夏后氏失掉了它，殷人接受了它；殷人失掉了，周人又接受了它。夏、商、周三代互相接受九鼎，已经好几百年了。假使有一位圣人聚集他的贤臣，和他杰出的宰相共同谋划，哪能知道几百年以后的事呢？但是，鬼神却能够知道。因此说：鬼神比圣人明智，就好像耳聪目明的人比聋盲明智一样。"

【原文】

治徒娱、县子硕问于子墨子曰："为义孰为大务？"子墨子曰："譬若筑墙然，能筑者筑，能实壤者实壤，能欣者欣①，然后墙成也。为义犹是也，能谈辩者谈辩，能说书者说书②，能从事者从事，然后义事成也。"

巫马子谓子墨子曰："子兼爱天下，未云利也③；我不爱天下，未云贼也。功皆未至，子何独自是而非我哉？"子墨子曰："今有燎者于此，一人奉水将灌之，一人掺火将益之，功皆未至，子何贵于二人？"巫马子曰："我是彼奉水者之意，而非夫掺火者之意。"子墨子曰："吾亦是吾意，而非子之意也。"

子墨子游荆耕柱子于楚④。二三子过之⑤，食之三升，客之不厚⑥。二三子复于子墨子曰："耕柱子处楚无益矣！二三子过之，食之三升，客之不厚。"子墨子曰："未可智也。"毋几何而遗十金于子墨子⑦，曰："后生不敢死，有十金于此，愿夫子之用也。"子墨子曰："果未可智也。"

【译文】

治徒娱、县子硕两个人问墨子说："要行义，什么是最重要

【注释】

①欣：通"掀"，此处用作动词，挖土。

②说书：解释典籍。

③云：有之意。

④荆：衍文。

⑤过：访问。

⑥客：招待。厚：优厚。

⑦遗（wèi）：给予，赠送。

的事呢？"墨子回答道："就好比筑墙一样，能筑的就筑，能填土的就填土，能挖土的就挖土，这样墙就可以筑成。行义就是这样，能演说的就演说，能解说典籍的就解说典籍，能做事的就做事，这样义事就可以办成。"

巫马子问墨子说："你兼爱天下，没有什么利益；我不爱天下，也没有什么害处。功效都没有达到，你为什么只认为自己正确，而认为我不正确呢？"墨子回答道："假如这里有个人在放火，一个人捧着水将要浇灭它，另一个人拿着火苗，将使火烧得更旺，都还没有做成，在这两个人之中，你看重哪一个？"巫马子回答说："我认为那个捧水的人心意是正确的，而那个拿火苗的人的心意是错误的。"墨子说："我也认为我兼爱天下的用意是正确的，而你不爱天下的用意是错误的。"

墨子推荐耕柱子到楚国做官，有几个弟子去探访他，耕柱子请他们吃饭，每餐仅供食三升，招待他们不优厚。这几个人回来告诉墨子说："耕柱子在楚国没有什么收益！我们几个去探访他，每餐只供给我们三升米，招待我们不优厚。"墨子答道："这还未可知。"没有多久，耕柱子送给墨子十镒黄金，说："弟子不敢贪图财利违章犯法以送死，这十镒黄金，请老师使用。"墨子说："果然是未可知啊！"

【原文】

巫马子谓子墨子曰："子之为义也，人不见而耶[1]，鬼而不见而富[2]，而子为之，有狂疾[3]。"子墨子曰："今使子有二臣于此，其一人者见子从事，不见子则不从事；其一人者见子亦从事，不见子亦从事，子谁贵于此二人？"巫马子曰："我贵其见我亦从事，不见我亦从事者。"子墨子曰："然则是子亦贵有狂疾也。"

子夏之徒问于子墨子曰："君子有斗乎？"子墨子曰："君子无斗。"子夏之徒曰："狗豨犹有斗[4]，恶有士而无斗矣？"子墨子曰："伤矣哉！言则称于汤文，行则譬于狗豨，伤矣哉！"

巫马子谓子墨子曰："舍今之人而誉先王，是誉槁骨也[5]。譬若匠人然，智槁木也[6]，而不智生木。"子墨子曰："天下之所以

【注释】

[1] 而：通"尔"，你。耶：当为"助"。

[2] 鬼而不见：当为"鬼不见"。富：通"福"。

[3] 狂疾：痛病。

[4] 豨（xī）：猪。

[5] 槁（gǎo）：干枯。

[6] 智：通"知"。

生者，以先王之道教也。今誉先王，是誉天下之所以生也。可誉
而不誉，非仁也。"

【译文】

　　巫马子对墨子说："你行义，人不会见到了而帮助你，也没
有见到鬼神赐福给你，但是你还在做，这是有疯病。"墨子回答
说："现在假使你有两个家臣在这里，其中一个见到你就做事，
不见到你就不做事；另外一个见到你也做事，不见到你也做事，
这两个人之中，你看重谁？"巫马子回答说："我看重那个见到
我做事，不见到我也做事的人。"墨子说："既然这样，那么是你
也看重有疯病的人。"

　　子夏的学生问墨子道："君子之间有争斗吗？"墨子回答
说："君子之间没有争斗。"子夏的学生说："狗、猪尚且有争
斗，哪有士人没有争斗的呢？"墨子说道："痛心啊！你们言谈则
称举商汤、文王，行为却与狗猪相类比，痛心啊！"

　　巫马子对墨子说："舍弃当今的人，却去称誉古代的圣王，
这是称誉枯骨。好像匠人一样，知道干枯的木材，却不知道活着
的树木。"墨子说："天下之所以能生存，是先王的主张教导的
结果。现在称誉先王，是称誉使天下生存的先王的主张。该称颂
的却不去称颂，这就不是仁了。"

【原文】

　　子墨子曰："和氏之璧、隋侯之珠、三棘六异①，此诸侯之
所谓良宝也。可以富国家，众人民，治刑政，安社稷乎？曰：不
可。所谓贵良宝者，为其可以利民也。而和氏之璧、隋侯之珠、
三棘六异，不可以利人，是非天下之良宝也。今用义为政于国
家，国家必富，刑政必治，社稷必安。所为贵良宝者，可以利民
也，而义可以利人，故曰：义，天下之良宝也。"

【注释】

①三棘六异：即三翮
（hé）六翼，九鼎之别
名。

【译文】

　　墨子说："和氏璧、隋侯珠、三翮六翼的九鼎，这些都是诸

侯所说的良宝。它们可以富国家、众人民、治刑政、安社稷吗？
人们会回答说：不能。之所以认为贵重良宝，是它们可以使人得
到利益。而和氏璧、隋侯珠、三翮六翼的九鼎，不能给人利益，
所以这些都不是天下的良宝。现在用义在国家施政，国家必然富
裕，人口必然增多，刑政必然得到治理，社稷必然安定。它们之
所以称为贵重良宝，是它们能利于人民，而义可以使人民得利，
所以说：义是天下的良宝。"

【原文】

　　叶公子高问政于仲尼曰："善为政者若之何¹？"仲尼对曰：
"善为政者，远者近之，而旧者新之。"子墨子闻之曰："叶公
子高未得其问也，仲尼亦未得其所以对也。叶公子高岂不知善为
政者之远者近也²，而旧者新是哉³？问所以为之若之何也。不以
人之所不智告人，以所智告之。故叶公子高未得其问也，仲尼亦
未得其所以对也。"

【注释】

①若之何：怎么样。

②也：当作"之"。

③是：当作"之"。

【译文】

　　叶公子高向孔子问施政的道理，说："善于施政的人该怎样
呢？"孔子回答道："善于治政的人，要亲近疏远的人；对故旧，
要待之如新，不厌弃他们。"墨子听到了，说："叶公子高没能
得到需要的解答，孔子也不能正确地回答。叶公子高难道会不知
道，善于施政的人，对于处在远方的，要亲近他们；对于故旧，
要如同新交一样，不厌弃他们吗？他是问怎么样去做。不以人
家所不懂的告诉人家，而以人家已经知道了的去告诉人家。所以
说，叶公子高没能得到需要的解答，孔子也不能正确地回答。"

【原文】

　　子墨子谓鲁阳文君曰："大国之攻小国，譬犹童子之为马
也。童子之为马，足用而劳。今大国之攻小国也，攻者¹，农夫
不得耕，妇人不得织，以守为事；攻人者，亦农夫不得耕，妇人不
得织，以攻为事。故大国之攻小国也，譬犹童子之为马也。"
　　子墨子曰："言足以复行者，常之²；不足以举行者，勿常。

【注释】

①攻者："守者"之
误。

②常：通"尚"。

③澱：衍文。

④关：通"管"。

⑤商盖：即"商奄"，古国名，今山东曲阜附近。

⑥陷：疑为"啗"之误，即"啖"。长："糇"之省文，米粮。

⑦倍：通"背"，违背。乡：通"向"，追求。

不足以举行而常之，是荡口也。"

子墨子使管黔滶游高石子于卫③，卫君致禄甚厚，设之于卿。高石子三朝必尽言，而言无行者。去而之齐，见子墨子，曰："卫君以夫子之故，致禄甚厚，设我于卿，石三朝必尽言，而言无行，是以去之也。卫君无乃以石为狂乎？"子墨子曰："去之苟道，受狂何伤？古者周公旦非关叔④，辞三公，东处于商盖⑤，人皆谓之狂，后世称其德，扬其名，至今不息。且翟闻之：'为义非避毁就誉。'去之苟道，受狂何伤？"高石子曰："石去之，焉敢不道也？昔者夫子有言曰：'天下无道，仁士不处厚焉。'今卫君无道，而贪其禄爵，则是我为苟陷人长也⑥。"子墨子说，而召子禽子，曰："姑听此乎！夫倍义而乡禄者⑦，我常闻之矣；倍禄而乡义者，于高石子焉见之也。"

【译文】

墨子对鲁阳文君说："大国攻打小国，就像小孩以两手着地学马行。小孩学马行，就会导致自己的脚很累。现在大国攻打小国，防守的国家，农民不能耕地，妇人不能纺织，以防守为事；攻打的国家，农民也不能耕地，妇人也不能纺织，以攻打为事。所以大国攻打小国，就像小孩学马行一样。"

墨子说："言论可付之实行的，应推崇；不可以实行的，不应推崇。不可以实行而推崇它，就是空言妄语了。"

墨子让管黔推荐高石子去卫国做官，卫国国君给予高石子的俸禄很优厚，安排他在卿的爵位上。高石子三次朝见卫君，都竭尽其言，但是他说的都没有被采用。于是高石子离开卫国到了齐国，见了墨子说："卫国国君以老师的缘故，给我的俸禄很优厚，安排我在卿的爵位上，我三次入朝见卫君，必定把意见说完，但卫君毫不采纳实行，我因此离开了卫国。卫君恐怕会以为我发疯了吧？"墨子说："离开卫国，假如符合道的原则，承受发疯的指责有什么不好呢？古时候周公旦驳斥关叔的谎言，辞去三公的职位，住到东方的商奄生活，当时的人们都说他发狂；但是后世的人称誉他的德行，颂扬他的美名，直到现在还不停止。况且我听说过：'行义不能回避诋毁而追求称誉。'离开卫国，假如符合道的原则，承受发疯的指责有什么不好呢？"高石子说："我离开卫国，哪里敢不遵循道的原则！以前老师说过：'天下无道，仁义之士不应该处在厚禄的位置上。'现在卫君无道，如果去贪图他的俸禄和爵位，那么，就是我只图吃人家的粮食了。"墨子听了很高兴，就把禽滑釐召来，说："姑且听听高石子的这话吧！违背义而向往俸禄，我常常听到；拒绝俸禄而向往义，从高石子这里我见到了。"

【原文】

子墨子曰："世俗之君子，贫而谓之富则怒，无义而谓之有义则喜。岂不悖哉！"

公孟子曰："先人有，则三而已矣①。"子墨子曰："孰先人而曰有，则三而已矣？子未智人之先有后生。"

有反子墨子而反者②，"我岂有罪哉？吾反后。"子墨子曰："是犹三军北③，失后之人求赏也。"

公孟子曰："君子不作，术而已④。"子墨子曰："不然，人之其不君子者⑤，古之善者不诛⑥，今也善者不作⑦。其次不君子者，古之善者不遂⑧，已有善则作之，欲善之自己出也。今诛而不作，是无所异于不好遂而作者矣。吾以为古之善者则诛之，今之善者则作之，欲善之益多也。"

【注释】

①三："之"字之误。

②第一个"反"字当为"友"字之误。第二个"反"字通"返"。

③北：败走。

④术：通"述"。

⑤其：綦，极之意。

⑥诛：当作"述"。

⑦也："之"字之误。

⑧遂：当为"述"。

【译文】

墨子说："世俗的君子，如果他贫穷，别人说他富有，那么他就愤怒；如果他无义，别人说他有义，那么他就高兴。这不是太荒谬了吗！"

公孟子说："先人已有的，只要效法就行了。"墨子说："谁说先人有的，只要效法就行了。你不知道人出生在前的，比更在其前出生的，则是后了。"

有一个先与墨子做朋友而后来背叛了他的人，说："我难道有罪吗？我背叛是在他人之后。"墨子说："这就像军队打了败仕，落后的人还要求赏一样。"

公孟子说："君子不创作，只是阐述罢了。"墨子说："不是这样。人之中极端没有君子品行的人，对古代善的不阐述，对现在善的不创作。其次没有君子品行的人，对古代善的不阐述，自己有善的就创作，想让善的东西出于自己。现在只阐述古代善的而不创作的人，这跟不喜欢阐述古代善的却喜欢自我创作的人就没有什么区别。我认为对古代善的则阐述，对现在善的则创作，希望善的能增多。"

【原文】

巫马子谓子墨子曰："我与子异，我不能兼爱。我爱邹人于越人，爱鲁人于邹人，爱我乡人于鲁人，爱我家人于乡人，爱我亲于我家人，爱我身于吾亲，以为近我也。击我则疾，击彼则不疾于我，我何故疾者之不拂①，而不疾者之拂？故有我有杀彼以我，无杀我以利彼。"子墨子曰："子之义将匿邪，意将以告人乎②？"巫马子曰："我何故匿我义？吾将以告人。"子墨子曰："然则一人说子③，一人欲杀子以利己；十人说子，十人欲杀子以利己；天下说子，天下欲杀子以利己。一人不说子，一人欲杀子，以子为施不祥言者也④；十人不说子，十人欲杀子，以子为施不祥言者也；天下不说子，天下欲杀子，以子为施不祥言者也。说子亦欲杀子，不说子亦欲杀子，是所谓经者口也⑤，杀常之身者也。"

子墨子曰："子之言恶利也？若无所利而不言，是荡口也。"

【译文】

巫马子对墨子说："我跟你不同，我不能做到兼爱。我爱邹国人比爱越国人深。爱鲁国人比爱邹国人深，爱我家乡的人比爱鲁国人深，爱我家里人比爱我家乡的人深，爱我的双亲比爱我的家人深，爱我自己胜过爱我双亲，这是因为亲近我的缘故。打我，则我会疼痛，打别人，则不会痛在我身上，我为什么不去解除自己的疼痛，却去解除不关自己的别人的疼痛呢？所以我只会杀他人以利于我，而不会杀自己以利于他人。"墨子问道："你的这种义，是要隐藏起来呢，还是要告诉别人呢？"巫马子回答道："我为什么要隐藏自己的义？我将告诉别人。"墨子说："既然这样，那么有一个人喜欢你的主张，这一个人就要杀你以利于自己；有十个人喜欢你的主张，这十个人就要杀你以利于他们自己；天下的人都喜欢你的主张，天下的人都要杀你以利于自己。假如，有一个人不喜欢你的主张，这一个人就要杀你，因为他认为你是散布不祥之言的人；有十个人不喜欢你的主张，这十个人就要杀你，因为他们认为你是散布不祥之言的人；天下的人都不喜欢你的主张，天下的人都要杀你，因为他们也认为你是散布不祥之言的人。这样，喜欢你主张的人要杀你，不喜欢你主张的人也要杀你，这就是人们所说的摇动口舌，杀身之祸常降临至自身的道理。"

墨子还说："你的话是厌恶利吗？假如没有利益而还要说，这就是空言妄语了。"

【原文】

子墨子谓鲁阳文君曰："今有一人于此，羊牛犓豢，雍人但割而和之^①，食之不可胜食也。见人之作饼，则还然窃之，曰：'舍余食^②。'不知日月安不足乎^③，其有窃疾乎？"鲁阳文君曰："有窃疾也。"子墨子曰："楚四竟之田^④，旷芜而不可胜辟，评灵数千^⑤，不可胜，见宋、郑之闲邑，则还然窃之，此与彼异乎？"鲁阳文君曰："是犹彼也，实有窃疾也。"

子墨子曰："季孙绍与孟伯常治鲁国之政，不能相信，而祝于丛社，曰：'苟使我和。'是犹弇其目而祝于丛社也^⑥，曰：'若使我皆视。'岂不缪哉^⑦？"

子墨子谓骆滑氂曰："吾闻子好勇。"骆滑氂曰："然。我闻其乡有勇士焉，吾必从而杀之。"子墨子曰："天下莫不欲与其所好^⑧，度其所恶^⑨。今子闻其乡有勇士焉，必从而杀之，是非好勇也，是恶勇也。"

【译文】

墨子对鲁阳文君说："现在这里有一个人，他的牛羊牲畜任由厨师宰割、烹调，吃都吃不完，但他看见人家做饼，就去偷窃，

【注释】

① 雍人："瓮人"之误，掌宰割烹调的人。

② 舍：通"舒"，宽裕、充足之意。

③ 日月：疑"甘肥"之误。

④ 竟：通"境"。

⑤ 评灵：疑为"泽虞"之误。泽：古代掌川泽之官。虞：掌山林之官。

⑥ 弇（yǎn）：遮住。

⑦ 缪：通"谬"。

⑧ 与：通"举"，亲附。

⑨ 度："斥"的形误，疏远的意思。

说：'给我吃吧！'不知道这是他的甘肥食物不足呢，还是他有偷窃的毛病呢？"鲁阳文君说："这是有偷窃病了。"墨子说："楚国有四境之内的田地，空旷荒芜，开垦不完，空闲的土地好几千处，用都用不完；但是见到宋国、郑国的空城，还要窃取，这跟那个偷窃人家饼子的人有什么不同呢？"鲁阳文君说："这就像那个人一样，确实患有偷窃病。"

墨子说："季孙绍与孟伯常治理鲁国的政事，彼此能互相信任，就到丛林中的庙宇里祷告说：'希望使我们和好。'这如同遮住了他们自己的眼睛，却在丛林中的庙宇里祷告说：'希望我们都能看到。'这难道不是很荒谬吗？"

墨子对骆滑氂说："我听说你喜欢勇武。"骆滑氂说："是的。我听说某个乡里有勇士，我一定要去杀他。"墨子说："天下没有人不想帮助他所喜爱的人，疏远他所憎恶的人。现在你听到那个乡里有勇士，就一定去杀掉他，这不是喜爱勇武，而是憎恶勇武啊。"

公　孟

【原文】

　　公孟子谓子墨子曰："君子共己以待^①，问焉则言，不问焉则止。譬若钟然，扣则鸣^②，不扣则不鸣。"子墨子曰："是言有三物焉，子乃今知其一身也^③，又未知其所谓也。若大人行淫暴于国家，进而谏，则谓之不逊；因左右而献谏，则谓之言议。此君子之所疑惑也。若大人为政，将因于国家之难，譬若机之将发也然，君子之必以谏，然而大人之利。若此者，虽不扣，必鸣者也。若大人举不义之异行，虽得大巧之经，可行于军旅之事，欲攻伐无罪之国有之也，君得之则必用之矣，以广辟土地，著税伪材^④。出必见辱，所攻者不利，而攻者亦不利，是两不利也。若此者，虽不扣，必鸣者也。且子曰：'君子共己待，问焉则言，不问焉则止。譬若钟然，扣则鸣，不扣则不鸣。'今未有扣子而言，是子之谓不扣而鸣邪？是子之所谓非君子邪？"

【译文】

　　公孟子对墨子说："君子自己抱着两手等待，国君问到就说，不问到就不说。就好像钟一样：敲击它就响，不敲就不响。"墨子说："这话有三种情形，你现在只知其中之一罢了，而且不知道它所说的含义。如果王公大人在国家荒淫暴虐，君子前去劝谏，就会说他不恭顺；依靠近臣献上自己的意见，则又叫做私下议论，这是君子所疑惑的事情。如果王公大人执政，国家因而将发生灾难，就像弩机即将发射一样急迫，君子一定要劝谏，这是王公大人的利益。像这种情况，虽不敲也一定要发出声音来。如果王公大人从事邪行，做不义的事，即使得到十分巧妙的兵书，可以在军队的战事中施行，想要攻打无罪的国家，并占有它，用来扩充领土，聚敛财物，但是出师必定会受辱，对被攻打的国家不利，对攻打别人的那个国家也不利，两个国家都不利。像这种情况，虽然没有人敲，

【注释】

①共己以待：自己抱着两手等待。共，通"拱"。

②扣：通"叩"，敲击。

③一：疑作"二"。身："耳"字之误。

④著：当读"赋"。著税：即"赋税"。伪材：即"货财"。

但一定会发出声音来。况且你说：'君子自己抱着两手等待，国君问到他，他就说，不问他，他就不说。这就好像钟一样：敲击它就响，不敲就不响。'现在没有人敲击你，你却说话了，这是你说的'不敲而鸣'吧？这是你说的'非君子的行为'吧？"

【注释】

①糈 (xǔ)：用于祀神的米。旧本作"精"，光泽。

②取：通"娶"。

③强：竭力，尽力，勉强。

④钧：通"均"。

【原文】

公孟子谓子墨子曰："实为善人，孰不知？譬若良玉，处而不出有余糈①。譬若美女，处而不出，人争求之；行而自衒，人莫之取也②。今子遍从人而说之，何其劳也！"子墨子曰："今夫世乱，求美女者众，美女虽不出，人多求之；今求善者寡，不强说人③，人莫之知也。且有二生于此，善筮，一行为人筮者，一处而不出者，行为人筮者，与处而不出者，其糈孰多？"公孟子曰："行为人筮者，其糈多。"子墨子曰："仁义钧④，行说人者，其功善亦多。何故不行说人也。"

【译文】

公孟子对墨子说："真正行善的人，谁不知道呢？就好比美玉隐藏不出，仍然有异常的光彩。就好比美女，居住在家里不出去，人们争相追求她。但如果她自我炫耀，人们就不娶她了。现在您到处跟随别人，用话劝说他们，多么劳苦啊！"墨子说："现在社会混乱，追求美女的人很多，美女即使不出门，也还有很多人追求她；现在追求善的人太少了，如果不努力向人们游说，就没有谁知道善了。假设这里有两个人都善于占卜，一个人出门给别人占卜，另一个人隐住不出，出门给人占卜的与隐住不出的，哪一个所得的赠粮多呢？"公孟子说："出门给人占卜的赠粮多。"墨子说："主张仁义相同，出门向人们劝说的，他的功绩和益处多。为什么不出来劝说人们呢？"

【注释】

①搢 (jìn)：插。忽：即"笏"。

【原文】

公孟子戴章甫，搢忽，儒服①，而以见子墨子，曰："君子服然后行乎？其行然后服乎？"子墨子曰："行不在服。"公孟子曰："何以知其然也？"子墨子曰："昔者齐桓公高冠博带，金剑木盾，以治其国，其国治。昔者晋文公大布之衣，牂羊之裘，韦以带剑，以治其国，其国治。昔者楚庄王鲜冠组缨，绛衣博袍②，以治其国，其国治。昔者越王勾践剪发文身，以治其国，其国治。此四君者，其服不同，其行犹一也。翟以是知行之不在服也。"公孟子曰："善！吾闻之曰：'宿善者不祥③'。请舍忽、易章甫，复见夫子可乎？"子墨子曰："请因以相见也。若必将舍忽、易章甫，而后相见，然则行果在服也。"

②绛：深红色。

③宿：停止。

【译文】

公孟子戴着礼帽、腰间插着笏、穿着一身儒者的服饰前来会见墨子，说："君子先讲究服饰，然后有一定的作为呢？还是先有一定的作为，然后讲究服饰呢？"墨子说："有作为不在于服饰。"公孟子问道："您为什么知道是这样呢？"墨子回答说："从前齐桓公戴着高帽子，系着大带，佩着金剑木盾，治理国家，国家的政治得到了治理；从前晋文公穿着粗布衣服，披着母羊皮的大衣，佩着带剑，治理国家，国家的政治得到了治理；从前楚庄王戴着鲜冠，系着系冠的丝带，穿着大红长袍，治理他的国家，国家得到了治理；从前越王勾践剪断头发，用针在身上刺了花纹，治理他的国家，国家得到了治理。这四位国君，他们的服饰不同，但作为是一样的。我因此知道有作为不在于服饰。"公孟子说："说得真好！我听人说过：'使好事停止不行的人，是不吉利的。'让我丢弃笏，换了礼帽，再来见您可以吗？"墨子说："希望就这样见你。如果一定要丢弃笏，换了礼帽，然后见面，那么是有作为果真在于服饰了。"

【原文】

公孟子曰："君子必古言服①，然后仁。"子墨子曰："昔者商王纣、卿士费仲，为天下之暴人，箕子、微子为天下之圣人，此同言，而或仁不仁也。周公旦为天下之圣人，关叔为天下之暴人，此同服，或仁或不仁。然则不在古服与古言矣。且子法周而未法夏也，子之古，非古也。"

公孟子谓子墨子曰："昔者圣王之列也，上圣立为天子，其

【注释】

①古言服：指说古代话、穿古代服饰。

②详：详细了解。

③齿：契之齿。

次立为卿大夫。今孔子博于《诗》、《书》，察于礼乐，详于万物②，若使孔子当圣王，则岂不以孔子为天子哉？"子墨子曰："夫知者，必尊天事鬼，爱人节用，合焉为知矣。今子曰'孔子博于《诗》、《书》，察于礼乐，详于万物'，而曰可以为天子，是数人之齿③，而以为富。"

【译文】

公孟子说："君子说话、穿衣必定要依照古制，这样才称得上仁。"墨子说："从前商纣王、卿士费仲是天下有名的暴虐之人，箕子、微子是天下有名的圣人，他们都说同一时期的语言，但有的仁，有的不仁。周公旦是天下有名的圣人，管叔是天下有名的暴虐之人，这两人穿着相同的古服，但一个仁，一个不仁。这样看来，仁不在于古代的服饰和古代的语言了。再说你只是仿效周朝的古制，而没有仿效夏朝的古制，你所谓的仿古，不是真正的仿古。"

公孟子对墨子说："从前圣王安排位次，道德智能最高的上圣立作天子，其次的立作卿大夫。现在孔子博通《诗经》、《尚书》，明察礼、乐之制，详知天下万物。如果让孔子处在圣王的时代，那么不就可以把孔子立为天子吗？"墨子说："所谓智者，必定尊重上天，侍奉鬼神，爱护百姓，节约财用，符合这些要求，才可以称得上智者。现在你说孔子博通《诗经》、《尚书》，明察礼、乐之制，详知天下万物，并说可以立为天子，这是数着人家契据上的刻度，而自以为富裕了。"

【原文】

公孟子曰："贫富寿夭，齰然在天，不可损益①。"又曰："君子必学。"子墨子曰："教人学而执有命，是犹命人葆而去其冠也②。"

【译文】

公孟子说："贫困、富裕、长寿、夭折，其实由天注定，人是无法增减它们的。"又说："君子一定要学习。"墨子说："教人学习却宣扬'有命'的观念，就好像让人包裹头发（本来为了戴帽子），却拿去了他的帽子一样。"

【原文】

公孟子谓子墨子曰：“有义不义，无祥不祥。”子墨子曰：“古者圣王皆以鬼神为神明，而为祸福①，执有祥不祥，是以政治而国安也。自桀、纣以下，皆以鬼神为不神明，不能为祸福，执无祥不祥，是以政乱而国危也。故先王之书，子亦有之曰：‘其敖也出，于予，不祥。’此言为不善之有罚，为善之有赏。”

【译文】

公孟子对墨子说：“人存在义与不义的事，但不存在因人的义与不义而得福得祸的情况。”墨子说：“古代的圣王都认为鬼神是神明的，能降祸赐福，主张人们会因义而得福、因不义而得祸的观点，因此政治得到治理，国家安宁。自从桀、纣以来，都认为鬼神不是神明的，不能降祸赐福，主张人们不会因义得福、因不义得祸的观点，因此政治混乱，国家灭亡了。所以先王的书你也有，那书上说：‘言行傲慢，对你不吉祥。’这话是对不善的惩罚，又是对从善的奖赏。”

【原文】

子墨子谓公孟子曰：“丧礼，君与父母、妻、后子死，三年丧服；伯父、叔父、兄弟期①；族人五月；姑、姊、舅、甥皆有数月之丧。或以不丧之间，诵《诗三百》，弦《诗三百》，歌《诗三百》，舞《诗三百》。若用子之言，则君子何日以听治？庶人何日以从事？”

公孟子曰：“国乱则治之，国治则为礼乐；国治则从事②，国富则为礼乐。”子墨子曰：“国之治也，治之废，则国之治亦废。国之富也，从事故富也；从事废，则国之富亦废。故虽治国，劝之无厌，然后可也。今子曰‘国治则为礼乐，乱则治之’，是譬犹噎而穿井也，死而求医也。古者三代暴王桀、纣、幽、厉，茶为声乐③，不顾其民，是以身为刑僇④、国为戾虚者⑤，皆从此道也。”

【译文】

墨子对公孟子说："按照丧礼：国君与父母、妻子、长子死了，要服丧三年；伯父、叔父、兄弟死了，只服丧一年；族人死了，要服丧五个月；姑、姐、舅、甥死了，也都有几个月的服丧期。又在不办丧事的间隙，诵读、演唱《诗三百》，又配以舞蹈。如果用你的言论，那么国君哪一天可以从事政治呢？百姓又哪一天可以从事劳动呢？"

公孟子答道："国家混乱就从事政治，国家安宁就从事礼、乐；国家贫困就从事劳动，国家富裕就从事礼、乐。"墨子说："国家安宁，如果治理废弃了，国家的安宁也就废弃了。国家富裕，由于百姓从事劳动才富裕；百姓的劳动废弃了，国家要富裕也就没有可能了。所以治国的事，必须勤勉不止，才可以治好。现在你说：'国家安宁就从事礼、乐，国家混乱就从事政治。'就如同吃饭噎住了，想喝水才去凿井；人死了才去求医一样。古时候，三代的暴虐之王夏桀、商纣、周幽王、周厉王大搞声乐，不顾老百姓的死活，因而自己遭到杀戮，国家遭到灭亡，这都是听从这种主张所造成的。"

【原文】

公孟子曰："无鬼神。"又曰："君子必学祭祀[1]。"子墨子曰："执无鬼而学祭礼，是犹无客而学客礼也，是犹无鱼而为鱼罟也[2]。"

公孟子谓子墨子曰："子以三年之丧为非，子之三日之丧亦非也。"子墨子曰："子以三年之丧非三日之丧，是犹倮谓撅者不恭也[3]。"

公孟子谓子墨子曰："知有贤于人，则可谓知乎？"子墨子曰："愚之知有以贤于人，而愚岂可谓知矣哉？"

公孟子曰："三年之丧，学吾之慕父母[4]。"子墨子曰："夫婴儿子之知，独慕父母而已，父母不可得也，然号而不止，此其故何也？即愚之至也。然则儒者之知，岂有以贤于婴儿子哉？"

【译文】

公孟子说："没有鬼神。"又说："君子一定要学习祭礼。"墨子说："主张'没有鬼神'的观点却劝人学习祭祀之礼，这就好像没有宾客却学习接待宾客的礼节，没有鱼却结鱼网一样。"

公孟子对墨子说："您认为守三年的丧期是不对的，那么您主张的守三日的丧期也不对。"墨子说："你用三年的丧期来否定三日的丧期，就好像裸体的人说掀衣露体的人不恭敬一样。"

公孟子对墨子说："见解、知识有胜过别人的地方，就可以称作聪明、智慧吗？"墨子答道："愚笨人的见解、知识也有胜过别人的地方，但愚笨人难道可以称为聪明、智慧的人吗？"

公孟子说："守三年的丧期，这是仿效孩子依恋父母的情意。"墨子说："婴儿的智慧，只是依恋自己的父母而已，父母不见了，就大哭不止。这是什么缘故呢？这是愚笨到了极点。那么儒者的智慧，难道有胜过小孩子的地方吗？"

【原文】

子墨子曰问于儒者①："何故为乐？"曰："乐以为乐也。"子墨子曰："子未我应也。今我问曰：'何故为室？'曰：'冬避寒焉，夏避暑焉，室以为男女之别也。'则子告我为室之故矣。今我问曰：'何故为乐？'曰：'乐以为乐也。'是犹曰：'何故为室？'曰：'室以为室也。'"

子墨子谓程子曰："儒之道足以丧天下者，四政焉②。儒以天为不明，以鬼为不神，天鬼不说，此足以丧天下。又厚葬久丧，重为棺椁，多为衣衾，送死若徙，三年哭泣，扶后起，杖后行，耳无闻，目无见，此足以丧天下。又弦歌鼓舞，习为声乐，此足以丧天下。又以命为有，贫富寿夭、治乱安危有极矣，不可损益也。为上者行之，必不听治矣；为下者行之，必不从事矣，此足以丧天下。"程子曰："甚矣，先生之毁儒也！"子墨子曰："儒固无此若四政者，而我言之，则是毁也。今儒固有此四政者，而我言之，则非毁也，告闻也。"程子无辞而出。子墨子曰："迷之③。"反，后坐④，进复曰："乡者先生之言有可闻者焉⑤。若先生之言，则是不誉禹，不毁桀纣也。"子墨子曰："不然。夫应

【注释】

① "曰"字当在"问于儒者"后。

② 四政：四种学说。

③ 迷：疑为"还"字之误。

④ 后：当为"復（复）"。

⑤ 闻：应作"间"，指责。

⑥ 议：旧本或作"义"，当"从"。

⑦ 吾：通"御"。

孰辞，称议而为之^⑥，敏也。厚攻则厚吾，薄攻则薄吾^⑦。应孰辞而称议，是犹荷辕而击蛾也。"

【译文】

墨子问一个儒者说："为什么要从事音乐？"儒者回答说："以音乐作为娱乐。"墨子说："你没有回答我。现在我问：'为什么建造房屋？'回答说：'冬天避寒，夏天避暑，建造房屋也用来分别男女。'那么，就是你告诉了我造房屋的原因。现在我问：'为什么从事音乐？'回答说：'以音乐作为娱乐。'如同问：'为什么建造房屋？'回答说：'建造房屋就是为了建造房屋'一样。"

墨子对程子说："儒家的学说足以丧亡天下的有四种教义。儒家认为天不明于事理，认为鬼不灵验。上天、鬼神不高兴，这足以丧亡天下了。又加上厚葬久丧：做几层的套棺，制很多的衣服、被子，送葬就像搬家一样，三年服丧期内哭泣，别人扶着才能起来，拄了拐杖才能行走，耳朵听不见什么，眼睛看不见什么，这足以丧亡天下了。又加以弦歌、击鼓、舞蹈，以声乐之事作为常习，这足以丧亡天下了。同时又认为有命，说贫困、富裕、长寿、夭折、治乱安危有一个定数，不可增减变化。统治天下的人实行他们的学说，必定不去从事政治了；被统治的人实行他们的学说，必定不去从事劳动了，这足以丧亡天下。"程子说："先生诋毁儒家，太过分了！"墨子说："如果儒家本来没有这四种教义，而我这样说了，那就是诋毁了。现在儒家本来就有这四种教义，而我说了出来，这就不是诋毁了，只是就我所知告诉你罢了。"程子不再说话，退了出来。墨子说："回来！"程子返了回来，又坐下了，他再告诉墨子说："先生刚才的话，也有可指责的地方。照先生的话，就是不赞誉禹，也不诋毁桀、纣了。"墨子说："不是这样。平时回答习熟的言辞，不必辩难就信口作答，这是敏达。当对方严词相辩，我也一定严词应敌，对方缓言相让时，我也一定缓言以对。如果平时应酬的言辞，一定要求切合事理，那就像举着车辕去敲击蛾子一样了。"

【原文】

子墨子与程子辩，称于孔子①。程子曰："非儒，何故称于孔子也？"子墨子曰："是亦当而不可易者也。今鸟闻热旱之忧则高，鱼闻热旱之忧则下，当此，虽禹、汤为之谋，必不能易矣。鸟鱼可谓愚矣，禹汤犹云因焉②。今翟曾无称于孔子乎？"

【注释】

①称：称赞。

②云：犹"或"。因：依循。

【译文】

墨子与程子辩论，称赞孔子。程子问："您一向攻击儒家的学说，为什么又称赞孔子呢？"墨子答道："孔子也有合理而不可改变的地方。现在鸟有热旱之患就向高处飞，鱼有热旱之患则向水下游，遇到这种情况，即使禹、汤为它们谋划，也一定不能改变。鸟、鱼可说是够无知的了，禹、汤有时还要因循习俗。难道我还不能有称赞孔子的地方吗？"

【原文】

有游于子墨子之门者，身体强良，思虑徇通①，欲使随而学。子墨子曰："姑学乎，吾将仕子。"劝于善言而学。其年，而责仕于子墨子②。子墨子曰："不仕子。子亦闻夫鲁语乎？鲁有昆弟五人者③，其父死，其长子嗜酒而不葬，其四弟曰：'子与我葬，当为子沽酒。'劝于善言而葬。已葬而责酒于其四弟。四弟曰：'吾未予子酒矣④。子葬子父，我葬吾父，岂独吾父哉？子不葬，则人将笑子，故劝子葬也。'今子为义，我亦为义，岂独我义也哉？子不学则人将笑子，故劝子于学。"

【注释】

①徇："侚"字之误，疾速。

②责：求。

③昆：兄。

④未：勿。

【译文】

有一人来到墨子门下，他身体健壮，思虑敏捷，墨子想让他跟随自己学习。于是说："暂且学习吧，我将举荐让你出仕做官。"用好话勉励他，他才学习了。过了一年，那人向墨子请求出仕。墨子说："我不举荐你去做官。你应该听过鲁国的故事吧？鲁国内有兄弟五人，父亲死了，长子嗜酒不葬。四个弟弟对他说：'你和我们一起安葬父亲，我们将给你买酒。'用好言劝他葬了父亲。葬后，长子向四个弟弟要酒。弟弟们说：'我们不给你酒了。你葬你的父亲，我们葬我们的父亲，怎么能说只是我们的父亲呢？你不葬别人将笑话你，所以劝你葬。'现在你行义，我也行义，怎么能说只是我的义呢？你不学别人将要笑话你，所以我劝你学习。"

【原文】

有游于子墨子之门者，子墨子曰："盍学乎①？"对曰："吾族人无学者。"子墨子曰："不然。未好美者②，岂曰吾族人莫之好，故不好哉？夫欲富贵者，岂曰我族人莫之欲，故不欲哉？好美、欲富贵者，不视人犹强为之③。夫义，天下之大器也，何以视人？必强为之。"

【注释】

①盍（hé）：何不。

②未："夫"字之误。

③不视人：不看待他人情况行事。

【译文】

有一个人来到墨子门下，墨子说："为什么不学习呢？"那人回答说："我家族人中没有学习的人。"墨子说："不是这样。爱美的人，难道会说我家族中没有人爱美，所以我也不爱美吗？想要富贵的人，难道会说我家族中没有人想要富贵，所以我也不想要富贵吗？爱美的人和想要富贵的人，不用看他人行事，仍然努力去做。至于义，是天下最贵重的宝器，为什么看他人呢？一定要尽力去做。"

【原文】

有游于子墨子之门者，谓子墨子曰："先生以鬼神为明知，能为祸人哉福①，为善者富之②，为暴者祸之。今吾事先生久矣，而福不至。意者先生之言有不善乎③？鬼神不明乎？我何故不得福也？"子墨子曰："虽子不得福，吾言何遽不善？而鬼神何遽不明？子亦闻乎匿徒之刑之有刑乎？"对曰："未之得闻也。"子墨子曰："今有人于此，什子，子能什誉之，而一自誉乎？"对曰："不能。""有人于此，百子，子能终身誉其善，而子无一乎？"对曰："不能。"子墨子曰："匿一人者犹有罪，今子所匿者若此其多，将有厚罪者也，何福之求？"

【注释】

①能为祸人哉福：当作"能为祸福"。

②富：通"福"。

③意：疑。

【译文】

有一个人来到墨子门下，问墨子说："先生认为鬼神明智，能降祸赐福，使行善的人富裕，使施暴的人得祸。现在我事奉先生已经很久了，可是福没有降临，或许先生的话有不对的地方？也许鬼神不明智？要不，我为什么得不到福呢？"墨子说："即使你没有得到福，我的话为什么就不对呢？而鬼神怎么就不明察呢？你也听说过隐藏犯人是有罪的吗？"这人回答说："没听说过。"墨子说："现在这里有一个人，他的贤能胜过你的十倍，你能十倍地称誉他而只是一次称誉自己吗？"这人回答说："不能。"墨子又问："现在有人的贤能胜过你百倍，你能终身称誉他的长处，而一次也不称誉自己吗？"这人回答说："不能。"墨子说："隐藏一个犯人都有罪，现在你所隐藏的这么多，将有重罪，还求什么福？"

【原文】

子墨子有疾，跌鼻进而问曰[1]："先生以鬼神为明，能为祸福，为善者赏之，为不善者罚之。今先生圣人也，何故有疾？意者先生之言有不善乎？鬼神不明知乎？"子墨子曰："虽使我有病，何遽不明？人之所得于病者多方[2]，有得之寒暑，有得之劳苦。百门而闭一门焉，则盗何遽无从入？"

【注释】

①跌鼻：墨子的弟子。

②多方：多方面的原因。

【译文】

墨子生病了，跌鼻进来问他说："先生认为鬼神明于事理，能降祸赐福，行善的人奖赏他，从事不善的人就惩罚他。现在先生是圣人，为什么还会得病呢？或许先生的言论有不对的地方吧？鬼神也不明察事理吧？"墨子答道："即使我有病，而鬼神为什么不明察事理呢？人得病的原因很多，有从寒暑中得来的，有从劳苦中得来的，好像房屋有一百个门，只关上一个门，盗贼从什么门不可以进来呢？"

【注释】

①复：告。

②国士：这里指国中杰
出的人物。

③及：犹"兼"，兼顾。

【原文】

二三子有复于子墨子学射者^①，子墨子曰："不可，夫知者必量其力所能至而从事焉。国士战且扶人^②，犹不可及也^③。今子非国士也，岂能成学又成射哉？"

【译文】

有几个弟子告诉墨子，想要学习射箭。墨子说："不行。聪明的人一定衡量自己的能力能办到然后才去做某种事。国士一边作战，一边扶人，他尚且兼顾不到。现在你们并非国士，怎么能够既学好学业又学好射箭呢？"

【注释】

①"言"字前脱一"子"
字。

②"有人于此"后应补
一"曰"字。

③隐：疑"偃"之误。

④"治"字前似当有
"能"字。

⑤亡："防"之音讹。

【原文】

二三子复于子墨子曰："告子曰：'言义而行甚恶^①。'请弃之。"子墨子曰："不可。称我言以毁我行，愈于亡。有人于此^②：'翟甚不仁，尊天、事鬼、爱人，甚不仁。犹愈于亡也。今告子言谈甚辩，言仁义而不吾毁；告子毁，犹愈亡也！"

二三子复于子墨子曰："告子胜为仁。"子墨子曰："未必然也。告子为仁，譬犹跂以为长，隐以为广^③，不可久也。"

告子谓子墨子曰："我治国为政^④。"子墨子曰："政者，口言之，身必行之。今子口言之，而身不行，是子之身乱也。子不能治子之身，恶能治国政？子姑亡子之身乱之矣^⑤！"

【译文】

有几个弟子告诉墨子说："告子说：'墨子是嘴上说仁义而行为很坏的人。'请抛弃他。"墨子说："不行。他称誉我的言论而诽谤我的行为，总要比没有毁誉好。假如现在这里有一个人说：'墨子行为很不仁义，嘴上讲尊重上天、侍奉鬼神、爱护百姓，行为却很恶劣。'这胜过什么毁誉都没有。现在告子讲话虽然强词夺理，但不诋毁我讲仁义，告子的诋毁仍然胜过没有任何毁誉呀！"

有几个弟子对墨子说："告子能胜任行仁义的事。"墨子说:"未必是这样。告子行仁义,如同踮起脚尖使身子增长,卧下使面积增大一样,这是不可长久的。"

告子对墨子说:"我可以治理国家,管理政务。"墨子说:"政务,嘴上讲了,自身就一定要实行它。现在你嘴上讲了,自己却不去实行,这是你自身的矛盾。你不能管好你自身,哪里能治国家的政务?你姑且先防备你自身的矛盾吧!"

公 输

【注释】

①何命焉为：有什么吩咐呢。

②藉：凭借，依靠。

③说：通"悦"，高兴。

④第一个"乎"为"胡"之误，胡：何。

⑤既已：已经。

⑥见（xiàn）：引荐。

【原文】

公输盘为楚造云梯之械，成，将以攻宋。子墨子闻之，起于齐，行十日十夜而至于郢，见公输盘。

公输盘曰："夫子何命焉为①？"子墨子曰："北方有侮臣者，愿藉子杀之②。"公输盘不说③。子墨子曰："请献十金。"公输盘曰："吾义固不杀人。"

子墨子起，再拜曰："请说之。吾从北方闻子为梯，将以攻宋。宋何罪之有？荆国有余于地，而不足于民，杀所不足，而争所有余，不可谓智。宋无罪而攻之，不可谓仁。知而不争不可谓忠。争而不得，不可谓强。义不杀少而杀众，不可谓知类。"公输盘服。

子墨子曰："然，乎不已乎④？"公输盘曰："不可，吾既已言之王矣⑤。"子墨子曰："胡不见我于王⑥？"公输盘曰："诺。"

【译文】

公输般为楚国造了云梯这种攻城器械，已经制成了，准备用它攻打宋国。墨子听说了，就从齐国起身，走了十天十夜才到楚国的国都郢，见到公输般。

公输般说："先生有什么指教？"墨子说："北方有人欺侮了我，我想请你帮我杀了他。"公输般很不高兴。墨子说："我愿意献给你十两黄金。"公输般说："我奉行义，决不杀人。"

墨子站了起来，对公输般拜了又拜，说："请听我说。我在北方听说你造云梯，准备用它攻打宋国。宋国有什么罪呢？楚国有多余的土地，人口却不足。现在牺牲不足的人口，掠夺有余的土地，不能算是聪明。宋国无罪却去攻打它，不能算是仁。知道这些道理却不去争辩，不能算是忠。争辩却没有结果，不能算是强。你奉行义，不去杀那一个人，却去杀害宋国众多的百姓，这不能说你是懂得道理的。"公输般被说服了。

墨子问他："那么，为什么不取消进攻宋国这件事呢？"公输般说："不能。我已经对楚王说了。"墨子说："为什么不把我介绍给楚王呢？"公输般说："好吧。"

【原文】

子墨子见王，曰："今有人于此，舍其文轩[1]，邻有敝舆[2]，而欲窃之；舍其锦绣，邻有短褐，而欲窃之；舍其粱肉，邻有糠糟，而欲窃之。此为何若人[3]？"王曰："必为窃疾矣。"子墨子曰："荆之地，方五千里，宋之地，方五百里，此犹文轩之与敝舆也；荆有云梦，犀兕麋鹿满之，江汉之鱼鳖鼋鼍为天下富[4]，宋所为无雉兔狐狸者也，此犹粱肉之与糠糟也；荆有长松、文梓、梗、枏、楠、豫章，宋无长木，此犹锦绣之与短褐也。臣以三事之攻宋也，为与此同类。臣见大王之必伤义而不得[5]。"王曰："善哉！虽然，公输盘为我为云梯，必取宋。"

【注释】

[1] 文轩：彩车。

[2] 敝舆：破车。

[3] 何若人：什么样的人。

[4] 鼋（yuán）：鳖类。俗称"癞头鼋"。鼍（tuó）：即扬子鳄，俗名猪婆龙。

[5] 伤义：伤害道义。

【译文】

墨子见了楚王，说："现在这里有一个人，舍弃自己华贵的彩车，邻居有辆破车，却想去偷；舍弃自己的锦绣衣裳，邻居有粗布衣服，却想去偷；舍弃自己的美食佳肴，邻居只有糟糠，却想去偷。这是个怎样的人呢？"楚王回答说："这人一定患了偷窃病。"墨子说："楚国的地方，方圆五千里，宋国的地方，方圆五百里，这就像彩车与破车相比；楚国有云梦大泽，犀、兕、麋鹿满地都有，长江、汉水中的鱼鳖、鼋鼍富甲天下，宋国却连野鸡、兔子、狐狸都没有，这就像美食佳肴与糟糠相比；楚国有巨松、梓树、楠、樟等名贵木材，宋国连棵大树都没有，这就像华丽的丝织品与粗布短衣相比。从这三方面的事情看，我认为楚国进攻宋国，与有偷窃病的人同一种类型。我认为大王您如果这样做，一定会伤害了道义，却不能得到宋国。"楚王说："说得好啊！即使这么说，但是公输般已经给我造了云梯，还是一定要去攻取宋国的。"

【注释】

①牒（dié）：小木片。

②距：通"拒"，抵挡。

③圉（yǔ）：抵御。

④诎：通"屈"。

⑤无：通"毋"，不要。

⑥内：通"纳"。

【原文】

于是见公输盘。子墨子解带为城，以牒为械①，公输盘九设攻城之机变，子墨子九距之②。公输盘之攻械尽，子墨子之守圉有余③。公输盘诎④，而曰："吾知所以距子矣，吾不言。"子墨子亦曰："吾知子之所以距我，吾不言。"楚王问其故，子墨子曰："公输子之意，不过欲杀臣，杀臣，宋莫能守，可攻也。然臣之弟子禽滑釐等三百人，已持臣守圉之器，在宋城上而待楚寇矣。虽杀臣，不能绝也。"楚王曰："善哉！吾请无攻宋矣⑤。"

子墨子归，过宋。天雨，庇其闾中，守闾者不内也⑥。故曰："治于神者，众人不知其功；争于明者，众人知之。"

【译文】

楚王于是召见公输般。墨子解下腰带，围作一座城墙的样子，用小木片作为守备的器械，公输般九次设置巧变的器械攻城，墨子九次抵拒了他的进攻。公输般攻城用的器械用尽了，墨子守城的方法还有余。公输般败了，却说："我知道用什么办法对付你了，但我不说。"墨子说："我知道你怎么对付我，我也不说。"楚王莫名其妙，问是怎么回事？墨子回答说："公输般的意思，不过是杀了我。杀了我，宋国就没有人能防守了，就可以进攻。但是，我的弟子禽滑釐等三百人，已经拿着我守御用的器械，正在宋国的都城上等待楚国侵犯呢。即使杀了我，但守御的人是杀不尽的。"楚王说："说得好啊！我认为可以取消攻打宋国的行动了。"

墨子从楚国归来，后来经过宋国，正遇天下大雨，想到城门下避雨，看守闾门的人却不让他进去。所以说："费尽神思在下面做的工作再多，大家也不知道他的功劳；而在明处争辩的，大家全知道。"